满园缤纷——

惹人醉

江西人民出版社
Jiangxi People's Publishing House
全国百佳出版社

郭翀

著

满园缤纷惹人醉

（代序）

2019 年 6 月 11 日，一个我生命中毫无征兆、也看不出半点异常的日子，因为一份来自市委的任命书，意外地改变了我原本忙碌而充实的人生轨迹，我离开了生命中心智最成熟、成长最叠加、记忆最清晰的地方——南昌新建，来到了南昌市社会主义学院工作。这突如其来的升迁，让我来不及向我工作和生活了 1000 多个日子的乡土告别，只留下对新建无尽的思恋。我思恋赣江江畔一览无余的万亩良田、鄱阳湖边夕阳碧波的渔舟唱晚、窑西村落如丝如缕的袅袅炊烟、象山半山日落归林的白鹭精灵，思恋锦江河畔百舸争流的人声沸腾、和平村旁小小足球草坪上的激烈角逐、星布乡间的校园红旗和朗朗读书声、守护生命的各方杏林春暖和白衣天使，思恋心怡广场里的周末大舞台和昌邑的下河调、穿梭城际的年轻招商团队的栉风沐雨、三洲夏家东湖巷的大街小巷和日日相见的音容笑貌。记住了南矶的激荡古战场、大塘的紫金城和海昏侯、联圩的万亩荷塘、溪霞的千里浪漫、西山的千年道教和江右故事、石岗的千异光焰梅烛灯、石埠的梦娘娘石室和吹箫引凤……

这突如其来的晋升，也让我对南昌社院充满了向往与好奇，学院想必是和许多学校一样，是个有教室、操场、大会堂、公共食堂、公共休息区等功能齐全的"院子"吧？这些美好在我被引进办公室那一瞬间，便变得那么遥远，现状毫不留情地让我切入现实。然而，我很快投入到社院的各项工作中，带小分队飞重庆、看浙江、去上海寻找高质量建设南昌社院的良方，学北京、观湖南、走陕西寻找高水平建构南昌社院师资库的资源，访领导、跑部门、问政策高密度耕植南昌社院的联盟，奔瑞金、下县区、察园区高标准构建南昌社院的第二课堂……不经意中 5 个多月过去了，脚步缓缓放慢，开始了深度思考、精细布局、艰苦推进的阶段，又让自己忘记了星辰，留在了大楼的灯光里。每每下班走出市委大门时，我竟被远处夕阳下的赣江美景所深深吸引；每每夜幕降临时，又与全球独一无二、美轮美奂的灯光秀紧紧相拥，我忍不住流连于绵廷 8 公里的斑斓世界里：深邃的赣江夜色、缤纷的秋水灯光、舒缓的优美旋律、绚丽多姿的音乐喷泉、流光溢彩的滕王阁、昂扬矗立的绿地"双子"、缓缓转动的摩天巨轮、飞流直下的流星瀑布、气势如虹的东方巨龙、簇簇闪烁的红色初心和满园竞艳的火树银花。这，是苍穹勾勒的惊艳画卷？还是上苍绘制的天上人间！每每漫步在秋水广场的江堤旁，我都自觉不自觉地环视着被霓虹灯光密密麻麻点缀的瑰丽雄伟的建筑群，被这像是万家灯火的流光，又好似银河落九天的溢彩所倾倒。每每灯光与音乐辉映舞起，我都下意识地向秋水广场奔去，与手中的手机一起，把神曲的旋律录进耳内，把炫目的灯光摄进心里，让目光与秋水温柔交融，让心船共旋律轻轻荡漾。每每徜徉在崛起广场的夜色中，我情不自禁地仰视着满园挂满的缤纷"红色初心"、共和国 70 年同心牌、经纬交错的满天星和金色赣都国庆阅兵江西彩车，有如春华秋实的厚德，春的希望、秋的果实，又有如五谷丰登的喜悦，谷的欢笑、地的高歌，满园的缤纷、春意、秋色，一派惹人醉的丰收、喜庆、繁荣！每每如是，感组织的培育！谢群众的支持！

　　夜深时刻，才恍然大悟，原来这是一个跨越时空融入苍穹的大世界，一个凝聚智慧促进思想成长的大院子，一个与组织、个人命运共体发展的大园子！

郭 晔

2019 年 11 月 6 日

目录

第三部分　绿园翠

第一部分　Hongyuancui
红园淬

1

加油！让我们飞得更高

——2016 年 7 月 18 日中央社会主义学院学习体会

时光荏苒，岁月如梭，当我们还来不及细细品味中央社院花园式校园美景，来不及细细咀嚼专家学者们的精彩授课时，就迎来了为期 9 天的中央社会主义学院南昌市统战领导干部高级研修班的结业典礼！道不尽的依恋，说不完的感谢，吸不完的营养，聊不完的友情，在此时此刻体现为我们学员心中理想的"空中加油站"，为南昌市党外领导干部的加速起航提供了更为宽阔的天空。

受培训班委托，我以《加油！让我们飞得更高》为题，谈谈几点学习体会与收获。

一、体会

一是教学准备充分，为本次培训教学储备了丰厚的思想资源。短短的 9 天，我们十分幸运地获得了培训主题鲜明、课程内容丰富、课题设计科学、学习资料充沛、现场教学鲜活、研讨交流热烈、案例教学生动等全景式教育训练。在这里，既有国家战略层次的"学习习近平总书记系列讲话精神专题辅导""当前宏观经济形势与"十三五规划解读"；又有统战理论层面的"学习贯彻习近平总书记统一战线重要思想""新时期海外侨务工作的背景、现状与思考""做好新形势下港澳台工作""开创非公有制经济统战工作新局面""做好新形势下党外知识分子工作";还有专业特色鲜明的"新形势下如何做好民主党派工作""提高参政议政能力";更让人意外的是还有时代印迹明显的"如何提高处理突发事件和利用媒体做好宣传的能力""管理中的有效沟通与协调"。这些课程的学习,对我们来说,不仅仅是统战理论的培训与训练,更为重要的是我们在这"空中加油站"里,获得了全面系统的"思想盛宴",深厚而又透彻!深刻而又脑洞大开。

二是师资阵营强大,为本次培训注入了全新的思想源泉。短短的 9 天,我们不仅惊讶于师资力量的强大,有的老师直接来自于国家战略的参与者、制定者,他们的授课生动而具有宏观性(如张岸光老师);有的老师还直接来自于长期从事战线理论研究的专家,他们的授课穿透而具有针对性指导性(如袁适华、林旭、董易宇、张峰、庄聪生等老师)。这些老师的理论学术深厚、宏观性和微观性均强,为我们深刻理解我国政党制度和统一战线理论提供了一把"金钥匙",特别是为我们做好基层党派工作提供了指南。

三是教学形式多样,为本次培训嫁接了视域的思想碰撞。当我们来到卢沟桥抗日战争纪念馆时,沉睡在心中的爱国基因再次被激活,"卢沟晓月""古渡千秋",还有卢沟桥上那 501 个石狮,像一个历经沧桑的老人在告诉我们中华民族从来就是一个血性的民族,为了捍卫民族的尊严、国家的富强和实现中华民族伟大复兴梦会再次凝聚成磅礴力量。我们作为中国政党的重要组成部分,也当然不会忘记自己肩负的历史使命。当我们来到全国楼宇统战工作基地——叶青大厦时,我们再次感受到新时期统战工作的路还很长,我们不仅仅需要学习观察,我们还需要思考、实践,更重要的是我们需要解放思想,将统战工作、党派工作和当期政府的中心工作结合起来,这不是课题的问题,这需要胆略,需要创新与实践。

四是党委的高度重视,为本次培训教学奠定了坚定的思想保证。坦诚地说,本次学习,我们的确很惊诧。这种感觉不仅基于开学典礼上市委常委统战部乐部长的讲话就提到,本次培训班是经过市委会研究决定的,并得到龚书记的亲自批示,而且是惊诧于乐部长本人、龙国英主席和黄部长

2016 年 7 月 9 日在中央社会主义学院参加南昌市统战系统领导干部高级研修班培训

的全程跟班学习，他们像一种无形力量，潜意识里为我们树立了一种热爱学习、努力学习的榜样，连市领导都如此重视理论知识的学习，我们又有什么理由不好好用心呢？

这里当然也忘不了中央社会主义学院和市统战部的跟班老师，他们精心的跟班管理与服务，严谨的教学管理，为我们端正学风、开展活动提供了有力的支持。在这里要特别提到的是，本人学习期间身体不适还得到市委统战部无微不至的关怀，对此，我表示深深的谢意！

二、几点收获

一是丰富了理论素养。从专家教授精彩而深邃的专题讲授中，我们获得大量丰富有益的理论信息与知识，拓宽了判断视野，促进了知识更新，提升了文化层次。

二是提高了政治素质。学习期间，我们不断联系各自的实际，不断提升价值观，通过习总书记系列讲话精神的学习，不仅提升了自身修养，而且还增强了贯彻党的路线、方针、政策的自觉性和坚定性。通过统战理论的学习，切实提升了自身的工作能力。

三是理清了解决问题的思路。我们坚持做到真学、真心、真懂、真用，将学习的理论知识延伸到具体的工作实践中，努力提高"五种能力"建设水平。努力理清解决问题的思路，切实做到学用结合，保证学以致用。

四是提高战略思维能力。通过学习努力提高分析、判断和解决问题的能力，培养理性思维和战略思维，树立世界眼光，加强战略思维，从容应对各种困难与挑战。

五是积累了珍贵的人力资源。非常幸运的是本次培训能结识我市各民族党派的领导，他们是南昌市政党制度的参与者、实践者、推进者，是南昌的政治精英。大家在一起学习，既交流了经验，又碰撞了思想，关键是增强了彼此的友情，为今后做好党派工作积累了珍贵的资源。

同时，我们要感谢中央社会主义学院和市委统战部的精心安排，感谢各位老师的精彩授课。我们将在本次授课培训结束后，以此次学习为新起点、加油站，以更加坚定的信念和饱满的热情投身到具体工作中，不断提高自身修养，增强创新能力，提升参政议政水平，为南昌市统战事业的发展作出积极努力。

2

学精神　悟精髓　用成果

——学习贯彻党的 十九大精神之感悟

党的十九大报告通篇散发着当代中国政治智慧的思想光芒。有人说报告气势恢宏，有一种史诗般的情怀，深情的初心，豪情的改革，激情的前行，听着听着，便有了酣畅淋漓之感；也有人说报告博大精深，如一本浩瀚的百科全书，纵横天下，统揽九州，堪称当代世界"红色圣典"，学着学着，又有了醍醐灌顶之乐。在此，笔者将自己的所学、所悟、所思、所用，与大家一起交流分享。

一、学精神，悟精髓，用习近平新时代中国特色社会主义思想武装头脑，统一思想

党的十九大报告高瞻远瞩、深邃精辟、内涵丰富、大气磅礴，是我国政治领域的鸿篇巨作，要深刻领会其精神实质和丰富内涵，唯有深学精读、学思践悟，用它来丰富我们的政治理论"脑库"，武装我们的头脑，坚定我们的信仰，并通过我们将其思想光芒传播到赣鄱大地的每个角落。

一是系统学，对照学，把党的十九大精神内涵真正学懂。党的十九大胜利召开以来，赣鄱大地掀起了一波又一波学习宣传贯彻党的十九大精神的热潮，我有幸参加了省市区乡四级领导干部的视频学习会，听取了市委宣讲团的宣讲，聆听了党代表的专题演讲，但真正要在短时间内把博大精深的党的十九大报告精髓弄懂而且是真懂，恐怕不是一件容易的事。因此，读原著和权威辅导读本就显得极为重要。一方面系统学。我快速把习近平总书记所作的《决胜全面建设小康社会　夺取中国特色社会主义伟大胜利》报告、人民出版社出版的《党的十九大辅导读本》以及省委主要领导在全省市厅级主要领导学习党的十九大精

2018 年 3 月 16 日在全省党外县级干部学习贯彻十九大精神集中轮训班上发言

神专题研讨班上的讲话文稿拿出来认真研读，通过一本一本地读，提高了自身的政治站位，自觉和党中央保持高度一致，坚决维护习近平总书记核心地位。另一方面对照学。辅导读本和省委主要领导的讲话文稿，都是帮助我们深入学习理解贯彻十九大精神的学习文献，他们之间是相互关联、相互贯通的整体，对我深刻理解党的十九大精神提供了理论支撑，让我明白了党的十九大最大的历史贡献就是明确了习近平新时代中国特色社会主义思想的历史地位，并通过党章确立为中国共产党必须长期坚持的指导思想。

　　二是精细读，重点读，把党的十九大精神实质真正弄通。近半年来，有关党的十九大精神的学习宣传在神州大地全面铺开，自上而下的纵向学习体系已全面形成，抓重点、抓主要矛盾的学习方法就显得极为管用。一方面精泛读。借助报刊、广播电视等传统新闻媒体和微博、微信等现代新媒体，深刻理解实现中华民族伟大复兴中国梦是中国共产党的执政理念，体现"不忘初心"理想信念。另一方面重点读。党的十九大精神的辅导材料林林总总，找重点、读重点是学习好党的十九大精神捷径。我重点研读了习近平总书记所作的《决胜全面建设小康社会　夺取中国特色社会主义伟大胜利》报告和省委主要领导的讲话文稿，深刻认识了习近平新时代中国特色社会主义思想的重要意义，认识到它开辟了马克思主义、中国特色社会主义、治

国理政、管党治党的新境界。

三是专题学，集中学，把党的十九大精神真正悟透。我认真参加省社会主义学院举办的十九大精神集中学习轮训班，珍惜难得的专题学习"加油"机会，通过《高举旗帜走进新时代》《共画同心圆》《国家治理体系现代化》《新时代的文化自信》等一个个专题学习，实现了理论与实践的有机结合，整体与局部的高度融合，为自己未来的工作奠定了政治理论基础。

二、学精神，用成果，用习近平新时代中国特色社会主义思想指导实践，推动工作

统战工作是党的政治工作的重要组成部分，党外干部也是党的干部。学懂弄通悟透党的十九大精神，用习近平新时代中国特色社会主义思想这一最新理论成果指导具体实践、推动工作，也是对党外干部的最基本要求。

一是用理论统领具体实践。理论是行动的指南，把习近平新时代中国特色社会主义思想这一最新理论成果指导自身的具体实践，对提升自身的工作能力，提高工作质量具有实践意义。我目前担任的职务是民盟南昌市委会副主委、新建区人民政府副区长，将用党的十九大精神指导这两项工作的开展。第一，指导民盟市委工作。作为最年轻的民盟市委班子成员，我主要负责文化体育工作委员会、妇女工作委员会2个专委会和联系12个支部的工作。如何将习近平新时代中国特色社会主义思想应用在2个工作委员会和12个支部的具体实践中，是一个理论与实践相结合的过程。为此，我首先要把深奥的理论通过自身的解读，化解为盟员通俗易懂的群众语言，并细化在具体工作计划中，如文化体育工作委员会下半年组织的民盟南昌市纪念"五一口号"70周年和改革开放40周年大型文艺汇演，就是要把中国共产党领导的多党合作制度和改革开放40周年所取得的非凡成就通过民盟成员的演绎展示出来，将党的指导思想贯穿在具体工作中，又为具体的工作把好政治关，同时，又要认真践行市委统战部不忘初心、维护核心、同画圆心、凝聚人心、服务中心"五心"主题活动。第二，指导新建区政府工作。新建区是经济发展、文化深厚、生态优美的千年古邑，惊艳世界的海昏侯考古文化、遍及全球的江佑商帮和中国道教的祖庭万寿宫、江南小朝廷汪山土库、江南第一沙漠厚田沙漠、中国古琴鼻祖朱权墓地（梦山）、大美南矶山等一张张文化名片，为新建经济的腾飞注入了软实力。作为党外班子成员，我主要负责科教文卫体、旅游、民宗和地震等工作。在区政府党组领导和班子成员的相互帮助下，攻克和打赢了保文保卫、抗洪救灾、脱贫攻坚等一个又一个难题和战役。坚持以人民为中心，结合自己分管工作，突出优先发展教育理念，努力完成全国义务教育均衡发展迎"国检"任务，按照十九大报告中"在发展中保障和改善民生"的要求，提高"江西风景独好，五彩新建来领跑""学在新建"等品牌效应，最大限度地保障好人民的利益，提高自己的行政工作水平和服务群众的能力。按照十九大报告关于"积极引导宗教与社会主义相适应"的要求，努力做好万寿宫广场的推进工作，本着"宗教无小事"的原则，积极引导宗教文化全面贯彻党的宗教基本方针，做好新建区的民族宗教各项工作。

二是用理论推进工作。学习的任务就是提升工作水平，用习近平新时代中国特色社会主义思想这一最新理论成果推进自身能力建设，特别是自己身为人大代表的履职能力建设，是我当前和今后的主要工作任务。第一，推进自身能力建设。作为党外干部，我要用比党内干部更高的标准来严格要求自己，在政治上更加坚定走中国特色社会主义政治发展道路，听党话，跟党走；在参政议政上，要不忘多党合作的初心，敢于在工作中做党的好参谋、好帮手、好同事；在具体的行政事务中，牢记为人民服务的宗旨，讲群众语言，解群众难事，在抗洪一线与群众在一起，在拆迁现场多维护群众的合法权益。在就学、就医领域，始终把群众放在心里。第二，履行人大代表职责。作为省、市人大代表，我将针对健康中国、优秀传统文化保护与利用、教育优先发展战略等内容，围绕"乡村振兴"战略、社会养老、互联网监督等课题，认真开展调查研究，积极参加省市人大常委会组织的视察、检查等活动，在参政履职的舞台上展示党派成员的智力优势，讲好江西故事，发出民主声音，贡献统战智慧，共同谱写新时代中国特色社会主义江西篇章。

3

你在前面领跑　我在后面追行

前不久，习近平总书记来到江西考察，亲切看望老区人民，提出"一个新希望、三个着力、四个坚持"的总体要求，充分体现了总书记对老区人民的深情厚谊和对江西改革发展的殷切期盼。作为一名党外干部，必须把学习好、

2016年3月召开江西省工业博物馆馆藏征集工作调度会

贯彻好、落实好总书记重要讲话精神作为当前和今后一个时期的首要政治任务，并以"你在前面领跑　我在后面追行"为题，谈谈自己的学习心得。

一是坚定做群众代言人的参政信念。总书记这次专程来到我省的乡村、企业、学校、社区和革命根据地纪念馆，向广大干部群众送去新春祝福和亲切关怀，既彰显了总书记强烈的为民情怀，同时又用自己的实际行动为我们传递了"以人为本"的民本思想。作为一名党外干部，我必须把总书记的讲话精神作为领跑我前行的"指挥棒"，进一步树立为民建言的工作理

念，进一步强化"群众代言人"的参政信念，认真倾听群众诉求，密切关心群众疾苦，围绕"关于实施精准扶贫战略的思考""全区'大''新''难'企业调研""改进小微企业金融能力"等事关群众切身利益的民生课题，积极建言献策，为构建和谐青云谱发挥积极作用。

二是激发促进发展建言的参政热情。总书记在江西考察工作时的重要讲话，饱含着对我省适应新常态、实现新发展的谆谆嘱托，既高度肯定了江西近年来所取得的成绩，又为江西加快改革发展提供了根本遵循，还为南昌市、青云谱区经济社会事业的发展指明了方向。作为政协的一名成员，我必须把总书记的讲话精神作为领跑我前行的"原动力"，围绕市委提出的"抢占制高点、聚焦增长极、提升首位度、共筑'四强'梦"的20字总体要求和区委提出的"生态人文慧圃，都市产业新城"的发展定位，以"半月谈"协商民主和"八个一"特邀监督工作为抓手，以大会发言为平台，开展"打造书院文化""打造南昌市博物馆群""互联网＋文化旅游""县域宗教文化建设""全区乡官家贤调查"等课题，积极开展参政议政，为推动青云谱区"转型升级、进位赶超、跨越发展"作出积极贡献。

三是凝聚"三风"履职建设的参政力量。总书记在江西考察工作时指出，培育社会主义核心价值观是一件大事，全社会都要努力抓，社区要利用自己的平台和优势做好。作为一名基层领导干部，我必须把总书记的讲话精神作为领跑我前行的"指针"，以"兴家风、淳民风、正社风"主题履职活动为抓手，把"修身、齐家、治国、平天下"等中国传统优秀文化精髓、"富强、民主、文明、和谐，自由、平等、公正、法治，爱国、敬业、诚信、友善"社会主义核心价值观和"三风"主题履职活动有机整合起来，将"社会公德、职业道德、家庭美德"有机地融合于"三风"主题履职活动中，促进全社会形成崇德向善、诚信友爱、甘于奉献的良好氛围，为实施南昌市、青云谱区"十三五"规划提供强大的道德支撑。

4

烈士家书：穿越时空的红色弥香

在一个特定的历史时空里，当我们轻轻地掀开尘封已久的红色历史，细细品味革命时期烈士们留下的一封封家书时，就会感受到这些曾经鲜活的生命也如今天的我们一样绽放过、鲜艳过，但他们为了祖国母亲，为了永不放弃的革命信念与真理，毅然决然地奉献出自己宝贵的生命。在生命的最后一刻，他们用一封封感情真切的家书，表达了对祖国母亲的无限热爱，对侵略者、反动派的无限痛恨鄙视，表达了他们为革命死而后已的坚定决心，让我们感受到了英雄的豪情，见证到了英雄的伟大，他们为后来的继任者们留下了一批丰厚的精神财富，这些家书穿越时空散发出历久弥新的红色沉香：有血浓于水的骨肉亲情，有绚丽多彩的灿烂爱情，有亘古不变的报国情怀和舍我其谁的赤胆忠心。当我们翻开一封封红色家书，时光仿佛回到了那个战火纷飞的年代，李大钊、方志敏、陈毅安等老一辈革命烈士的光辉形象跃然纸上，这一封封红色家书激荡我们的心灵，震撼我们的思想，直击我们的灵魂。

"我深深地爱着这片土地、多少次深情地呼唤着她，多少次日夜地思念着她，多少次用生命守护着她……"这是方志敏烈士的著名诗篇《可爱的中国》。在很小的时候，我就熟读过，如今再读这篇文章时，感到特别优美、特别深情！这篇文章流溢出方志敏烈士对祖国这片土地的热爱，对祖国母亲的尊敬。从儿时起，这篇《可爱的中国》就在我幼小的心灵里，播下了爱党、爱国、爱家的种子，我就是在《可爱的中国》的启迪下，懂得了热爱祖国母亲，热爱国家这片土地的重要意义。

25岁的王孝锡，在他火一样的年华里就奉献出了自己宝贵的生命。

让我们一起来读一读王孝锡烈士给父母的诀别信："……一夕风波路三千，把家园骨肉齐抛闪。自古英雄多患难，岂徒我今然！望爹娘，休把儿挂念，养玉体，度残年，尚有一兄三弟，足供欢颜。儿去也，

2019年3月25日主持"诵读红色家书 感受信仰力量"南昌市第77期县干2班红色家书诵读会

莫牵连！！"读着读着，我早已潸然泪下，王孝锡烈士也和我们一样为人之子，谁不眷恋、孝敬自己的父母双亲？谁又不珍惜自己的宝贵生命？可是当国家母亲有难，王孝锡烈士一句"把家园骨肉齐抛闪"，把为国捐躯的革命情怀演绎得如此真切，如此悲壮，这该是现代士大夫的一种伟大壮举啊！

细品了王孝锡烈士的父母深情，我们再来细读王器民烈士给妻子高慧根的家书："我最念的爱妻：'为求主义实现而奋斗，为谋民众利益而牺牲'……你虽然体谅，而我终是觉得对不住呢。亲爱的慧根！我和你做夫妻是生生世世的，在精神不在形体。我苟牺牲了后，你应紧记着我的遗嘱，那我就瞑目了：（一）不要悲伤损害你的身体，打起精神来继续我的遗志！（二）打破旧礼教，用锐利眼光，细心考察，找有良心、富于革命性的男性，和你共同生活，就是我的好朋友也是不妨，但是总要靠得住，能继续我的遗志，就好了。（三）觉权设法教育他，引导他继续我的革命事业，勿致他堕落，跑反革命那条路上去，这是你要负责任的啊！（四）所有的书籍以及各像片要保存着，给与觉权，做革命遗教……根呀！我不忍说了，继我

志呵！继我志呵！"同为女性，当我读到王器民烈士对妻子高慧根发出"继我志呵！继我志呵！"的深情呼唤与殷殷嘱咐时，从心底为高慧根有王器民烈士这样的伟丈夫而自豪，他守护亲情，爱家爱妻，对妻儿他万般不舍，遗书中散发出王器民烈士的温柔光芒；他追求真理，为了国家民族的利益，为了心中坚定的革命信仰，在死亡面前，他毅然选择为"主义"而战，向爱妻发出"继我志呵！继我志呵！"的革命到底、至死不渝的心底呼唤，王器民烈士这种舍身取义，浸透了一种信仰力量，散发出烈士的人性光辉。

而在陈觉烈士与妻子赵云霄的诀别信中，我又被陈觉烈士饱含深情、矢志不渝的丹心所感动。"云霄我的爱妻：这是我给你最后的信了，我即日便要处死了，你已有身孕，不可因我死而过于悲伤。他日无论生男或生女，我的父母会来抚养他（她）的。我的作品以及我的衣物，你可以选择一些给他留作纪念。……'在天愿为比翼鸟，在地愿为并蒂莲，夫妻恩爱永，世世缔良缘。'回忆我俩在苏联求学时，互相切磋，互相勉励，课余时闲谈琐事，共话桑麻，假期中或滑冰或避暑，或旅行或游历，形影相随……那时若死，可说是轻于鸿毛，如今之死，则重于泰山了。云！谁无父母，谁无儿女，谁无情人！我们正是为了救助全中国人民的父母和妻儿，所以牺牲了自己的一切。我们虽然是死了，但我们的遗志自有未死的同志来完成。大丈夫不成功便成仁，死又何憾！"呜呼，我的心早已揉碎，我的泪早已不能自已。中华民族是何等有幸！中国这个国家又是何等有幸！上下五千年文明从没中断过，就是因为有一批又一批像陈觉烈士这样的爱国壮士为我们的民族"抛头颅洒热血"，为我们的国家披荆斩棘，负重前行！

品读红色家书，我与烈士对话红色心灵，学习烈士的精神，踏着烈士足迹奋勇前行！诵读红色家书，我紧跟烈士的红色信仰，让英雄精神在血液里沸腾！吟唱英雄诗文，我传承烈士的红色基因，让民族文化在人生中流淌！缅怀烈士英魂，让红色家书像红旗一样永远飘扬在华夏大地！

5

在时空隧道中对话英烈

在中国的百姓人家，总有一个圆梦的地方，在那里，有生生不息的血脉，有念念不忘的情丝。那是诗，那是远方，那是一个梦想世界，更是我们的精神家园。在中国人的情感世界里，总有一个心的执念，纵使千山万水，也难以割舍，即使是帝王百姓，也都有一穴柔软，那是血脉，那是骨肉，那是一种期待，更是我们的未来

2019 年 4 月 19 日在市委党校主持微党课

希望。今日，我们跨越时空，在时空的隧道里对话英烈，一起碰撞思想火花。

一代人有一代人的机遇，一代人有一代人的使命，如果说我们读红色家书是一次信仰的淬火，精神的升华，灵魂的洗礼，那我们应当身体力行，内化于心、外化于形，努力争当有信仰、有担当、有贞洁、有情怀的党员干部，刘荣林同学在时空隧道里对话英烈"只要革命成功了，就是万死也无恨"，"杀不尽头颅流不尽鲜血"，表现出大无畏的英雄气概和崇高的不怕牺牲精神，谱写出一曲曲悲壮的英雄史诗。

伟大的共产主义战士邓雅声烈士1929 年 2 月 9 日英勇壮烈牺牲，他在

去世前给老师熊竹生留下的绝命诗中写道"饮弹从容向天啸、长流浩气在人间"，饶万和同学在时空隧道里对话邓雅声烈士遗书时，深深感受到邓雅声烈士为国为民义无反顾的胆量和舍生忘死的气概，这就是共产党人的初心。

人们常说，父爱如山、母爱如水，李林同学正在时空隧道里对话赵一曼烈士，让我们认真聆听赵一曼在1936年写给儿子的一封书信里怎么说"我最亲爱的孩子啊……在你长大成人之后，希望不要忘记你的母亲是为国而牺牲的"，此时此刻李林同学早已潸然泪下，沉默许久，为我们诵读了他给孩子的一封信，给孩子一段美好的回忆，寄予孩子不忘根本，为国、为家而发奋努力的希望。

有人说，世界即大也小，我理解这个大就是大千世界，无所不有；这个小就是小的尘埃。在我们的时空隧道对话英烈的分享里，有军人、专家、干部，读一封信笺，倾其无尽思念，诉尽永固情怀，可以重温波澜壮阔的历史，品尝真挚柔软的情感，英烈们的真实情感世界。《红色家书》红得高级，红得纯粹，更红得让人感动，展现了中国人舍生取义的忠诚品质，展现共产党人为国为民的不变坚持，展现了革命先辈舍小就大的祖国情怀。

众所周知，《可爱的中国》《清贫》等著名爱国诗篇都出自于赣籍伟大的革命家、军事家方志敏之笔，呈现了方志敏烈士大义凛然、无所畏惧的民族忠魂。李青同学在时空隧道里对话方志敏烈士另一篇佳作《临死以前的话》，"我们是共产党员，为革命而死，毫无所怨，更无所惧"，李青细细品读此书，深刻感受到了革命先烈们的信仰力量，也体会到了革命志士们的侠骨柔情，更从中汲取到了精神的养分。

一封封家书是一座座灯塔，瞩目挺立，指挥我们前行的方向；一封封家书是一首首战歌，唱响岁月，激发我们爱国的热情；一封封家书是一面面旗帜，飘扬时空，坚定我们伟大复兴的梦想。让我们静下心来，聆听先驱的心声，感受他们的家国情怀，汲取他们的红色营养，增强自身能力，外化力量，在构建大南昌都市圈的建设中贡献我们的智慧和力量。

6

像海绵吸水一样来吸取这最具魅力的管理智慧

——2019 年 4 月 25 日在市委党校第 77 期县级干部进修班毕业典礼
上的发言

毕业之际，作为学员代表向各位领导、老师汇报我们在党校期间的学习收获，我感到无比的激动与荣幸。在此，请允许我代表全体学员，向市委组织部、市委统战部、市委党校为我们提供这次难得的学习机会和各位领导、老师的辛勤付出表示衷心的感谢！

从 3 月 11 日至 4 月 25 日，我们在市委党校度过了"团结、紧张、严肃、活泼"的校园生活，在这 45 个日子里，我们一直记得市委刘书记在"开学第一课"时的叮咛："要从更高层面认识当前学习的极端重要性，在爱学习上做表率，在善学习上立标杆，在学思践悟习近平新时代中国特色社会主义思想上走前列"。我们完成了市委组织部杨部长提出的从领导到学员、从工作到学习、从分散学习到集中学习"三个转变"的要求，以饱满的热情和良好的精神状态，全面、深入、系统地进行学习和思考，严守纪律，时时处处注意塑造好自身的良好形象。

在这 45 个日子里，从卡尔·马克思的《资本论》到毛泽东的《寻乌调查》，从刘少奇的《论共产党员的修养》到习近平新时代中国特色社会主义思想，我们开展了学习贯彻习近平新时代中国特色社会主义思想与十九大

2019 年 4 月 13 日在市委党校第 77 期县级干部进修班毕业典礼上发言

精神，马克思主义基本原理与经典著作等五个单元、36 次专题的学习，我们与古今中外的先贤们对话，吸取人类共同的智慧营养，明白了"理论修养是基石"的深刻内涵。为此，我们诵读经典！传读优秀传统文化！

在这 45 个日子里，我们开展了 10 多场《红色家书》活动，从《红色家书》诵读会到《红色家书》读书心得交流会，从学写一封《家书》到撰写《红色家书》党性分析材料，从"党课微讲堂"到"廉政课堂"。从方志敏到夏明翰，一封封红色家书的诵读，让我们理解了英烈们的家国情怀，一堂堂微党课的分享，让我们明白了中国共产党人的初心意义，一次次红色家书汇报彩排，让我们感受了红色旋律的激昂与力量。是的，"没有革命烈士昨日的英勇牺牲，就没有我们今日的新生活"。为此，我们敬仰英烈！敬畏红色政权！敬畏党纪国法！

在这 45 个日子里，我们重走"小平小道"，在小平同志塑像前重温入党誓词，汲取信仰力量，改革开放再出发，做党的忠诚者、担当者。从青山湖上海路到新建溪霞再到南昌南新，从艾溪湖到瑶湖，我们寻找强产业、兴城市、重党建、优生态与南昌发展，科学素养与领导思维提升的先进经验，寻求适合南昌自身特色的发展之路。

在这 45 个日子里，我们开展了为期 5 天的"经济转型发展"专题研学，从"中国水都"南昌到"浙江水乡"绍兴，我们进行了"绍兴传统产业改造提升""创新驱动战略下绍兴实体经济技术创新的思考"两个专题学习，和对中国轻纺城、米果果小镇、大唐袜艺小镇、黄酒小镇、卧龙集团等城乡经济社会建设的考察，并从中受到了启发，同时也引发了思考："绍兴归来，我们学了什么？"

我感觉就是"枫桥经验"和"绍兴样板"。

枫桥经验即基层治理体系和治理能力现代化，必须从传统基层组织的"行政依赖"到社会共治的"大合唱"；从"人海战术"的捉襟见肘到植入"智慧基因"的精准无缝。

绍兴样板即构建现代产业体系，确保经济转型升级可持续发展，也就是企业本着"保护为主，整体提升，合理开发，创新管理"的原则，努力做好文化的保护、传承和开发。同时，必须做到"五个坚持"：坚持解放思想、凝聚人心，坚持政府导向、市场倒逼，坚持市场主体、社会协调，坚持盘活存量、优化增量，坚持改革创新、建章立制。这些对我们在今后的工作中，加快南昌市产业转型升级，推动经济特色化、产业化、链条化发展有着借鉴意义。

作为一名民盟盟员，非常有幸得到市委统战部的力荐，与其他几位党外领导干部一起，走进南昌市领导干部的精神圣殿——南昌市委党校学习，与 40 余党员领导干部同生活、同学习、同考察，这对我们来说，是何等的荣幸！这 45 天的学习，让我们充足了电、加满了油、补足了钙，锻炼了党性。时间虽然不长，但对我们每一个人来说，却是一段永生难忘的美好记忆。在即将毕业返岗之际，我代表 77 期全体学员向组织、向各位领导、老师郑重表态：我们一定会以最饱满的热情，最昂扬的斗志，最刻苦的精神，最坚定的信念投入到工作中去；请相信我们，一定会不忘初心、牢记使命、砥砺前行！

7

号角已吹响　重整行装再出发

——学习习总书记视察江西时的重要讲话精神的心得体会

有一种情怀，那就是习总书记念念不忘我们苏区的父老乡亲！

有一份执着，那就是习总书记牢牢记挂我们江西的经济发展！

2019 年 5 月 20 日—22 日，总书记带着对红土地老区人民的深情大爱来到江西考察，短短的 3 天时间内，从中央红军出发地赣州于都到军旗升起地南昌，从农村到企业，从百姓人家到陆军步兵学院，从主持推进中部地区崛起工作座谈会到听取江西省委、省政府工作汇报，总书记时隔 3 年零 3 个月再次亲临赣鄱大地，看望苏区老红军，倾听各界声音，发表系列重要讲话，为在全党开展"不忘初心、牢记使命"主题教育和江西改革发展提出了"作示范、勇争先"要求。总书记的系列重要讲话，一方面表达了总书记对红土地儿女的真挚情感和对共产党人初心的追溯，另一方面是总书记为江西改革发展和中部地区崛起号脉把关，擘画蓝图，时至今日，江西人民仍然沉浸在总书记视察江西的巨大喜悦和振奋中。

一、运筹帷幄，为中部地区崛起和江西高质量发展号脉把关

一是为在全党开展"不忘初心、牢记使命"主题教育号脉把关，表达了总书记对苏区人民的真挚情感和对共产党人初心的追溯。5 月 20 日，总书记深入企业、农村、革命纪念馆，就经济社会发展进行考察调研。在视察江西金力永磁科技股份有限公司时，总书记强调技术创新是企业的命根子。在参观中央红军长征出发纪念馆时，总书记看望张富信等 8 名红军后代并向中央红军长征出发纪念碑敬献花篮，指出这里是红军长征的出发地，中国共产党和全国人民不忘初心，不忘我们苏区的父老乡亲们。在视察于都梓山镇富硒蔬菜产业园和潭头村时，总书记指出中国共产党的初心就是为人民谋福利、为民族谋复兴，党中央想的就是千方百计让老百姓都能过好日子，只要跟着共产党走，中华民族伟大复兴就一定能实现。总书记每到一处念念不忘的就是共产党人的初心，时时记挂的是共产党人的使命，他的一系列讲话为即将在全党开展"不忘初心、牢记使命"的主题教育提出了要求，我们不能忘记党的初心和使命，不能忘记革命理想和革命宗旨。

二是为中部地区崛起号脉把关，描绘了新时代江西改革发展的新画卷。5 月 21 日至 22 日，总书记主持召开推动中部地区崛起工作座谈会和听取江西省委省政府工作汇报，指出今年是新中国成立 70 周年，我们一定要牢记红色政权是从哪里来的、新中国是怎么建立起来的，倍加珍惜我们党开创的中国特色社会主义。就做好中部地区崛起工作提出了"推动制造业高质量发展、提高关键领域自主创新能力、优化营商环境、积极承接新兴产业布局和转移、扩大高水平开放、坚持绿色发展、做好民生领域重点工作、完善政策措施和工作机制"等 8 个方面的要求。在听取江西省委和省政府工作汇报后，总书记充分肯定了江西近年来的工作，并指出江西改革发展应在加快革命老区高质量发展上作示范，在推动中部崛起上勇争先下功夫。江西是一片充满红色记忆的热土，以百姓为心，与人民同呼吸、共命运、心连心是党的初心和恒心；对江西发展提出了"要推动经济高质量发展、推进改革开放走深走实、推进农业农村现代化、坚持以人民为中心的发展思想"等 4 个方面的要求，为新时代江西改革发展描绘好新画卷。

二、学懂悟透，深刻领会总书记视察江西时重要讲话的时代深意

一是习总书记重要讲话是"不忘初心、牢记使命"主题教育的政治宣言。

作为新时代党外干部，我们更要学习好、理解好、贯彻好总书记视察江西时重要讲话的时代深意。阿拉伯诗人纪伯伦曾经说过"不要因为走得太远，忘了我们为什么出发？"我国古籍中有多个"不忘初心，方得始终"箴言诠释，其最本真的意思就是不要忘记最原始、最纯真的梦想，只要坚持走下去就一定能成功。总书记5月20日在红军长征的出发地于都县城东门渡口说："我这次到赣南，就直奔于都来了。我来这里也是想让全国人民都知道，中国共产党不忘初心，全中国人民也要不忘初心，不忘我们的革命宗旨、革命理想，不忘我们的革命前辈、革命先烈，不要忘了我们苏区的父老乡亲们。""我这次来江西，就是来体验红军当年出发的情况，是来看望苏区的父老乡亲，看看乡亲们的生活有没有改善，老区能不能如期脱贫摘帽。现在我们正走在开启建设社会主义现代化国家的新征程上，我们要继往开来，重整行装再出发！"这一席话就是对"不忘初心、牢记使命"主题教育的最好表达和诠释，更是向全党发出的政治宣言。

二是总书记的讲话从全局和战略的高度为江西工作提供了根本遵循。目前我省"发展不充分与发展质量不高、加快经济发展与加强生态环境保护、基础设施滞后等'硬环境'不足与思想观念滞后等'软环境'不优等三个问题并存，所以，我们的首要战略是"推进高质量、跨越式发展"。为完成总书记"江西要努力在加快革命老区高质量发展上作示范、在推动中部地区崛起上勇争先"的嘱托，我们必须要重点打造航空制造、电子信息、中医药、新能源、新材料等优势产业，调整改造汽车及零部件、有色、石化、钢铁、建材、纺织、食品等传统产业，倾力发展大数据、云计算、人工智能、共享经济等新兴产业，以及工业设计、现代物流、电子商务、文化创意等现代服务业，重塑江西制造辉煌。

三、号角已吹响，重整行装再出发

一是总书记视察江西时的重要讲话，为我们吹响了"新时代江西改革发展、江西革命老区高质量发展、江西推动中部地区崛起"的前进号角，为做好江西各项工作提供了政治保障。江西要紧扣经济高质量发展、改革开放、

2019 年 8 月 13 日
在赣州拜访百岁老红军
王承登

实施乡村振兴战略、保障改善民生、传承红色基因等 5 个抓手，加快构建现代化经济体系、持续推进改革开放走深走实、加快推进农业农村现代化、加快建设现代农业强省、全面加强新时代党的建设，扎实开展"不忘初心、牢记使命"主题教育，推动思想大解放、改革再出发，不断开拓富裕美丽幸福现代化江西建设的新境界。

　　二是总书记视察江西时的重要讲话，为我们吹响了进一步夯实中国共产党领导的多党合作制度的共同政治基础、建设"三好""四有""五种能力"新时代中国新型参政党的前进号角，为做好江西多党合作事业发展提供了政治保障。第一，作为一名具有党派身份的市级社会主义学院院长，我必须始终如一地在思想上、政治上、行动上与中共中央保持高度一致，听党话、跟党走，进一步增强"四个意识"，坚定"四个自信"，做到"两个维护"；必须始终如一地爱党、爱国、爱盟、爱民，深知社会主义学院是中国共产党领导的统一战线性质的政治学院，是民主党派和无党派人士的联合党校，在工作和日常中都必须以习近平新时代中国特色社会主义思想为指导，坚持社会主义办学方向，将自己的激情、热血与智慧全部献给党和人民的事业。第二，作为一名市级党派副主委，我必须始终如一地在深学谨言，提升政治把握能力；多思勤行，提升参政议政能力；实干巧为，提升组织领导能力；谦让互助，提升合作共事能力；建章立制，提升解决自身问题能力等五种能力上下功夫，坚持中国共产党的领导，积极建言献策，增强非权力影响力，搞好合作共事。第三，作为一名党派成员，我必须始终如一地强化自身理论水平，将总书记视察江西时的重要讲话与当代马克思主义中国化理论、习近平新时代中国特色社会主义统一战线思想、当前统战政策、人民代表工作和本职工作统一起来，有效形成理论与实践的高度统一，为描绘好新时代江西改革发展新画卷贡献自己的全部力量。

8

画卷　号角　起航
——读《国是》一书心得

　　7月26日是我履新南昌市社会主义学院院长一职36天的日子，正是这天，我接到命令，受市委、市委统战部的委托，带队奔赴中国革命摇篮——延安举办南昌市党外干部素质提升研修班。这是一个特殊的命令：我既是这个研修班的组织者，又是这个研修班的学员，为此，除了在市委常委乐文红的领导下，统筹研修班的全面事务之外，我也要按照要求学习并完成《国是》《新时代 新思想 新征程》2篇学习心得的撰写任务，这便开启了我全面而系统地学习《国是——民主党派中央参政议政工作案例选集》一书的新征程。

　　细细品读《国是》，我心潮澎湃，犹如翻阅一轴宏大的民主党派中央奔走国是的美丽画卷：该书全面展示中共十八大以来民主党派履职建言和自身建设的新面貌新气象，记述民主党派服务党和国家事业发展的生动实践，详细介绍民主党派参政议政工作流程，集中展示党外人士履职风采，体现民主党派成员的使命担当和报国情怀；犹如聆听了民主党派再出发的前进号角以及共同开启新时代民主党派共定国是的再次起航。

2019 年 7 月 29 日在
学习讨论会上交流《国是》
一书学习心得

一、《国是》展开多党合作制度效能的美丽画卷，是丰收更是标杆

在一般的语言思维中，"国是"一词一直以来都是包括本人在内的百姓人家无法触及也无法理解的极为庄重、严肃的书面用语。在《现代汉语词典》中，"共商国是"原本是"共定国是"，其源出于南朝范晔的《后汉书·桓谭冯衍列传》，"国是"意为"国家大计"，是治国的大政大策，"国是"是专用词汇，例如，"今年四月，定国是之诏既下。"——清·梁启超《谭嗣同传》；"国是如此，丈夫何以家为！"——《老残游记》。

随着《国是》这轴美丽画卷的徐徐展开，我看到了党的十八大以来，民主党派中央在以习近平同志为核心的中共中央正确领导下，依托高质量、有见地的参政议政和自身建设，与中国共产党和衷共济、通力合作，携手走进了新时代的中国，为世界政党建设提出了中国模式：一个个生动鲜活的参政故事，一次次深入基层的调研画面，一场场气氛热烈的交流座谈，一份份沉甸甸的高质量的调研报告，如民革中央的"关注京津冀能派结构调整"、民盟中央"咬定青山不放松 持续调研促民生"、民建中央"大力发展现代服务业，推进产业结构调整"等重大课题成果，集中展示了民主党派成员的使命担当和报国情怀，在我国政治框架体系内发挥了参政党作用，也为世界政党建设的创新作出了指南。对于地方一名参政党成员，学习《国是》之后，既有那激动人心的丰收与快乐，更多的是认为这是民主党派中央为地方民主党派作了榜样，树立了标杆，为我做好未来的党外干部培训工作以及参政议政工作提供了指南与方法论。

二、《国是》创新参政党奔走国是的实践写照，是探索更是号角

奔走国是是一个历史概念，也是一个实践的概念，这种属性决定了该项工作没有现成的模式照搬，尤其在我们国家，它也是要根据具体情况具体分析的，是一项与时俱进的工作。中国的政党制度自成立起，各民主党派按照"长期共存、互相监督、肝胆相照、荣辱与共"的基本方针，为国家的站起来、富起来、强起来而奔走国是，是参政党参政议政的实践创新，如，在《国是》一书里，有全国人大常委会副委员长、民革中央主席万鄂湘陪同习近平总书记到福建平潭调研的记载，有民建中央"保护长江，推进长江经济带发展"的重大课题调研，有民盟中央《统筹推进世界一流大学和一流学科建设总体方案》获中央全面深化改革领导小组第十五次会议通过的喜悦。这些课题都创形式、规格和业态之先。如《长江经济带坐态环境保护规划》民建中央开创了水生态调研之先，如民革中央主席万鄂湘的平潭调研开创了民主党派中央领导陪同习总书记在国内调研的先例，这既深化了中央层面的党际之间合作共事的实践创新，也提供了地方层面党际之间合作的参照模式。又如：统筹推进"双一流"建设，加快我国从高等教育大国向高等教育强国迈进的课题，既突出了民盟的界别特色，又彰显了民盟强烈的时代担当。这是一种探索，更为我国各项事业高质量的发展吹响了号角。

三、《国是》勾勒同心同向的家国情怀，是担当更是启航

《国是》一书，全面叙述了8个民主党派在参政履职过程中的思考与感悟，展现民主党派与中国共产党同心同向的强烈使命担当与浓浓的家国情

怀，如《发挥海峡西岸经济区先行先试　助推两岸经贸合作与民间交流》的课题凝聚了台盟中央的智慧与汗水，围绕着如何以海峡西岸为衔接区，进一步促进台湾与祖国大陆融合，提出的构建海峡西岸经济区的战略设想与推动国家祖国统一、两岸共圆统一完全吻合，彰显了民主党派的家国情怀。又如，九三学社的"长江上游水利水电工程对全流域生态环境影响"与习近平书记提出的长江经济带的发展要牢牢把握"共抓大保护　不搞大开发"思想一致，树立全流域理念，为保护母亲河议政建言。又如民进中央的"做好扶贫大文章"、农工党中央"心系人民健康福祉助攻破解医改难题"等，面建真言，得到了中共中央领导的高度重视并逐渐落实。民主党派中央的这种家国情怀是践行着他们对中国特色社会主义参政党新时代履职建言的理念追求，将个人的才华智慧与实际行动转化为报国情怀和责任担当，谱写新时代多党合作事业的新篇章。

　　作为新时代的一名地方参政成员，也是地方民主党派联合党校负责人，在努力做好党外干部培训的同时，也通过品读《国是》一书，我真正明白了其深厚的学术价值和实践的指导价值，同时，也找到了自己未来参政议政的方法，为提升自身的参政议政素养提供了有益示范和成参考借鉴。今年是多党合作70年，站在时代的新历史定位，更是民主党派再度拔锚启航的关键节点，我更加要以中共十九大精神凝聚思想共识，不断筑牢共同思想基础，以中共十九大精神统领能力建设，不断提升自己的履职能力，以习近平视察江西的重要讲话为前行灯塔，不断提升自己的"五种"能力建设，保持参政热情，围绕大局与民生，围绕经济中心和群众热点、难点、焦点，深入一线、深入群众，听取民众呼声、掌握社情动态、察知政治动向，建真言、出实招，为做大做强做优南昌都市圈做出积极努力！

9

在新时代新理论的指导下出发！

——读《新时代 新思想 新征程》学习心得

每个时代都有每个时代的新思想，这个新思想一经确立便是整个时代、整个国家的前行灯塔和奋进方向。2019 年的 7 月底，我和全市 50 多名党外干部一起来到延安，开展为期一周的南昌市党外干部素质研修班，同时，有幸获得了《新时代 新思想 新征程》这本集科学性、思想性、权威性、可读性为一体的理论教材。这本书，在政治、理论和实践上为我们打开了一个全新的世界：政治上引领我们进一步增强"四个意识"，坚定"四个自信"，做到"两个维护"，理论上帮助我们更加准确系统地学习领会、贯彻落实习近平新时代中国特色社会主义思想的精神内涵，实践上进一步激励和推动我们进一步坚定理想信念，同心同德，振奋精神，这是一本指引我们沿着中国特色社会主义正确道路努力前进的理论旗帜。

一、这本书框定了中国未来发展的三大发展轮廓

一是一个重大判断。中国的发展方案、发展道路必须在结合中国自身的国情，习近平在《新时代 新思想 新征程》中指出，经过长期努力，中国特色社会主义进入了新时代，这是中国发展新的历史方位。习近平这一重大判断得到了包括俄罗斯、法国等世界各界的认同。俄罗斯高等经济学

院教授马斯洛夫认为"中国政治、经济、社会民生的发展都步入了一个完全崭新的阶段。中国已经进入全面建成小康社会的决胜阶段，中国社会的发展程度已经足以让中国揭开新的篇章"。法国共产党全国书记洛朗认为"在习近平总书记带领下，中国发展开启了新篇章。中国更加注重社会健康发展，尤其是积极开展生态环境保护。同时，中国大力打击腐败，深入推进依法治国，积极解决社会收入不平等、地区发展不平衡等问题，多管齐下建设和谐社会"。

二是一项理论创新。习近平在《新时代 新思想 新征程》中明确提出并详细阐述了新时代中国特色社会主义思想，这一思想的提出是具有历史性意义的大事，将引领未来中国的长期发展。这思想是中国共产党在政治、经济、社会等各个层面的指导思想和行动纲领，同时也是方法论和理论工具，将有力地推动实现中华民族伟大复兴的宏伟目标。

三是一幅宏伟蓝图。习近平在《新时代 新思想 新征程》中描绘了一幅宏伟蓝图，为中国未来发展提出了清晰的目标、理论和连贯的经济发展战略，指明了国家未来发展方向。他指出，从十九大到二十大，是"两个一百年"奋斗目标的历史交汇期，我们既要全面建成小康社会、实现第一个百年奋斗目标，又要乘势而上开启全面建设社会主义现代化国家新征程，向第二个百年奋斗目标进军。同时也向世界展示：中国共产党有能力对国家实施有效管理，能够集中经济资源、凝聚社会各界力量来提高国家竞争力，促进创新型发展。中国以全人类共同福祉为目标，积极推动中国特色大国外交，促进世界和平与稳定。

二、这本书展示了新理论内在有机联系的九大逻辑结构

本书包括导语、中国特色社会主义进入新时代、新时代中国共产党的历史使命、习近平新时代中国特色社会主义思想的主要内容、新思想的历史地位、新思想的实践要求、决胜全面建成小康社会的基本任务、关键环节和根本要求、开启全面建设社会主义现代化国家新征程的宏伟奋斗目标、结语等9个部分，纵观全书，思路清晰，结构合理，逻辑严密，首尾呼应，

2019 年 7 月 27 日在交流《新时代 新思想 新征程》学习心得

深刻、系统地揭示了"新时代""新思想""新征程"之间的有机联系，这九部分是互为联系、互为逻辑的内在九大结构。一是导语。导语从总体上阐释了"新时代孕育新思想，新思想引领新征程"的主题。二是第一章。这章集中阐述了"中国特色社会主义进入新时代"这一重大政治判断的基本依据、科学内涵、重大意义以及新时代的新要求。三是第二章。文章很好地诠释了新时代中国共产党的历史使命。四是第三章。这章在阐述"习近平新时代中国特色社会主义思想的主要内容"时，首先从"立足时代之基，回答时代之问"这个宏观视角，揭示了"新思想"与"新时代"的内在联系，尔后科学阐释了新思想的主要内容。五是第四章。文章阐述了新思想的历史地位。六是第五章，文章阐述了新思想的实践要求，体现了伟大思想对新时代的科学指引作用。七是第六章。这章集中阐述在习近平新时代中国特色社会主义思想引领下，决胜全面建成小康社会的基本任务、关键环节和根本要求。八是第七章。文章集中阐述了开启全面建设社会主义现代化国家新征程的宏伟奋斗目标。九是结语。文章鲜明、响亮地提出"在伟大思想指引下谱写新时代壮丽篇章"的号召。

三、在新时代新理论的指导下开启我们的新征程

《新时代　新思想　新征程》就是一本立足新时代、学习新思想、奋斗新征程的权威教材，她具有实用性强、逻辑结构严密、理论观点深刻、阐述准确规范等特点。对于南昌市党外干部来说具有很强的针对性，为我们做好未来南昌市社会主义学院各项工作具有很强的指导意义。一是发挥理论的灵魂引领作用。《新时代　新思想　新征程》是党外干部提升理论素养、增长工作本领的思想宝库，是改造主观世界和客观世界的锐利武器。坚持以科学理论引领、用科学理论武装，保证南昌市社会主义学院办学的政治方向。党外的干部是推进党和国家事业的重要力量，要充分发挥习近平新时代中国特色社会主义思想这一灵魂引领作用，努力做好习近平新时代中国特色社会主义思想学习、领会、消化与贯彻，按照党外领导干部素质能力尤其是政治素质、理论素质提出的新要求，围绕"新时代孕育新思想，新思想引领新征程"这个具有重大理论意义和现实意义的主题，对"中国特色社会主义进入新时代""习近平新时代中国特色社会主义思想""开启全面建设社会主义现代化国家新征程"这三个事关党和国家工作全局的重大理论与实践进行了全面、系统、准确、深刻的培训，适应党外领导干部学习培训的迫切需要。二是实现理论的成果转化作用。《新时代　新思想　新征程》政治站位高，站在增强"四个意识"，坚定"四个自信"，做到"两个维护"的政治高度，着眼社会主义特别是科学社会主义的发展历史，着眼党的十八大以来的伟大实践和历史经验和当今世界格局的新变化，从理论与实践的统一中，从历史与现实的结合中，在理论界学术界已有研究成果的基础上，对"新时代""新思想""新征程"的基本根据、科学内涵、重大意义、实践要求等重大问题做了进一步的深刻论述，取得了许多创新性成果。三是开启新征程的路径选择。对充分调动和激发党外干部的积极性、主动性、创造性，教育引导党外干部作这一理论的思想、行动、砥砺的攀登者。第一，做思想上的攀登者。意识具有能动作用，精神是一切工

作的动力和源泉，坚持理论联系实际，遵循客观规律，坚持以正确的思想观、价值观来指导实践实干。第二，做行动上的攀登者。"喊破嗓子不如甩开膀子"，在改革发展的实践中率先垂范，以敢为人先勇挑重担，以自我革命政治勇气深刻自我剖析，以真才实学创造时代发展契机，以工匠精神锻造建设社会主义现代化强国的钢铁之躯，以齐心协力的干劲汇聚实现中华民族伟大复兴中国梦的磅礴力量。第三，做砥砺上的攀登者。指引、激励着党外干部砥砺奋进。以中华民族的优秀的传统文化为原点，前赴后继、接续奋斗，坚定地踏上建设社会主义现代化强国的新征程。

10

永远的延安　不朽的经典

——2019 年参加南昌市（延安）党外干部素质提升研修班心得

延安，那是值得我一生去学习、去膜拜、去洗礼、去敬仰的地方，她是如此令人神往，每次去我都会那样的激情澎湃！她是如此神圣光芒，每次去我都会那样的痴迷执念！对延安的深情犹如贺敬之《回延安》"几回回梦里回延安，双手搂定宝塔山，千声万声呼唤你——母亲延安就在这里"描述的那样，深烙心中。记得很小的时候，我就会唱《东方红》《黄河大合唱》《南泥湾》《解放区的天》等多首延安时期的革命歌曲，就知道在延安有毛主席、周总理、刘志丹、习仲勋、谢之长等一批无产阶级革命家。国际共产主义战士白求恩、全心全意为人民服务的典范张思德的故事早已记在心间，宝塔山、杨家岭、枣园、王家坪、黄帝陵、梁家河以及黄河水、窑洞、秧歌舞、安塞腰鼓、陕北民歌、子长唢呐等已经成为世界熟知的延安文化符号。多少年后，当我第一、第二、第三次去延安时，都觉得延安就像我的家乡一样，是那样的熟悉而亲切！今年 7 月，当我再次来到延安时，就像回到自己的家一样，只是这次除了学员的身份之外，我还多了一个标签——南昌市社会主义学院院长，是举办全市党外干部素质提升研修班的单位负责人和带队者，这三重的使命，在这极为特殊的时期显得意义极为重大！

一、熟悉的延安，是我心中永远的精神家园

延安，这个多么熟悉的地方！孩时起我们就知道，延安是我们民族的精神家园和中国的革命圣地，是党中央和毛泽东、周恩来等老一辈革命家整整用了 13 年的时间，运筹帷幄、决胜千里，领导和指挥了中国的抗日战争和解放战争，奠定了中华人民共和国的坚实基石，迎接革命胜利的曙光。在这里，以毛主席为核心的中国共产党人培育了永不泯灭的抗大精神、延安整风精神、南泥湾精神、白求恩精神、张思德精神等原生态的延安精神，

2019 年 7 月 28 日参加南昌市（延安）党外干部素质提升研修班

谱写了可歌可泣的伟大历史篇章。延安精神在革命实践中不断加以提炼并高度概括为坚定的政治方向，解放思想、实事求是的思想路线，全心全意、为人民服务的根本宗旨，独立自主、自力更生、艰苦奋斗的创业精神和爱国主义的优良传统。这科学内涵是中国共产党在长期革命斗争中所形成的优良传统和作风结晶，是中华民族崛起的精神支柱，它引领中国人民不懈奋斗从革命胜利走向新的革命胜利；这科学内涵也是巨大的精神财富，犹如精神家园一样庇护着一批又一批中国共产党人克服种种困难，一次次走向成功，走向辉煌。同时，这科学内涵更是一种精神力量，对当今我们大南昌都市圈来说都具有巨大的时代价值和深远意义。

二、不朽的经典，是我们民族不朽的精神丰碑

延安是中国革命的圣地，是中共中央和毛泽东等老一辈无产阶级革命家战斗和生活的地方，也是习近平总书记插队期间带领群众艰苦创业、改

变贫穷落后的地方，是一代又一代中国共产党人在不同的历史背景和人文环境下，面对种种苦难，坚持实事求是、艰苦奋斗的精神和原则，取得一次次战略胜利的圣地。正是因为面对着种种苦难，才形成了对当代都有实际指导意义的延安精神，才造就了中华民族史上的不朽经典和丰碑。而今，我们又来到延安接受灵魂的洗礼，自觉坚定"不忘初心、携手共进"的信念，自觉维护"核心"，树牢"四个意识"，坚定"四个自信"，自觉履行参政议政职能。本次学习的确是一次难忘的延安之旅，从7月27日—31日，短短的五天，我们进行了《延安精神及其时代价值》《十九大精神解读》2场专题教学，让我们更深入地、更精准地感受和握住了延安精神的深刻内涵、十九大精神的核心要义；进行了《毛泽东与毛岸英特殊的父子情》《"窑洞对"及其现实启示》《白求恩与白求恩精神》《习近平插队经历对干部的成长启示》《三五九旅开发南泥湾与艰苦奋斗的南泥湾精神》5场现场教学，我们感受到了革命前辈们的伟大情怀，从"窑洞对"中找到了中国共产党领导的多党合作和政治协商制度的思想源泉，从南泥湾精神中探寻到了自力更生、艰苦奋斗的民族灵魂；参观了老一辈革命家们工作和生活过的地方——中国共产党中央大会堂（旧址）、杨家岭、王家坪、宝塔山、枣园、凤凰山、抗日军政大学纪念馆、延安炮兵学校、桥儿沟等革命旧址，一孔孔简陋的窑洞，一件件朴素的陈设，一幅幅珍贵的图片，让我们接受了一场红色的心灵洗礼；走进习总书记梁家河村知青插队时住过的窑洞和工作过的地方，走访了解习总书记闯过"跳蚤关、饮食关、生活关、劳动关、思想关"等艰辛的七年知青生活，真切感受了习总书记带领群众战天斗地、扎根群众、摆脱贫困、自强不息的精神和"不忘初心、牢记使命"的爱国爱党情怀；观看了大型红色历史舞台剧《延安保育院》；唱起了《东方红》《延安颂》《南泥湾》等革命歌曲，再次体会到了延安时期浓浓的军民鱼水深情。

三、永恒的坐标，是我们新时代的前行动力

延安，是不朽的丰碑，也是永恒的坐标。延安学习归来，我的心情久久不能平静，一次又一次的学习，让我更清晰地了解了延安历史，更深入地理解了延安精神，这种精神，为我们今后的前行指引了方向，也为我们的未来提供了原动力。

一是薪火相传，延安精神永放光芒。

延安精神是中华民族精神的重要组成部分，艰苦奋斗是我们的工作作风也是思想作风，是中国共产党的优良传统和政治本色，也是一条极为宝贵的精神财富，我们在工作中要继承革命前辈艰苦奋斗的优良传统，担负起新时代的历史使命，学习好、传承好延安精神，让延安精神永放光芒，在新时代的历史条件下，释放出新的强大生命力！

二是戮力前行，延安精神发扬光大。

作为一名党外干部，也作为一名党外干部的联合党校负责人，除了增强"五种能力"的学习之外，还要立足新岗位、对照新角色、领取新任务、思考新思路。为此，本次学习不轻松，在认真参加学习完成各项学习任务的同时，要做好本次培训的各项工作，特别是南昌市社会主义学院正处于的特殊改革期，其困难之大、力度之强、压力之高，我虽有些心理准备，心里还是感觉困难种种，但当看到毛主席等老一辈革命家们延安创业之苦、创业之难、创业之艰，我的信心倍增。第一，要坚定正确的办学政治方向。就是要高举中国特色社会主义伟大旗帜，以马克思主义、毛泽东思想、邓小平理论、"三个代表"重要思想、科学发展观、习近平新时代中国特色社会主义思想为指导，坚持社会主义办学方向。第二，要体现"联合党校"鲜明的办学特质。社会主义学院是中国共产党领导的政治学院，是民主党派和无党派人士的联合党校，学校管理必须在统战部党组的领导下，在南昌市各民主党派和无党派人士的大力支持下开展教学，广纳优质资源，提升教学效果。第三，要突出主体作用，完善教学布局。建立健全院务委员会、师资团队、智库建设和自身队伍等4支队伍。突出"大统战""大文化"双重视角下文化共识政治共识的教育理念，布局新时代的教学，实现"进修班、培训班、专题研讨班、国情研讨班等班次类型的教育培训全覆盖"。

11

您看，那又是一个春华秋实

——全省民主党派代表人士培训班掠影

"时维九月，序属三秋"。9月17日—30日，全省64名来自不同城市、不同领域、不同界别的民主党派代表人士齐聚江西省社会主义学院，共同参加由中共江西省委统战部主办的全省民主党派代表人士培训班。省社会主义学院简约又不失典雅的建筑风格，一草一木都浸透着理论沉香，见证了又一段"树树皆秋色，人人竞风流"的迷人景象，旁听了又一场"群贤毕至，少长咸集"的智慧盛会。

影像一：开班式吹响奋发号角

省委统战部常务副部长陈敏出席了本班开班式并讲话。他指出，本期培训班的主题是深入学习贯彻习近平新时代中国特色社会主义思想和中共十九大精神，深入学习领会习近平总书记关于多党合作重要论述，通过学习、研讨、交流，着力提升我省民主党派代表人士的政策理论水平和履职尽责能力，为更好地发挥参政党作用提供有力支撑。他希望同学们通过学习培训，进一步凝聚政治共识，夯实新时代多党合作的共同思想政治基础。要坚持正确的政治方向，做好政治传承，强化使命担当，为建设富裕美丽幸福现代化江西作出应有贡献。他勉励同学们，通过学习培训提升履职水平，学会紧扣大局履职，结合优势履职，结合民主监督履职，充分发挥新时代多党合作的制度优势。开班式后，省委统战部、省社会主义学院有关领导和学员们在主教学楼前合影留念。

影像二：紧凑精彩的课堂生活

15天里，学员们在省委统战部和省社会主义学院的精心安排下，系统地接受了政治共识、统战政策、国家治理、能力提升四个模块的理论学习。中央统战部一局副局长张衍前，省政协副主席、民盟省委会主委、省社会主义学院院长刘晓庄，浙江省社会主义学院巡视员、教授隗斌贤，以及省委党校、省社会主义学院多名名师来到培训班为学员们授课。通过一堂堂生动有趣的授课，重现了中华民族从站起来到富起来再到强起来的光辉历程和中国共产党领导的多党合作制度形成的历史逻辑，用无数理论和实践证明，中国共产党的领导是历史的必然选择，我国现行的政党制度是适合中国国情的新型政党制度。老师们理论功底扎实、实践经验丰富，给学员们带来了一场知识和精神的洗礼。

培训班还安排了多场小组讨论、专题座谈、学员论坛等活动，为学员之间思想碰撞创造了平台。在小组讨论中，学员们聚焦"民主党派发挥职能的难点与对策""民主党派发挥职能体制机制不健全，落实不到位""知情明政渠道不畅通"等三个命题，通过分组讨论绘制鱼骨图的形式，以问题为导向，展开深入探讨，由表象探索多因，从多因深究根因，就根因提出对策，纳对策而成建议。在座谈会上，学员们围绕习近平总书记考察江西时的重要讲话精神和前期课程内容展开热烈讨论。大家一致认为：习近平新时代中国特色社会主义思想、习近平总书记关于加强和改进新时代统一战线工作的重要思想等马克思主义中国化理论像"定海神针"一般扎根在中华大地上，引领着中华民族的伟大复兴。"贯彻始终"的合作初心、新型政党制度与多党合作效能等优秀和合文化的传承，彰显着我国古代政治文化的历史厚度。在学员论坛上，学员们围绕"不忘合作初心、增强履职能力"这个主题展开思考与讨论，学员代表走上论坛作精彩发言。整场论坛主题突出，效果明显，实现了"充电"和"放电"的完美契合。

影像三：现场教学和异地教学为信仰补钙

全体学员在瞻仰中共一大、二大会址时留影

在培训期间，学员们集体参观了民主党派基层组织教学点青山湖民革党员之家"陆鸣居"、南昌市九龙湖世界 VR 大会科技馆等。27 日至 30 日，又赴上海社会主义学院接受异地教学。在上海，大家聆听了《弘扬中华优秀文化，坚定文化自信》《中国共产党创立与早期活动》《提升中青年干部的领导力》三个专题报告，瞻仰了中共一大、二大会址，参观了上海历史博物馆，考察了上海青浦朱家角尚都里（新经济组织）。丰富的教学内容引导着学员们进一步了解了中国共产党的奋斗历史和各民主党派同中国共产党"肝胆相照荣辱与共"的光荣历史，体会到美好生活来之不易、新时代新任务更为艰巨，坚定了"不忘合作初心，继续携手前行"的信念。

影像四：丰富多彩的课外活动

培训期间，多个民主党派省委会派员专程至省社院看望本党派参训学员，通过座谈、谈心等多种形式了解学员的学习、生活、工作情况，为学员们带来组织的温暖关怀和殷切期望。

25日晚，一场精心筹备的文艺晚会"壮丽70年　奋斗新时代——全省民主党派代表人士培训班喜迎新中国成立70周年联欢晚会"在社会主义学院多功能厅拉开帷幕，将整场培训的感情积淀推向高潮。晚会在坚定高昂的《没有共产党就没有新中国》歌声中拉开序幕，以满含深情的《我和我的祖国》作为闭幕。丰富多彩的文艺节目，完全由学员们自编自演，进一步增进了师生的友谊。期间穿插三次主题教育知识抢答，学员们寓教于乐，进一步实现了理论的自检和提升。

影像五：春华秋实，结业仪式是新的开始

短短的十五天学习时光飞逝而过，眨眼就到了结业的日子。省委统战部一处处长邱均出席了培训班结业式并作结业讲话。他充分肯定本次培训班取得的成效，希望大家把学习成果转化为对奋斗目标的执着追求、对本职工作的不懈进取、对多党合作制度的笃信坚持、对艰难险阻的勇于担当，把自己的智慧和力量凝聚到江西发展建设上来，描绘新时代江西改革发展新画卷！在结业式上，学员们共同表达了收获、喜悦、感情，学员郭翀在发言中袒露心声："感谢省委统战部和省社会主义学院的未雨绸缪和精心栽培，感恩能与同学们相约社院，在这里产生灵魂碰撞和思想共鸣。精神的洗礼，必然带来灵魂的净化；理论的提升，必然促进政治思想之升华。不是在最美好的时光遇见了你们，而是遇见了你们之后，才是我最美好的时光。多年之后，当我们回眸这短暂的十五天时，您看，那，又是一个春华秋实！"

12

记初心，方得多党合作大业的始终

——2019 年 12 月 1 日在民盟中央邓秀新副主席"不忘合作初心，继续携手前进"主题教育活动（江西）调研座谈会上的发言

民盟南昌市委在"不忘合作初心，继续携手前进"主题教育活动中，牢记初心，通过各种形式让主题教育活动内容丰富、有声有色、落地生根，让南昌市多党合作大业方以始终，2019 年获盟中央"思想建设与宣传工作先进集体"荣誉称号。

1. 政治上高站位。从建设中国新型政党制度和"不忘合作初心，继续携手前进"的政治高度，多次组织全市盟员集体学习习近平新时代中国特色社会主义思想、中共十九大以来特别是中共十九届四中全会精神、习近平总书记视察江西时重要讲话精神、习近平在中央政协工作会议暨庆祝中国人民政治协商会议成立 70 周年大会上的重要讲话、习近平在庆祝中华人民共和国成立 70 周年大会上的讲话、习近平《发扬斗争精神 增强斗争本领，为实现"两个一百年"奋斗目标而顽强奋斗》等系列重要讲话精神；深刻领会习近平总书记关于多党合作的重要论述，认真贯彻落实《中共中央关于加强中国特色社会主义参政党建设的意见》，传承弘扬民盟优良传统，增强"四个意识"，坚定"四个自信"，坚决做到"两个维护"。

2. 行动上重实干。一是落实时间上"快"。第一时间成立了由市政协副

主席、盟市委主委胡彬为组长的主题教育活动领导小组，统筹调度主题教育活动；第一时间召开主委办公会，部署主题教育活动事宜；第一时间印发《民盟南昌市委会"不忘合作初心，继续携手前进"主题教育活动实施方案》；第一时间召开动员部署会，及时传达会议精神，部署主题教育活动工作。二是指导思想上"准"。注重主题教育活动的实效，路径上提出"五个结合"的要求，即，要与贯彻落实《中共中央关于加强中国特色社会主义参政党建设的意见》相结合、与开展庆祝中华人民共和国成立70周年及中国共产党领导的多党合作制度确立70周年活动相结合、与学习宣传贯彻习近平总书记视察江西时的重要讲话精神相结合、与新时代南昌民盟的自身建设相结合、与盟市委年度重点工作相结合。三是覆盖规模上"广"。广泛地听取、征集各基层支部、各专委会、各部门的意见，盟市委主题教育活动动员部署会参加人员的规模扩延到全体委员和不是委员的基层主委，力求主题教育活动延伸到基层、延伸到一线、延伸到盟员，保证主题教育活动覆盖的广度。四是创新模式上"亮"。开展国庆节"壮丽70年，向祖国献礼"——南昌民盟"千面国旗飘扬英雄城"公益活动，在机场、火车站等地方共分发2000余面红旗获得主流媒体关注和报道；开展"壮丽70年，奋进新时代"南昌民盟老盟员重阳健步行活动、"不忘合作初心，争做新时代好青年"读书月活动；走访慰问"庆祝中华人民共和国成立70周年"纪念章获得者及盟内有突出影响的代表人士；参与中共省委统战部、盟省委组织的征文、朗诵等活动并获奖，组织参加全市统战系统"壮丽70年，奋斗新时代"庆祝中华人民共和国成立70周年书画摄影展；完成"不忘合作初心，继续携手前进"庆祝中华人民共和国成立70周年南昌市多党合作历程展南昌民盟资料整理；赴方志敏烈士爱国事迹馆、南昌红色记忆展示馆进行爱国主义教育；强化示范基层盟组织建设调研力度，指导"盟员之家"建设，加强与省内外盟组织就主题教育活动开展盟务交流。五是品牌传承上"新"。开展教师节"不忘合作初心，牢记教育使命"座谈会、"农村教育烛光行动"送教下乡活动、各基层组织分别组织了盟员赴八一起义纪念馆、江西革命烈士纪念馆、小平小道等革命教育基地接受传统教育；开展公益进社区、送医下乡义诊、惠民演出等形式多样的活动。六是回应呼声上"强"。班子成员深入基层座谈，及时搭建交流工作平台，听取、征集意见建议，及时回应呼声，对条件成熟可落实的尽快落实，做到立行立改；对条件不成熟暂时没法解决的，及时将原因告知基层，做到事事有着落，件件有回音，保证组织间、组织与盟员间的信息互通、信息对称。

3. 履职上善作为。按照新时代参政党"四新""三好"总要求，围绕我省、我市中心工作，深入调研，形成调研报告《统筹 5G 生态资源共享，推动我市数字经济发展的路径研究》《南昌制造业高质量发展的难点与对策》，并获得省委常委、市委书记殷美根批示，多篇社情民意信息刊登于《人民政协报》等媒体，多篇社情民意信息转化为政策实施；结合中共市委统战部的要求，在全市统战系统扶贫点安义县开展"农村教育烛光行动"送课下乡活动。

工作中存在的困难及建议

民盟组织建设与发展的根基在基层，活力源泉在基层。从宏观上看，经过 70 多年的不懈努力，南昌市民盟组织和全省民盟组织一样，在民盟省委的正确领导和精心关怀下，取得了具有历史性的卓越成就，为江西多党合作制度的完善与发展做出了南昌民盟贡献，贡献了南昌民盟智慧。但从微观上看，基层民盟组织的发展中还存在一些困难，借今天难得的机会，并受胡主委的委托，向民盟中央领导汇报并附上几点不成熟的建议。

（一）工作中存在的困难

1. 学理上难题。在理解、解释和运用中国新型政党制度的基层实践时出现学理上困难：一是重视基层参政党制度优势中的席位制安排，忽视其政治纲领的基本属性。二是重视党派基层组织理论上和政策上的刚性设置，忽视其组织建设发展的内在规律。

2. 人才上难题。人才兴盟是民盟长期发展的战略支撑。教育界别、文化界别是民盟的主界别，南昌盟员主要集中在这两个界别，是典型的大众知识分子群体。一方面，要巩固教育界别、文化界别这两个民盟的主界别阵地，避免竞争激烈且发展存在同质化的现象；另一方面，受编制之限，一些优秀人才无法进入行政编制系列，客观上出现了人才的"断桥"，桥的一端人才积压，桥的另一端人才缺失，客观上影响了基层组织的发展与壮大。

3. 能力上难题。"五大能力"建设是基层民盟组织建设发展的看家本领，当前基层民盟盟员的履职能力与民盟早期先贤们的期待与现实工作要求还是存在差距的；基层党派间参政议政能力竞争也很激烈；组织领导能力的平台渠道还是较窄；合作共事水平建设依然任重而道远，解决自身问题能力还需要努力。

（二）建议

建议 1：一是盟中央从学理层面，加强对民盟政治纲领领域的系统理论研究以及实践操作层面的指导并加大宣传力度，让盟员真正理解加入民盟的政治目标和实现这一目标的路径。二是盟中央从制度层面设计安排好基层民盟组织发展的"路线图"，在坚持中国共产党领导的政治自觉同时，不忘民盟初心，探索民盟组织发展的新路子和内在规律。

2019 年 12 月 1 日在民盟中央邓秀新副主席"不忘合作初心，继续携手前进"
主题教育活动（江西）调研座谈会上发言

建议2：一是盟中央加快与中央统战部协调，就基层组织发展问题特别是科研院所及重点中学教师发展的边界问题，尽快研究对策、采取措施，确保基层民盟组织人才兴盟战略得以顺利推进，避免党派之间无序竞争和发展存在同质化现象。二是盟中央从制度层面与中央统战部协调，着力加强和扶持教育、文化界别的人才建设，突破编制"壁垒"，让教育、文化界别骨干人才能够脱颖而出，快速充实到领导岗位上来。

建议3：一是加大培训力度。建议盟中央重视全国性、区域性、系统性的培训，确保市、县级基层组织领导班子和代表性人士高层次培训的全覆盖；开展优秀中青年代表人士盟员、思想建设骨干盟员的培训班、专题研修班等不同层次、不同类别的专题培训，扩大培训覆盖面，尤其是加大对兼职领导干部、基层组织领导班子成员、骨干盟员和基层盟组织机关干部的培训力度。二是加大创新力度。建议盟中央研究出台符合党外干部任职现状的市级班子配备指导意见，关注基层组织盟员和青年盟员的发展。加大片区交流合作机制，创建全国划区学习、交流平台，保障和鼓励基层组织跨域交流合作。三是加大指导力度。建议盟中央加大对省级组织履行民主监督职责方面的指导，尽快出台监督管理条例细则，明确监督委员会工作程序，并适时召开全盟监督委员会工作会议，组织指导全盟开展此项工作。四是加大使用力度。从盟中央层面，出台民盟干部使用、交流、挂职的指导性文件，加强基层民盟组织领导班子建设，注重优化结构和年龄梯度，构建培养使用新机制，为基层优秀盟员、盟机关的优秀年轻干部提供更多的挂职锻炼和任职机会。

第二部分

Baiyuanmei

百 园 魅

1

大力发展楼宇经济　为打造"全省核心增长极"提供强力支撑

楼宇经济的发展是城市竞争力的重要体现，被形象地比喻为都市里的"垂直印钞机"。据统计，一幢高级楼宇所产生的效益大于或等于城乡结合部 7.8 平方公里所产生的经济效益。因此，"楼宇经济"作为新型经济业态，不仅破解了城市经济发展中的土地难题，而且有效地盘活存量土地，使老城区的"黄金土地"重放光芒，已成为发展我市经济新的增长极。

一、楼宇经济及我市楼宇经济现状

说到"楼宇"，人们立刻会想到写字楼、商业楼和城市综合体，其实从广义上来说，她还包括科技孵化器、工业遗产、历史建筑、标准厂房和 SOHO 等新型楼宇。据不完全统计：截至 2010 年底，我市已投入使用的楼宇约 140 余栋,商务用途建筑面积 292 万平方米,全市实现营业收入 95 亿元，纳税总额 11 亿元，楼宇入驻企业 5405 家，平均出租率 76.63%，营业收入超亿元的 19 栋、超 10 亿元的 2 栋，纳税超亿元的 2 栋。调研中发现：我市因国有企业改制"退城进郊"需要保留的工业遗产、历史建筑、标准厂房和 SOHO 很少，科技孵化器楼宇不多。有代表性的城市 SOHO 是地处青山湖区的 699 文化创意园，其他老厂房大都靠低价出租、收取物业费，养活工厂留守人员。楼宇纳税比例太小，如与今年的税收收入相比还不到10%。因此说，楼宇经济并没有发挥其应有的作用，同时也充分说明我市楼宇经济发展潜力很大。

二、我市楼宇经济存在的问题有三

第一，规划滞后。我市楼宇经济仍处于自发发展的阶段。虽然近几年楼宇产生的税收贡献已成为全市财税不可忽视的部分，一些城区也做出了积极探索并取得实效（如，青云谱区于2009年，西湖区于2011年分别举行高规格的发展楼宇经济论坛、研讨会，研究发展举措），但还是没有从一个产业层面加以重视，将楼宇经济纳入全市城市经济发展规划。

第二，集聚性弱。我市楼宇总量少、规模小，多数为单幢楼宇，单体面积较小，达不到甲级写字楼的标准，楼宇品质不高，周边的公共设施和其他配套设施没有形成"蓄水池"效应，入驻大企业和总部型企业不多，难以形成楼宇经济的集聚性。没有一批成熟的软件、科技、总部等特色楼宇，打造品牌楼宇动力不足。

第三，政策扶持力度和服务水平有待提高。一是虽然东湖、西湖、青云谱、红谷滩等陆续出台了发展楼宇经济扶持政策，但没有一个全市统一的扶持政策。二是重在成批新楼宇建设，忽视旧楼宇升级改造和工业遗产、历史建筑等新型楼宇重生，重视土地的无限扩张，土地招商、政策招商仍在唱主角，楼宇招商没有形成共识。

三、针对上述问题，特提出以下5点建议

第一，编制规划。编制《南昌市楼宇经济五年发展规划纲要》《南昌市区楼宇经济业态规划》等，引导楼宇经济有序发展。力争用5年的时间，重点打造有影响力的几栋50亿元楼，建设一批10亿元楼、亿元楼、特色楼，在城区，重点扶植一批，有条件的文化创意园和科技孵化园。

第二，出台政策。研究出台《关于南昌市加快发展楼宇经济的若干意见》《关于南昌市实施"亿元楼"项目的具体办法》等一系列扶持政策，培育、

2012 年 1 月 12 日在市政
协第十三届六次会议上作"大
力发展楼宇经济建议"发言

发展楼宇经济。

第三，推进楼宇建设、改造。一是高标准地参照"基础条件、商务设施、研发能力、专业服务、政府服务、开放程度"等中国总部经济发展能力指标，以红谷滩中央商务区和南昌市核心城区为重点，打造一批智能化程度高的"亿元楼"。推进楼宇周边的公共设施和其他配套设施建设，形成楼宇的"蓄水池"效应。二是改造一批楼宇为甲级写字楼和"5A 智能大厦"。建议给城区改造任务，5 年内更新 100 幢楼宇，通过建筑立面整治、楼宇智能化优化改造，提升楼宇品质。三是建议在 5 年内重新投入使用的楼宇，在 2015 年形成一批行业集中、特色鲜明的专业亿元楼宇群。

第四，打造"差异化"专业特色楼宇。重点打造东、西湖商贸、总部特色板块，红谷滩金融特色板块，借助洪都集团等国有企业整体搬迁的东风，打造青云谱的工业遗产和八大山人文化产业特色板块，借鉴杭州白马湖农居，打造青山湖 SOHO 特色板块。借鉴北京中关村模式，打造高新技术产业开发区科技孵化园特色板块。

第五，提升水平，改善环境，一是创新服务模式，建立楼宇星级管理和评定制度。二是加强财政资金引导，帮助企业解决前期融资难题。三是转变招商理念。采取楼宇招商的办法，举行新建和空置楼宇招商推荐会。四是强化入驻企业的后期服务，解决实际困难。

2

打造南昌市专业批发市场"航母"

近几年来，南昌市住宅产业呈现跳跃式发展，并完全实现市场化，但南昌市专业批发市场的发展，还存在着市场内外环境不尽人意、配套设施不够完善、经营管理相对落后等问题，特别是一些历史遗留问题，严重地阻碍南昌作为区域性中心城市商业大流通格局的形成，制约南昌市专业批发市场的发展。据不完全统计，截至 2009 年底，南昌市主要的专业批发市场共十大类 39 家，其中建材类专业市场有 7 家、家具类专业市场有 5 家，五金机电类专业市场 4 家、汽配类专业市场 3 家、电脑类专业市场 4 家、灯具类专业市场 2 家、服装类专业市场 3 家、皮具类专业市场 1 家、农产品类专业市场 2 家、家电类专业市场 1 家、综合类专业市场 3 家。经过多年沉淀捶打，南昌市专业批发市场已储蓄足够的后劲并进入后发展时代。其主要表现在：

1. 市场出现"龙头效应"。南昌市专业批发市场出现了中心市场带动周边市场的效应，如位居全国十大综合批发市场的洪城大市场吸引了五华大市场、省家电市场、联信大市场及华东商贸城云集周边。人气最旺的新大地电脑城吸引了新群电脑城在楼上楼下安营扎寨。

2. 大众消费品市场"独领风骚"。大众消费品专业市场呈现独领风骚态势。如洪城大市场主营日用品、食品、服饰,已经成为全国十大综合批发市场。南昌·深圳农产品市场主营粮食、蔬菜、瓜果,经过两年的发展也已经成为江西省重点批发市场，而且辐射到全省各地市、周边省市，产生较大的辐射力和影响力。

3. 专业市场才露"尖尖角"。近几年出现了专业化专营市场，该类市场定位明确，发展迅速。如建材及家具大市场，其经营总面积已在专业市场中排名前列。

一、南昌市专业批发市场经营管理特征

1. 功能分区模糊性。现有专业批发市场的功能分区不够明确，这对市场形象、物业管理带来很大的问题。

2. 市场规划滞后性。现有批发市场内出现车无法通行、店内拥挤、仓储较远等问题。如：洛阳路建材市场、五华大市场、万寿宫。

3. 物业管理疏忽性。现有专业市场物业管理疏忽性比较普遍，市场中包装袋、泡沫饭盒、瓜子果壳随处可见。一些方便客户和顾客的配套设施极度匮乏，公厕、休闲椅难觅踪迹，极大影响了购物环境和市场形象。同时，非大众消费品市场受区域及场地影响出现"瓶颈"效应。

4. 自发市场的无序性。三经路地板门框市场、洛阳路机电水暖市场等颇具规模的自发形成的市场，虽然有多年来形成的商业氛围和知名度，但受到临街条件制约和城市规划影响，加之自身经营管理的无序性，发展前景不容乐观。

二、南昌市专业批发市场后发展时代的路径分析

1. 扩张规模、丰富品种。为应对日益激烈的市场竞争，南昌市专业批发市场只有通过不断扩大规模、丰富经营品种来扩大商圈辐射半径，从而提升市场的竞争力。南昌深圳农产品批发市场等批发市场都在按此战略不断扩张。

2. 政府指导、良性发展。近期五华大市场、鸿顺德国际商贸城、盛世东方、江西国际家居港、京东鹿鼎、金润物流等一批大型批发市场的相继涌现，导致南昌市批发市场的竞争更趋激烈，尤其是酒类、肉类、粮油、副食品、

2011 年 11 月 23 日在市政协民营经济发展与"再造一个新南昌"论坛上发言

服装鞋帽、小商品等已接近或达到饱和状态，政府应对批发市场进行指导性建设，使专业市场朝着良性竞争的方向发展。

3. 打造品牌、持续发展。打造南昌市专业市场"航母"，将现代大型商场高雅、舒适的购物环境，量贩超市的服务便利条件与批发市场的商品低价位、智能化管理、新型电子商务运营模式相融合，配合完善的经营管理、良好的政府背景、巨大的市场规模、超前的规划设计、准确的市场定位，扎实推进南昌市专业市场从"瓶颈"走向繁荣与发展。

4. 创新服务、建设新格局。政府将逐步形成以现代大型综合性批发市场为龙头、以特色专业市场为基础的商品市场建设新格局，作为未来几年内专业市场建设的核心工作。富有区域特色、全方位、多元化的市场业态，在未来 3~5 年内给南昌市专业批发市场提供一个广阔的成长空间，推动南昌市商业批发市场的发展和建设。

3

关于筹建"江西现代工业博物馆"的
几点思考

现代工业博物馆是展示一个城市工业历史、工业文明、工业文化、工业经济和工业发展的重要窗口，是政府提供给社会了解当地工业发展进程的载体、提供公益性服务的重要渠道和发展都市旅游业的重要依托，也是市民和游客求知、游玩和休憩的重要场所。在青云谱区建设江西现代工业博物馆的重要意义表现在：一是江西现代工业博物馆的建设将是江西省过去、现在、未来工业发展缩影的固化，保护了江西近现代工业遗址、遗迹，在一定程度上弥补了我省原有博物馆建设体系的不足，打破了我省博物馆类型单一的局面，成为展示新时期特别是经济发展新常态下产业结构调整新成果和现代化建设新面貌的好基地。而青云谱区是江西现代工业的摇篮，创造了十几个中国现代工业史的第一，具有标志性和划时代的意义。二是随着全省经济建设的飞速发展和城市框架的快速拉大，洪都集团、江铃集团、江西拖拉机制造厂、江西八一麻纺织厂等一批中央、省、市大型国有企业相继外迁扩建或政策性破产；一些历史悠久的工业设施由于无法满足现代化生产的需要而被拆除；一些传统工业企业关停并转，大量生产设施被作为废弃物销毁或变卖；在巨大的空间发展需求和土地供给压力下，一些城市对处于市中心和近郊区的老工业基地实施搬迁，代之以新兴产业或房地产开发，原有的工业遗存和历史风貌不断消失，如不抓紧采取有效措施进行抢救性地挖掘保护，将会有大量重要的工业遗产迅速消亡。所以，我们如果能及时留住这些重要的现代工业遗存的话，就等于留下了江西现代工业文化、江西现代工业文明、江西现代企业精神。因此，在青云谱区建设"江西现代工业博物馆"具有极大的战略意义。

一、现状

为做好江西现代工业博物馆前期准备工作，青云谱区委、区政府开始了现代工业博物馆的认证工作。从5月起，启动江西工业博物馆馆藏征集工作和大量的调研工作。目前，这两项工作开展得如火如荼：一是调研工作。组织课题组先后到洛阳、天津、沈阳等6个城市参观学习了张之洞汉阳铁厂博物馆、天津博物馆、中国一汽（沈阳）博物馆、中国工业博物馆等16家博物馆。二是征集工作。第一，举办了江西现代工业摇篮—青云谱博物馆征集工作走进江西拖拉机制造厂、洪都集团、江铃集团、江西八一麻纺织厂等6场专题座谈会，采访了解思斗、朱志群、周萌、胡晓海等11位历任老书记。二是视察了江铃集团、江联重工、江西南缆集团等9家有代表性企业，录播6集"我们的工业记忆"专题片，采访了老导弹专家、老同志、老党员、老模范、老标兵、老干部等近50人。三是资料收集。整理收集工业企业单位资料档案118个，征集工业老张片1300余张和部分老奖状、老工厂出入证、老勋章等100余件，收集相关报纸、厂刊汇编47本。可以说，江西工业博物馆馆藏征集工作已掀起了一个热潮，得到社会各界的高度认可。

二、困难分析

江西工业博物馆馆藏征集工作是江西工业博物馆建设重要的前瞻性、基础性准备工作，在青云谱区真正推进建设江西工业博物馆，确实面临许多困难。

1. 规划问题。近年来，对工业遗存开展保护性的抢救等到了各级人大代表、政协委员的高度关注，并通过建议案、提案的方式向各级党委、政府提出有建设性意见，但由于规划的科学编制一般是五年一制定，天然地

2016 年 2 月 1 日在省政协第十一届四次会议上作关于筹建江西现代工业博物馆建议的发言

面对着规划滞后的问题，所以，将江西工业博物馆的建设列入青云谱区的十三五规划可能要引起党委、政府的注意与重视。

2. 选址困难。在开展馆藏征集工作过程中，许多受访者认为在青云谱区建设江西工业博物馆定位准确、时机合适、条件成熟，并且认为这是一件功德千秋的好事，同时，也对江西工业博物馆地址的遴选报以极大的关注，江西工业博物馆建在哪里？在八大山人景区？在洪都集团留下几个飞机制造车间？还是另外划一块地？如果在洪都集团要车间，我们要向省里申请，怎么办？

3. 人文资料收集难度。主要是时间太长，有些企业早已"无踪无影"，人们只是在口口相传中获知有此企业，无法找到相应的材料；有些企业基于保密或者其他需要，不愿提供有关图片、文字或影视资料；有些企业基于在改制工作中没有将档案及时上交有关部门；而还有些企业在关停并转中没有将档案有效地保护起来，这些给资料收集工作带来极大的阻力。

4. 实物征集难度。一些历史悠久的工业设施，如江西八一麻纺织厂、江西拖拉机制造厂等企业由于无法满足现代化生产的需要而被拆除；一些传统工业企业关停并转，比如：江西第五机床厂、江联重工等企业大量生产设施被作为废弃物销毁或变卖，为实物征集增加了难以想象的难度。

三、建议

针对上述情况，特建议如下：

1.将江西工业博物馆建设列入我区"十三五规划"。部分企业在市场压力不断加大、为了生存和发展，更新换代、拆旧建新，依然是节约成本和利用土地空间最现实的选择。建议党委、政府树立起重点保护与合理利用的意识，保护区内工业遗产，通过科学规划、统筹协调，破解难题，让工业遗产为城市的发展注入新的活力。我们发现在《中共青云谱区委关于制定全区国民经济和社会发展第十三个五年规划的建议》的建议稿中提出："十三五"时期，洪都老工业区调整改造将进入实质性推进阶段，调整改造腾退了大量宝贵的土地资源，拓展了青云谱区的发展空间。但没有关于"打造江西工业博物馆建设"的描述，而江西工业博物馆的建设，既汇集全省"一五"以来我省现代工业文明成果，又展示"十二五"的产业结构调整新成就，并为全社会提供公益性工业文化产品和公益性服务。这不能不说是一个遗憾，因此，建议将"江西工业博物馆建设"列入《中共青云谱区委关于制定全区国民经济和社会发展第十三个五年规划的建议》中。

2.全面推进江西工业博物馆馆藏征集工作。一是馆藏征集工作走过了张贴宣传海报、利用新闻媒体、政府门户网站和入户宣传等立体式宣传，完成了走进企业座谈、采访老领导、老同志、老职工口述历史等全景式收集任务。但还是面临博物馆整体定位、馆舍选址遴选、藏品收集鉴定困难、企业商业涉密、基层干部业务不熟等一系列困难，为此，整合党委、政府、企业、文化、社区等全社会力量来强化馆藏征集工作，在寻找实物、影视、图片等资料方面找突破口，克服相关困难把馆藏征集工作做好。二是加大培训和指导力度。征集工作领导小组、顾问小组遵循"请进来，走出去"思路，组织开展馆藏征集工作的业务指导，既要开展专门的业务培训，又要到陈列布展好的展示厅进行实地参观培训，为全面推进江西工业博物馆馆藏征集工作的顺利开展排除障碍。三是依靠国内文艺界的优质资源，在青云谱区挖掘一批"展示江西现代工业发轫初期的创业奇迹和一线产业工人敢于创新、发愤图强的感人故事"的文艺作品，如采取纪录片、影视片、微电影、游戏故事等文艺作品形式，再现当代江西工业文明的精彩。

3.将江西工业博物馆建设成省级博物馆。一是青云谱区的发展史实际是江西现代工业发展史的缩影，结合洪都老工业区整体搬迁契机，争取省、市委的支持，圈下洪都集团的几个大飞机车间，作为江西工业博物馆馆舍，参照中国工业博物馆（沈阳）的模式，高起点规划、高标准建设江西省工业博物馆。二是结合中共南昌市委十届十二次全体（扩大）会议精神，借鉴天津博物馆或汉阳张之洞铁厂博物馆新馆相统一的建设模式，在青云谱区划拨一块整地，作为包括江西工业博物馆、八大山人纪念馆、江西法官教育基地、汪大渊航海文化博物馆、陈云爱国主义者基地等博物馆群建设，按照"五大发展"理念，依托政府与社会资本合作PPP模式，助推我区"转型升级、进位赶超、跨越发展"发展目标作出积极的努力。

4

杜绝货车外挂　减少税收流失

一、青云谱区公路货物运输业的基本情况

1. 现状。截至目前，青云谱区共有 24 家运输公司，运输业户 444 家，共有营运车辆 1262 辆，总吨位 3363 吨，主要从事普通货物运输。此外，青云谱辖区内还有相当一部分运输企业属于南昌市运管处直接管辖，初步统计有 12 家，车辆数 2365 辆，虽然企业数量只有区属企业数量的一半，但是车辆数却多出将近一倍，而且大吨位车辆居多，因此总吨位数也大大超出区属企业。

2. 发展。青云谱区区位优势明显，并且区委区政府把发展现代物流也作为加快地区发展、提升经济总量、优化经济结构的重要产业支柱之一。因此，从近三年的数据看，青云谱区的公路货物运输业取得了较快的发展，主要运输企业的总车辆数 2011 年和 2012 年分别比前一年增长了 53.8% 和 41.9%，总吨位数 2011 年和 2012 年分别比前一年增长 33.17% 和 38.7%。新增车辆数 2011 年和 2012 年分别较前一年增长了 26.2% 和 19.8%，新增吨位数虽然 2011 年比 2010 年下降了 38.75%，但是 2012 年较前一年猛增 51.56%（见附表一、附表二）。

附表一：青云谱部分主要运输企业新增车辆数及车辆总数

新增车辆数（辆）	2010年		2011年		2012年
城南公司	2		4		4
文顺公司	21		73		78
金旺公司	61		29		45
总计	84	26.2%	106	19.8%	127
车辆总数（辆）	2010年		2011年		2012年
城南公司	29		33		37
文顺公司	42		115		193
金旺公司	126		155		200
总计	197	53.8%	303	41.9%	430

附表二：青云谱部分主要运输企业新增吨位数及总吨位数

新增吨位数（吨）	2010年		2011年		2012年
城南公司	25.655		30.575		63.685
文顺公司	46.12		121.885		162.945
金旺公司	394.95		133.405		216.615
总计	466.725	−38.75%	285.865	51.56%	443.245
总吨位数（吨）	2010年		2011年		2012年
城南公司	116.805		147.38		211.065
文顺公司	80.31		202.195		365.14
金旺公司	663.575		796.98		1013.595
总计	860.69	33.17%	1146.175	38.7%	1589.8

3. 税收情况。青云谱区公路货运企业分为两类：一类为自开票企业，另一类为代开票企业。根据相关财税法规，对从事货物运输业务的单位和个人，根据开具货物运输业发票的不同分为自开票纳税人和代开票纳税人。

对于自开票纳税人，可以自己领购发票并自行按照规定开具发票；除自开票纳税人外，其他的为代开票纳税人，其从事货物运输业务需要开具发票的，必须由税务机关或经税务机关批准的机构代开，同时代征税款。根据青云谱区地税局提供的相关数据，我区公路货运业自开票纳税人目前有 13 家，代开票纳税人有 12 家，2012 年货运业税收为 1278 万元，并且近年来，虽然税收总额没有太大变化，但自开票纳税人和代开票纳税人户数都呈下降态势，其中代开票纳税人户数下降显著（见附表三）。

附表三：青云谱地税 2008—2012 年货运税收情况表

年度	自开票户数	代开票户数	货运业税收（万元）
2008	18	42	1021
2009	17	30	974
2010	16	22	1210
2011	17	15	1352
2012	13	12	1278

二、青云谱公路运输市场的毒瘤——外挂货车

1. 现象。青云谱区区位优势独特，货运市场广大，在辖区内有洪都集团、江铃集团、南缆集团等大型生产型国有工业企业和上市公司，有家乐福、华润、沃尔玛、麦德龙等多家大型跨国超市，有深圳农产品市场、华润百货物流中心、昌南九州通医药物流产业园、南昌站青云谱货场等大型物流中心，辖区周边还有洪城大市场等十几个大型批发市场，是公路货运企业抢占市场制高点的必争之地。但让人奇怪的是，这些货车 60% 以上都是挂着区外、甚至市外、省外牌照，外地牌照货车俨然成为了青云谱区公路货运市场的主角。

在青云谱区货运市场上来来往往的这些挂着外地牌照的货车，被笼统地称为外挂车辆，但是细细研究不难发现，这些车辆大致有完全不同性质的两类：一类是外地驻点经营车辆。因为青云谱区货源比较充足，特别是一

些大宗货物，如农产品、汽车及配件、建材等，运输量大，吸引了一些外地车辆长期驻点经营，这些车辆基本上是大吨位货车，从业人员也基本为外省市人员，但长期在南昌市从事货物运输。这些车辆流动

2014 年 1 月 24 日就"货车外挂、税收流失"课题赴鹰潭调研

性强，车籍地管理部门"管得到但看不到"，而经营区域驻地管理部门"看得到却管不到"。第二类是本地外挂车辆。根据《中华人民共和国道路交通安全法实施条例》第五条之规定，初次申领机动车号牌、行驶证的，应当向机动车所有人所在地的公安机关交通管理部门申请注册登记。青云谱道路运输管理部门在日常工作中却发现不少本地大型货车（指车长大于等于 6 米，总质量大于等于 4.5 吨的载货汽车）车主纷纷选择转籍外地上牌，注册登记数量大大低于实际新增和总数量，甚至个别年份出现新增吨位数大幅下降的情况。这些车辆外挂以后，仍在原车籍地运输市场营运。

2. 原因。货车外挂的根本原因，还是利益驱使。一是税费征收优惠。青云谱区税费负担较重，而周边县市以及外省一些地方对来当地注册的外地货车，实行不规范的"打折优惠"，对有一定数量车辆的货运企业还实行"年度打折"，优惠幅度非常惊人。但具体的税收地方实得部分的返还比例，各地都讳莫如深，据说有的地方的返还比例甚至超过五成。2010 年，南昌市实行"以旧换新、汽车下乡补贴"的优惠政策，加上业户在当地缴纳营业税享受一定税收优惠减免政策，青云谱区许多车辆纷纷流向周边县区，出现本地车辆外挂或直接流失货运企业的现象。二是车辆上牌容易。南昌地区上牌难。2012 年南昌地区车管所针对营运公司规定：只要公司有一辆营运车辆没有参加当年度审验，该公司新增车辆上牌不予受理，这是其一；其

二，超重车辆上牌难。青云谱区运输企业中有较多企业从事冷链运输，需要加装制冷设备，这样厢体容易超重，车管所针对这部分这辆没有变通措施，对这部分车辆上牌不予受理。而有些地方甚至对严重超标超限改装车辆也予以上牌。三是车辆管理。根据国家有关法律法规的规定，货运车辆必须进行定期维护和车辆综合性能、安全性能检测，确保车辆技术性能良好，保障运输安全。但是大多数外挂车辆由于管理困难，加上地区保护意识，使得这些维护和检测流于形式。更有甚者，有些地方为吸引外地车辆注册，对驻外车辆派人上门直接为外挂货车提供简单的"盖章"服务，不执行一年四次的二级维护制度。四是不规范招商。出于地方利益考虑，有些地方把吸纳其他地方的车辆挂籍本地作为招商引资项目，上门"服务"，在车辆营运地设立代办点，从车辆转籍、入籍、上牌、年检、道路运输证办理、车辆综合性能安全性能检测、税费缴纳和返还等等，都由代办人异地全程操办，实行"一条龙服务"，为车辆外挂提供一切便利。

3. 危害。一是破坏市场秩序。由于外挂和不规范驻点营运货车享有诸多优惠和便利，在税收和营运时间上获得了成本优势，其经营成本大大低于本地车辆，营运时恶意压低运价，在本地货运市场进行不公平的恶性竞争，强烈地冲击了本地货运市场的经营秩序，极大挤压了本地货运企业和个体户的生存空间，严重地影响了本地道路货运行业稳定和货运市场的健康发展。二是导致税收流失。货车外挂还造成国家税收的大量流失，由于大量外挂车辆存在，据青云谱地税部门测算，全区因外挂车辆和不规范驻点营运车辆年流失营业税等地方税高达5000万元以上。三是存在严重的事故隐患。一方面由于外挂车辆和不规范驻点经营车辆缺少正常管理，有很多车辆不进行定点定期维修维护、没有真正上线检查检测，导致失修失保，无法保证可靠的车辆技术状况。另一方面，有些外挂车辆和不规范驻点经营车辆违法改装，超标超限，使得车辆安全状况雪上加霜。此外，外地车辆容易逃脱电子警察的违章处罚，这些车辆违速、闯禁、事故逃逸现象也明显比本地车辆多。这些都是严重的交通事故隐患，直接影响道路交通安全。

三、整治货车外挂的一些建议

在车辆外挂整治方面，一方面应当看到车籍地钻政策法律的空子，采取不规范招商措施等不好的方面，另一方面也应当看到他们完善服务措施，为货运企业提供全方位、保姆式服务的长处。

第一，应当在舆论宣传上对外挂车辆恶性竞争，对不规范招商行为中违法违规现象予以揭露和批判，呼吁出台高层级的政策，规范税收优惠政策，让各县区处于平等竞争的位置。还应利用多种宣传渠道，积极向社会进行政策宣传，提高道路货运从业人员的法制意识。

第二，积极建议相关部门，加强对国家税费的征收管理。通过立法，明确外挂车辆和驻点经营车辆的征税管理权，建议规定对货物运输连续多次起讫地一端在本地，另一端为车籍地以外地区的营运行为征税。或者加强对这类营运行为的监控，防止税收流失。

第三，成立物流办或类似协调机构，一是为本地物流货运企业协调交警、工商、交通、税务等各部门的关系，及时解决企业注册、运营过程中遇到的各种问题。

第四，安排专人负责每个工作日与市交警、交通部门的联络，必要时驻点办公，为物流货运企业提供代办各项业务的跟踪服务。

第五，制定扶持物流货运业发展的政策。针对我区冷链物流业较发达的特点，争取优惠政策，在适当范围内放宽上牌标准，吸引新的运输企业落户我区。

第六，打造物流产业服务基地。为有效整合区内外物流资源，完善我区物流产业布局，政府应在物流规划中划出相应的用地，用于配套设施建设，以解决物流企业长久的发展需求。特别是应当重点打造物流配送中心和建设货物站场，解决货物、车辆、货场、人员等资源分散、成本增加等问题，让货物流通顺畅、人员留得下来，并带动相关服务行业的发展。

5

关于我市实施精准扶贫战略的三点建议

"精准扶贫"重要思想是习近平总书记 2013 年在湖南湘西考察时提出来的，其内涵是针对不同贫困区域环境、不同贫困农户状况，运用科学有效程序对扶贫对象实施精确识别、精确帮扶、精确管理的治贫方式。近年来，我市高度重视精准扶贫工作，"十二五"期间共投入、引进帮扶资金43258.43 万元，对 100 个贫困村实施扶贫项目 1153 个，贫困人口由 16 万人减少到 6 万人，贫困发生率从 6.4% 下降到了 2.5%，贫困村年人均纯收入从3860 元增长到 9710 元。

一、原因分析

从整体上看，南昌贫困人口已大为减少，但贫困现象仍是我市全面实现小康的最大"短板"。造成贫困的原因主要有以下几方面：

1. 要素致贫。一是劳力缺乏致贫。对农户而言，如果家中有残疾、体弱或年老丧失劳动能力的成员，必然加重家庭经济负担，导致家庭长期陷入贫困之中难以脱贫，即便是通过各种努力暂时改变了困境，一遇到突发情况仍然容易返贫。二是下岗失业致贫。下岗失业家庭人均可支配收入很低，部分家庭生活难以维持，这些下岗职工大多年龄偏大、技术单一、适应新的就业环境能力差。他们面临着再就业难、社会保险接续难和生活保障难等问题，是城市贫困人口的重要组成部分。

2. 因学致贫。许多贫困家庭因贫困而失学，又因失学而成为新一代贫困人口，发展家庭经济"缺计划、缺技术、缺管理能力"，更缺脱贫致富的信心决心。

3. 因病致贫。"脱贫三五年，一病回从前"，"一人得病，全家致贫"是当前许多贫困农民的实际情况，许多贫困户生病以后，常常采取"小病扛、大病拖"的办法，对不能再扛、不能再拖的病，治疗费用就成了这些农户的沉重负担。

4. 因灾致贫。经济状况较差的家庭，一旦遇到天灾人祸，如种植业减产减收，养殖业遇瘟疫，或因家庭成员突然伤残、死亡或其他自然灾害等，极其容易加重贫困程度或立刻返贫。

二、针对以上问题，我提出三点的建议

1. 精确识别。完成对我市3县6区贫困户的登记造册，建档立卡，按照"一户一法"的要求，逐户制定帮扶计划，明确挂牌帮扶责任人，确定具体的扶贫任务、标准、措施和时间节点，做到"一家一户调研摸底、一家一户一本台账、一家一户一个扶贫计划、一家一户结对帮扶"，提高扶贫工作的针对性和实效性。

2. 精确帮扶。一是产业扶贫。鼓励我市企业安排扶贫对象劳动力就业和辐射带动周边扶贫对象发展生产，吸引在外劳动力回乡就业，以3县6区特色优势产业为依托，扩规模，提档次，集中力量整合产业项目，打造地区产业品牌。改变农户个人自产自销、粗放经营的模式，提升产业竞争力。二是教育扶贫。实施培训工程，加快从"输血"式扶贫转向"造血"式扶贫转变，集中扶持贫困户职业学历教育培训和贫困劳动力就业技能培训，提高他们的职业技能。三是移民扶贫。灵活运用扶贫搬迁、生态移民等扶贫政策，将贫困户调整集中安置到自然条件较好，交通便利的地区居住。积极为搬迁户协调解决生产生活配套设施，规划搬迁户产业发展，确保搬迁户搬得出、安得稳、能致富。四是光伏扶贫。建议在2015年试点示范的基础上，对80

2016年1月18日在市政协第十三届六次会议作"关于我市实施精准扶贫战略的三点建议"发言

个扶贫村中具备条件安装光伏村站和约2000户"无劳力、无资源、无稳定收入来源"的贫困户，实施光伏扶贫工程。

3. 精确管理。一是完善基础设施。针对贫困户地理位置偏远，地形复杂交通不便，生存条件差的问题，建议加强道路交通、人畜饮水等基础设施建设，改善贫困户生产生活条件。重点加快农村危房改造，将贫困户全部纳入农村住房保障体系，优先安排农村危旧房改造指标，对特困扶贫对象住房救助实行"交钥匙"工程。二是用好扶贫资金。建议全市各部门在编制规划上报建设项目时重点倾斜安排贫困区域的基础设施和产业开发等项目建设，逐步建立"三位一体"（专项扶贫、行业扶贫、社会扶贫）的大扶贫格局；拓宽融资渠道，引导贫困户积极发展生产，增加收入。三是强化保障力度。加强最低生活保障救助。对符合农村低保条件的困难群众实行应保尽保，逐年提高农村低保保障标准和特困人员供养标准。加大医疗保障和保险救助。对农村低保、五保对象参加新农合个人缴费部分由财政全额补助，在县级住院新农合补偿取消起付线，同时在新农合补偿基础上，降低大病保险起付线。深化慈善和社会救助。搭建政府部门救助资源、社会组织救助项目与贫困农户救助需求相对接的信息平台，动员非公企业等社会力量参与社会救助，健全完善促进社会力量参与社会救助的政策，引导有影响力的慈善组织和企业设立社会救助扶贫公益基金、组建慈善救助机构。

6

构建现代独具特色的大南昌文化

打造富裕、美丽、幸福现代化江西"南昌样板"是当前南昌的主要任务，构建现代独具特色的大南昌文化是实现这一任务的重要支点，而文化服务、文化产业、文化技术又是构建现代独具特色的大南昌文化三大抓手。

一、突出精神滋养，以文化服务为抓手，增强人民生活幸福感

人民日益增长的美好生活需要和不平衡不充分的发展之间的矛盾在文化方面表现为南昌人民对美好文化生活的需要与精神文化发展不充分的矛盾。百姓的精神生活幸福不幸福，当前的物质条件是根本基础，但精神层面更起决定作用，推进"大南昌文化"发展对提高南昌人民幸福感，建设幸福江西南昌样板具有重要意义。

1. 加大公共文化服务投入力度。坚持政府为主导，逐步建立健全与同级公共财力相匹配、同当地人民群众文化需求相适应的政府投入保障机制，拓宽投入渠道，引导和鼓励社会力量通过多种形式参与公共文化服务，努力促进公共文化服务社会化。

2. 统筹公共文化服务体系建设。统筹规划和建设县区、乡镇、村等三位一体的基层公共文化服务设施，加强社区、村等几次一线文化馆、博物馆、图书馆等多功能公共文化服务设施和爱国主义教育示范基地建设，并面向社会免费开放；加强文化、教育活动场所的综合利用，推动形成融宣传教育、文化娱乐、信息服务、科学普及、体育活动等于一体的文化中心；提高基层公共文化设施管理水平和利用效率，使各级文化阵地正常运转、持续发展、真正发挥作用。

3. 提高公共文化服务供给能力。面向一线、面向基层、面向群众，着力提高生产能力和服务水平，提供符合人民群众需求、质优价廉的文化产品和服务；深入实施广播电视村村通、社区和乡镇综合文化站、文化信息资源共享、农家书屋、农村电影放映等文化惠民工程，推动公共文化走进群众、走进基层，逐步引导人民群众生活兴趣向文化产品、文化服务转变，改变农村赌博、聚集等不良习惯，真正实现"以文化人"，满足人民群众精神文化需求，提升人民幸福感。

二、突出文化品牌，以文化产业为抓手，提升英雄南昌美誉度

推进南昌文化产业发展，有利于提高市民文化品位，提升南昌美誉度，在发展中，要注重社会效益和经济效益相统一，强化文化产业发展、英雄南昌城的品牌建设和文化发展方向的引领。

1. 做大文化产业。引导全市社区、自然村居民扩大文化消费，提升群众的文化供给水平，加大书画、演艺、戏曲等文化产品供给；

2019 年 5 月 20 日在南昌市新建区象山镇考察新建得胜鼓传承基地

加快发展新媒体、数字出版、动漫游戏等新兴文化产业，优先发展原创型文化产业，支持企业开发原创产品，推进特色文化产业发展；丰富数字文化内容和形式，拓展互联网技术在文化生产、文化消费等领域的应用；实施文化＋旅游、文化＋餐饮等"文化＋"的跨界融合发展。

2. 做强文化品牌。突出特色，塑造属于南昌的品牌符号、品牌形象，强化南昌的文化独特性、唯一性；深刻研究南昌基因，尊重历史延续，切合时代主题，弘扬南昌文化，唱响南昌天下英雄城品牌，加大力度弘扬红色基因、八一精神，挖掘南昌城的英雄事迹、英雄人物，大力发扬南昌城的英雄本色。

3. 做明文化方向。意识形态决定文化前进方向和发展道路，要高度重视文化传播手段建设和创新。同时，要时刻把握文化发展方向，加强阵地建设和管理，营造清朗繁荣的文化氛围。着力引导文化发挥浸润人心的亲和力；引导文化发挥共识共为的凝聚力；引导文化发挥南昌英雄城的号召力。

三、突出技术创新，以促进文化为抓手，激发发展潜能添动力

南昌能否在中部省会城市实现晋位赶超，关键看文化力的创新。要坚持以文化创新为突破点，与时俱进，以市场需求为导向，强力推进文创技术升级。

1. 优化文化机制。建立文化导向的项目和政策扶持机制，更加注重文化创新，引进一批高校、文创团队，组建多种形式的战略联盟、产学研结合、文化＋研发基地。加快建立以政府投入为导向、文化企业投入为主体、社会资本为补充的多元化文创投入机制，积极为企业搭建"文化引导者"的创新服务综合体。

2. 强推文化攻坚。强化文化企业的投入主体地位，鼓励文化企业开展各项活动，加大文化成果转化投入；发挥财政科研经费的引导作用，建立文化企业投入资金补助制度，优先支持投入强度大的文化企业，根据企业类型、年度投入等设定不同标准，财政资金给予一定比例的研发经费后补助；提高科研院所、高等院校研发投入，引导、支持开展以文化企业为主体的

产学研合作；推进科学研究、技术转化、应用推广无缝衔接，实现技术创新助推经济发展。

3.厚植文化土壤。牢固树立文化人才是文化事业第一资源的理念，形成尊重文化、善待人才的良好氛围，优化文化环境，积极营造崇尚文化、敢于创新、鼓励科研、宽容失败的社会氛围；实行更加积极、更加开放、更加有效的人才政策，努力将南昌建设成人才聚集之地、人才辈出之地、人才向往之地；培养一批爱岗敬业、技能精湛、富于创新的"洪城工匠""技能大师"，建立健全充满活力的用人机制，努力为各类人才提供创业的机会、干事的舞台和发展的空间。

7

推进南昌产业扶贫战略的路径选择

一、我市精准扶贫工作现状

"十二五"期间，全市共投入和引进扶贫帮扶资金 43258.43 万元，100 个贫困村共实施各类扶贫开发建设项 1153 个。贫困村从 100 个减少到 80 个，贫困人口由 16 万人减少到 6 万人，贫困发生率从 6.4% 下降到了 2.5%；贫困村年人均纯收入从 3860 元增长到 9710 元，年均增长 29.7%。

二、传统产业扶贫存在的主要问题

产业扶贫是以产业为基础，以扶贫为目的，我市产业扶贫工作虽然取得了一定的成效，但在实际工作中仍存在以下问题。

1. "缺思路"，亟待 "智力扶贫"。一是群众自身素质有待提高，对政策的响应还停留在 "等、靠、要" 上；部分具备一定条件群众有脱贫致富愿望，但心存畏难，消极等待。二是企业自身发展缓慢，有特色、有规模、带动广、见效快的产业尚未成型。三是扶贫对象存有缺技术、缺管理，不了解市场现实因素。

2. "缺资金"，亟待 "资金扶贫"。一是发展资金严重缺乏，尽管我市基于精准扶贫出发，给扶贫对象种种优惠条件，但有些政策限制制约了资金扶贫的力度。二是简单的"给钱给物"方式难以奏效。三是产业发展资金瓶颈问题尚未有效解决。

2016年1月18日在市政协专题协商会上作"关于我市实施精准扶贫战略的三点建议"发言

3."缺市场"亟待"政策扶贫"。发展成果难以普惠,部分地方习惯用特惠政策代替普惠政策,结果导致市场朝向特惠领域,而更为需要扶贫的对象却在产业开发中被边缘化。

4."缺技术"亟待"信息扶贫"。对基础设施相对薄弱的贫困地区,实施基础设施扶贫,解决基础设施建设"最后一公里"问题。

三、推进南昌产业扶贫战略的路径

一是智力扶贫。治贫先治懒,扶贫先扶志,转变贫困群众观念是产业扶贫关键环节。各级组织要把思想引导放到更加突出的位置,激发贫困户过上好生活的内在动力,调动其生产生活的主动性和积极性;同时也要加大对扶贫产业实效的宣传,让被动等待的群众看到希望,并积极参与脱贫。

二是搬迁扶贫。积极探索"搬得下、稳得住、融得进、能发展"的搬迁新方式,尝试将零星分布在环境较恶劣、缺少资源地区的贫困人口按照籍贯、户数、劳动力等情况往自然条件较好、产业较发达地区进行搬迁,并做好相应配套工作。

三是机制扶贫。一要推行直接帮扶模式。对有产业发展意愿和产业发展能力的扶贫对象,通过审核后,对其直接扶贫,实现脱贫。二要推行能手带动模式,选准、选好致富能手,将有意愿的优势扶贫经济组织和种粮大户等纳入致富能手范畴。积极引导致富能手带领贫困人口以灵活方式进入扶贫经济组织，帮助扶贫对象脱贫致富。

四是资金扶贫。一要形成差异化扶贫政策。针对扶贫对象建档立卡，有重点、按比例地发展产业扶贫，将普惠政策与特惠政策相结合。二要放大财政扶贫资金效益。通过市、县两级政府主导的担保平台建设，搭建银企桥梁，缓解扶贫经济组织融资困难；三要建立县级小额信贷风险化解平台，设立贫困户专门评级授信系统，确保大多数贫困农户享受小额信贷，缓解贷款难问题。四要创新抵押担保方式，为贫困户贷款提供抵押担保（如县财政出资设立贷款保证金）。

五是技术扶贫。一选好产业。制订切合实际的产业发展规划，发挥自身优势，迅速打造群众脱贫致富的支柱产业，如南昌县立新村、进贤县赵埠村，湾里区义坪村等做法值得借鉴。二推进电商扶贫。依托阿里等互联网平台，打造贫困县特色产业实体馆，实现贫困村电商服务全覆盖，推动线上线下交易良性互动。三推广"政府＋龙头企业＋合作组织＋金融机构＋科研机构＋贫困农户"的多元合作、股份合作等模式，鼓励贫困户通过财政扶贫资金或土地入股等多种方式，参与扶贫产业发展和利润分红。四扩大政策性农业保险的覆盖面，建议增加省财政统筹负担的比例，并向国家争取优惠政策，围绕更多的扶贫产业，扩大政策性保险覆盖面，以分担金融机构的放贷风险和扶贫产业参与主体的自然风险。五用好"互联网＋"模式，探索"互联网＋农产品""互联网＋旅游"商业模式，使现有资源产生商业价值；同时，要创新思维，因地制宜，因时制宜，积极推行"公司＋基地＋贫困户""公司＋协会＋贫困户＋基地""合作社＋贫困户""龙头企业＋合作社＋贫困户"等多种形式，以核心资源（产业）为纽带将参与方联系在一起，并探索建立入股分红、投工投劳、代种代养等利益连接机制，不断提高各方参与度、收益度，实现贫困群众受益最大化。

六是生态扶贫。在实施村庄整治过程中，一方面应将贫困村优先纳入美丽乡村点建设范围，改善贫困村面貌，优化贫困地区生存环境；另一方面鼓励帮扶户发展产业或就近务工，实现产业扶贫与劳务扶贫"双轮驱动"，激发帮扶户创业或就业的热情。

8

构建南昌大旅游"双向"大开放格局

一、我市旅游发展的现状分析

自 2013 年省委、省政府出台《关于推进旅游强省建设意见》以来，各级党委、政府将旅游业发展摆在重要位置，呈现出"像抓工业化、城镇化那样抓旅游"的生动局面。2015 年全省旅游接待总人数、旅游总收入增幅分别为全国第一、第二。南昌旅游紧跟江西旅游快速发展的步伐。据统计：全市旅游接待总人数从 2010 年的 1510.1 万人次增长到 2015 年的 5534 万人次，增幅达 266.5%，年均增长率 28.5%；旅游综合收入由 100.8 亿元增长到 537.9 亿元，增幅达 433.6%，年均增长率 36.1%；全市共有像喜来登、香格里拉等五星级饭店 10 家，四星级饭店 22 家；旅行社 220 家，其中出境组团社 32 家；国家 4A 级景区 11 家，国家 3A 级景区 25 家；"一江两岸灯光秀"、"赣江夜游"、万达文化旅游城、绿地 303 观光厅、南矶湿地生态旅游区等系列产品开启了南昌旅游的新篇章；凤凰沟樱花节、安义金花旅游文化节、绳金塔文化美食节、南矶湿地生态旅游节等一批新的旅游文化活动吸引了大批省内外游客参与，南昌旅游推上新高度。

二、制约我市旅游发展的问题分析

虽然南昌旅游发展取得了一定的成绩，但依然面临诸多发展困境，与其他周边省会城市相比，还存在一定差距：南昌市旅游综合收入仅为合肥的 1/2、长沙的 1/3。具体而言，主要存在以下几方面的问题：

一是统筹规划功能乏力。虽然旅游资源丰富，从滕王阁到八大山人，从万达文化旅游城到"一江两岸灯光秀"，从小平小道到八一起义纪念馆，从凤凰沟到南矶湿地生态旅游区，但大旅游发展的规划设计与理念仍亟须提升，如南昌汉代海昏侯国遗址公园的规划，仍需要融入南昌大旅游的格局中。另外，南昌各景区的景点犹如散落在各处的珍珠，缺乏统筹规划与打造，景区间的联动较少，与省域、市域旅游竞争力较弱。

二是旅游业态结构单一。虽然近几年旅游产品业态进一步丰富，但总体上仍处于以"资源型产品、观光型产业"为主的传统初级模式，城市旅游化和旅游城市化的经营模式不成熟，产品基本靠天吃饭，旅游淡旺季明显，乡村旅游、体验旅游等产品比较欠缺，旅游产业集群建设、特色小镇建设尚处于起步阶段，游客的消费空间、市场没有得到有效挖掘，进而导致客源市场结构单一。

2016 年 12 月 23 日赴湘皖两地考察红星美凯龙项目

三是公共服务体系较差。公共服务产品不足，门票经济占主导局面难以改变，部分景区交通条件、环境卫生较差，吃、住等配套设施无法满足市场需要；景区经营管理水平不高、"南昌细节"不精、服务人员服务意识薄弱，服务满意度在全国 31 个省会城市中排在后位，导致游客回头率低，过夜游人数及占比增速缓慢，旅游人均消费低于全国均值。

四是品牌能力建设较弱。南昌打造国际旅游集散地和目的地的目标没有明确。一方面缺乏吸引人气的国家级、世界级拳头旅游产品，据 2015 年数据统计：全省共有 8 家国家 5A 级景区，而南昌作为省会城市至今尚无一家。另一方面旅游形象模糊，从"鄱湖明珠，中国水都"到"北有兵马俑，南有海昏侯"再到"天下英雄城"，历经数年却囊括了绿色、古色、红色元素，主题不够突出。同时，对外宣传推介不足，在中央电视台、交通枢纽等重要外宣载体上很少出现南昌旅游的"身影"。

三、构建南昌大旅游格局的路径选择

一是统筹规划，推动产业协调大发展。按照"大南昌、大旅游、大发展"的全域旅游思路，依托"昌九一体化"等区域战略，把大南昌作为一个整体来规划、建设、经营，整合盘活旅游资源链。在开发旅游产品过程中共享基础设施及品牌信息，实现劳动力的有效流动和产品资源的最优配置，推动产业协调发展。

二是丰富内涵，促进旅游产品大开发。第一鼓励乡村旅游业态创新，积极探索"民宿 + 度假租赁"模式，促进民宿向规范化、规模化、集群化、高端化方向转变；贯彻国家"百万乡村旅游创客行动"精神，培育一批高水准文化艺术旅游创业乡村。第二激活城市旅游潜力，促进文化创意旅游发展，加快体验式旅游发展，拓展客源市场。第三提升购物旅游产品特色，培育一批"天下英雄城"旅游商品，争取设立国际旅游免税购物区，提升购物旅游品位。

三是优化服务，推动游客满意大改观。一方面，强化交通基础设施建设，解决连通景区交通的"最后一公里"问题。另一方面，加快"厕所革命"

的步伐，加大乡村旅游环境整治力度。同时，利用云计算、物联网等新技术，加快智慧旅游发展，推进智慧服务、智慧管理、智慧营销等，全方位提升游客体验。

四是创建品牌，助推南昌经济大开放。一方面，加快南昌汉代海昏侯国考古遗址公园、遗址博物馆和汉代文化小镇的建设，努力将其打造成为国家 5A 级旅游景区。另一方面，充分利用旅游产业的关联效应，引进一批多产跨界战略合作者，包括旅游投资商、旅游管理公司、旅游品牌企业、网络平台等，做大做强旅游产业集群。同时，要树立开放思维和全球视角，面向全国、全世界做好宣传推介工作，努力提高南昌城市的美誉度和影响力，通过政策、宏观数据等引导旅游投资从聚焦传统的自然资源、历史文化资源转向科技、资本、人才等要素驱动，从而助推南昌经济大开放。

9

"六度" 视域下的新时代
民营经济统战工作研究

民营经济是改革开放以来在党的方针政策指引下迅猛发展起来的经济形式,是推动中国社会主义市场经济发展的重要力量,做好民营经济领域统战工作是新时代中国共产党治国理政中必须解决好的重要课题。党的十八大以来,以习近平同志为核心的党中央高度重视民营经济发展,从基本方略、政策支持、深化改革等各方面作出一系列重大决策部署,推动民营经济活力和创造力不断提升。2018年11月1日,习近平总书记在民营企业座谈会上的重要讲话,高度评价改革开放40年来民营经济为我国发展作出的重大贡献,表明党中央毫不动摇鼓励、支持、引导非公有制经济发展的坚定决心,为民营经济健康发展注入了强大信心、提供了根本遵循,为做好新时代民营经济领域统战工作提供了政治保证和理论依据。

一、新时代民营经济统战工作的意义

民营经济领域统战理论自信是增进民营企业政治共识的思想抓手,为民营企业家坚定中国特色社会主义道路自信、理论自信、制度自信、文化自信,巩固新时代党的执政基础具有重要战略意义。

1. 做好新时代民营经济统战工作是一项凝聚人心的工程,具有重要的政治性。2018年上半年,社会上有些所谓"民营经济离场论""新公私合营论"、新一轮"公私合营"、加强企业党建和工会工作是要对民营企业进行控制等否定、怀疑、弱化民营经济的错误言论,这些错误言论无视民营经济在中国经济发展中不可磨灭的历史贡献,否认民营经济的历史地位和时代作用,不仅是对我国民营经济制度这一内在经济制度的曲解,也是对我国民营经济政策的误读。习近平总书记在民营企业座谈会上的讲话对这些错误言论进行了有力地驳斥,强调党的十九大把"两个毫不动摇"写入了新时代坚持和发展中国特色社会主义的基本方略,作为党和国家一项大政方针进一步确定下来,习近平总书记这一系列重要论述,为民营经济敲下"定音锤",给民营企业家吃下"定心丸"。同时,也让我们清醒地认识到新时代民营经济领域统战工作研究的极端重要性,增强了对这一全新课题研究的紧迫感、责任感。

改革开放40年来,历史雄辩地证明:我国经济发展能够创造中国奇迹,民营经济功不可没:贡献了50%以上的税收、60%以上的国内生产总值、70%以上的技术创新成果、80%以上的城镇劳动就业、90%以上的企业数量,在世界500强企业中,我国民营企业由2010年的1家增加到2018年的28家。[①] 如此巨大的劳动力、土地、资本、企业家等劳动要素全被民营企业掌握,其背后的阶级基础、群众基础是否牢固直接影响到执政党的前途命运。民营企业家作为推动我国基本经济制度完善和经济结构优化的巨大群体,是党的阶级基础、群众基础的重要组成部分,也是党长期执政必须团结和依靠的重要力量,加强民营经济领域统战工作,是一项凝聚人心的工作,也是统战部门重要的政治工作;统战部门要发挥统一战线优势、广泛凝聚共识,以民营经济领域统战工作为抓手,为实现"两个一百年"奋斗目标和中华民族伟大复兴中国梦凝聚人心、汇集力量。

2. 做好新时代民营经济统战工作是一项全新的统战课题,具有重要的原则性。我国民营企业发展需要在遵循非公有制经济自身规律和适应市场

① 《习近平总书记在民营企业座谈会上的讲话》,2018年11月1日。

竞争之外，还要继续两大原则。一是坚持党的领导原则。民营经济发展始终和党的政策同向、和国家命运相连，每一步都离不开党的创新理论指引、离不开党委政府扶持帮助。特别是党的十八大以来，以习近平同志为核心的党中央大力支持民营经济发展，提出了一系列新思想、新理念、新战略，形成了鼓励、支持、引导民营经济发展的政策体系，为民营经济发展营造了前所未有的良好政策环境和社会氛围。① 要充分发挥民营企业党组织的政治核心作用和政治引领作用，与党的理论对标、与党的路线方针政策对标、与党的纪律规矩制度规定对标，以高质量党建引领民营企业高质量发展②。二是坚持"两个毫不动摇"、"三个没有变"、"两个健康"发展的原则。2016年3月4日，习近平总书记看望出席全国政协十二届四次会议的民建、工商联委员时，重申"两个毫不动摇"、"三个没有变"和"两个健康"发展的原则，寄望广大非公有制经济人士把握大势、提升素质、发挥才能，推动企业取得更新更好发展③。党对非公经济强调"三个没有改变"即非公有制经济在我国经济社会发展中的地位和作用没有变，鼓励、支持、引导非公有制经济发展的方针政策没有变，致力于为非公有制经济发展营造良好环境和提供更多机会的方针政策没有变，体现了党对非公经济政策的一贯性、对非公经济发展支撑的坚定性。促进非公有制经济健康发展、促进非公有制经济人士健康成长要统筹做好民营经济领域统战工作，要从重大经济问题和重大政治问题辩证统一的角度深刻认识"两个健康"，只有实现"两个健康"，民营经济领域统战工作才有生命力④。

3. 做好新时代民营经济统战工作是统战工作的时代新使命，具有重要的现实性。刚刚闭幕的十九届四中全会提出了一系列重大举措，为新时代民营经济领域统战工作提供了系统而坚实的工作指南和制度保障。近年来，

---

① 《习近平总书记在民营企业座谈会上的讲话》，2018 年 11 月 1 日。

② 靳贤锋：《2019 中国（温州）新时代"两个健康"论坛召开》，《中国统一战线》，2019 年 11 月 3 日。

③ 《习近平参加政协民建、工商联界联组会讲话》，2016 年 3 月 4 日。

④ 《习近平同志在中央统战工作会议上的讲话》，2015 年 5 月 18 日。

2019 年 9 月 6 日赴南昌市小蓝工业园区调研非公经济企业

我国民营经济持续发力和高质量发展、民营企业家群体面貌呈现新气象，统战部门要适应这一时代的新要求、新任务，主动关注和回应民营企业、民营企业家的各种利益诉求，鼓励支持新的社会阶层人士创新创业，引导民营企业、民营企业家发挥自身优势，增强发展信心，助推经济提质增效升级。另一方面，目前意识形态领域特别是网络舆论斗争形势复杂，有针对性帮助民营企业、民营企业家筑牢思想上的"防火墙"，促进非公有制经济健康发展，维护国家政治安全，不断巩固共同团结奋斗的思想政治基础，这是民营经济领域统战工作的一项紧迫课题，也是新时代民营经济领域统战工作的时代使命。①

二、新时代民营经济统战工作面临的困难与挑战

在当前民营经济遇到"市场的冰山、融资的高山、转型的火山"的背景下，

---

① 梁斌：《百家民企倡议：听党话跟党走报党恩 坚定高质量发展》，《学习时报》，2019 年 9 月 25 日 3 版。

做好新时代民营经济统战工作面临着极大的挑战。因此，民营企业要主动适应、把握和引领这新形势新要求，不仅不能"离场"，而且要走向更加广阔的舞台；统战部门要站在国家治理体系和治理能力现代化的高度，以落实十九届四中全会提出的深化市场经济体制改革、推进我国经济高质量发展为新使命，把新形势下所带来的一系列新问题、新挑战作为一项全新的课题来研究，分析新形势、梳理新难题，以扫除民营经济发展过程中方向性、抉择性的"迷障"。

1. 新形势带来新挑战。我国经济形势已经进入深刻的调整期，国内外经济复杂性多重叠加：一方面，全球经济复苏进程中风险积聚，保护主义、单边主义明显抬头，给我国经济和市场预期带来诸多不利影响，民营企业自然也无法越过这道"坎"；另一方面，我国经济由高速增长阶段转向高质量发展阶段，客观上也给企业带来转型升级压力，导致民营企业家的恐慌，投资信心不足，如近年来江西出台了一系列鼓励民间投资的政策措施，但受整体经济下行压力的影响，实施效果还不够理想。今年1—8月，全省民间投资增长 8.6%，分别较上半年、一季度低 1.3 和 1.5 个百分点，处于 2013 年以来低谷期。同时，民间投资对拉动投资增速有所放缓，1—8 月全省民间投资拉动投资增长 5.9 个百分点，分别低于 1—7 月、上半年、一季度 0.2、0.8、0.8 个百分点。

2. 新阶段面临新难题。民营企业在政府政策效应同向叠加和铺摊子、上规模，负债过高等粗放经营现状中，还面临着"五大"新难题。

一是对形势研判和宏观政策把控难。当今世界地缘政治巨变，我国根深蒂固的传统文化和市场经济发展中的不确定不成熟，为民营企业对市场形势研判和宏观政策把握增加了极大的难度。此外，部分民营企业自身追求短期效益，缺乏专注钻研精神，存在投机取巧心理，容易受宏观政策和区域差异的影响，盲目涉足新的行业领域，导致水土不服，最终被市场淘汰。

二是生产要素全域保障难。劳动力、土地、资本、企业家、环境、技术等制约因素明显，如劳动力要素方面，新的社会阶层和归国人员队伍的日益扩大，改变了劳动力原有的结构，扩大了劳动力结构调整的难度。又如土地要素方面，土地供给与土地调剂、土地闲置与土地超供、土地缺口与土地浪费之间的矛盾并存，土地要素的全域平衡难度大。[①]

三是融资难融资贵没有根本缓解。融资难方面，如江西有 20% 左右的民营企业反映由于银行贷款门槛太高导致银行贷不到款；在传统产业融资方面，对冶金、化工、钢材、光伏等行业存在一定程度的慎贷惜贷限贷现象；在中小企业融资方面，银行信贷审核对中小企业、民营企业的抵押要求更严，获得贷款的难度加大，并存在抽贷、压贷、断贷行为；融资贵方面，企业的综合融资成本呈上升之势，近 10% 的企业反映融资成本在基准利率上浮30%~50%，甚至有部分企业反映上浮在 50% 以上。[②]

四是具体政策落实落地难。部分地区扶持非公有制经济发展的政策措施缺乏系统化、集成化，"政出多门、多头管理、职责交叉"的问题仍然存在，部分政策衔接不够，影响政策落实落地。一些地方门槛高、知情难等问题不同程度存在，也影响了政策的落地。

五是产权保护难。一方面，民营企业在战略性新兴产业、高新技术产业领域科技创新步履维艰，原始创新、集成创新、引进消化创新等创新链的相互影响相互促进的关联能力偏弱。知识产权的保护还停留在宏观的法律政策层面，没有落实到具体的措施中，侵权易、保护难等问题依然严重。另一方面，虽然在宪法和法律层面明确了对民营企业产权和民营企业家财产的法律保护，但许多领域法律仍然缺位，法律细节可行性弱，行政干预客观上仍然存在，民营企业面对法律纠纷始终处于弱势地位，民营企业产权保障仍是未来法治工作的重点。

---

① 中央统战部八局课题组：《开拓新的社会阶层人士统战工作新局面》，《中央社会主义学院学报》，2017 年第 4 期，第 46—50 页。

② 余佳、邹佳伶、蔡欢、张代艳、钟宏瑜、张平：《打造一流营商环境　释放发展新动能》，南昌新闻网，2019 年 6 月 11 日 3 版。

三、新时代民营经济统战工作的路径思考

当前，我国民营经济面临着经济下行压力叠加和外部环境恶化的挑战，不少中小微企业面临生存考验，处于爬坡过坎、迈向高质量发展的关键时期，也对民营经济转型发展提出更高要求，也是未来民营经济领域统战工作的新方向。建议从政治高度、法治维度、改革深度、落实力度、统战刻度、制度角度等"六度思维"探索今后全省民营经济领域统战工作的路径，构建和推进新时代江西民营经济分工合作、协同发展的大统战工作新格局。

1. 从政治高度，扎实推进党建"两个全覆盖"。着眼党在民营经济领域的有效领导，把党的领导体现和贯穿到促进民营经济工作的各个环节。加强民营经济领域党建工作的制度建设是新时代民营企业推动思想再解放、改革再深入、工作再抓实的内在要求和可持续发展的必然选择。[1] 一方面，扎实推进民营企业党的组织建设全覆盖和党的工作全覆盖"两个全覆盖"，做到民营企业发展到哪里，党的组织就建立到哪里，党的工作就开展到哪里，借助党建的政治优势，使党建工作与企业发展同频共振，增强民营企业对市场形势研判和把控，提升市场的经济定力和风险防范力。另一方面，引领民营企业增强对党、对政策、对干部、对形势的信心，坚定"听党话、跟党走"，增强"四个意识"，坚定"四个自信"，坚决做到"四个服从""两个维护"，形成工作合力，促进多方和谐，画出最大同心圆。

2. 从法治维度，优化市场公平竞争的环境。强化市场法治治理，打破各种各样的"卷帘门""玻璃门""旋转门"，实现各类市场主体政策平等、机会平等、规则平等，为民营企业发展创造充足市场空间。推进监管执法有效落地，推动日常监管"双随机、一公开"全覆盖，重视营商环境质量综合评价，破除"官本位"思想，做到"新官要理旧账"，寻找有违公平竞争的痛点所在，更好地协调市场经济中政府与市场的关系。

3. 从改革深度，建构破解发展难题的机制。找准制约民营经济发展的深层次问题特别是体制机制问题，不断完善现代金融制度、中国特色商会

---

① 刘家义：《在全省民营企业座谈会上的讲话》，2018年11月7日。

制度等制度，不断增强破解改革发展难题的制度体系建设。一是建构破解融资难、融资贵的机制。党委政府下狠心、下决心，打造一站式金融综合服务平台，建立银企合作机制，努力实现民营中小企业有资可融、有资能融、有资易融的目标，解决民营企业不敢贷、不愿贷的问题。同时，发挥地方党委政府组织优势，在降低融资成本、简化程序、缩短时间、提高效率等服务民营企业发展方面开展全新的探索，如北京市小微企业续贷中心，在现场为中小民营企业提供续贷受理审批服务，缓解中小民营企业融资难、融资贵的痛点，找到解决办法，简化流程、缩短时间、降低贷款成本、提高审批的效率，实现了资金无缝链接，缓解了小微企业的融资难、融资贵问题。[①] 破解惠企政策宣传不到位、政策门槛高、经营成本高、缺乏具体实施细则等问题，抓好供给侧结构性改革降成本行动各项工作和加大减税力度，降低社保缴费名义费率，确保企业社保缴费实际负担有实质性下降、加快推进涉企行政事业性收费零收费，降低企业成本，增强企业获得感。二是建构中国特色商会制度的机制。中国特色商会制度植根于社会、植根于民间，具有鲜明的统战性。增强商会组织的凝聚力和吸引力，在政府简政放权和商会承接这个渐变和探索的过程中，商会组织发挥承接和服务民营企业的功能的制度优势，创新形式、办法，不断总结经验，加以提升推广，逐步形成中国特色社会主义商会组织履行社会职能的制度体系。[②]

4. 从落实力度，强化实现高质量发展政策的贯彻。精准对接民营企业的政策需求。一是宏观调控上。坚持问题导向，持续跟进难点痛点，主动作为、补缺补短，切实加强政策制定的针对性和有效性。提高政府依法行政水平，在政策执行中防止出现"一刀切"、扩大化等现象。二是在微观推进上。在政策创新上，对科研投入、重点企业培育、金融创新包括融资担保、融资风险补偿以及土地、财政、税收等方面的新问题抓紧研究，提高政策资源的惠及面和时效性；在政策供给上，强化政策集成，统筹协调项目、资本、

① 鲍聪颖：《全国首家小微企业"续贷中心"正式落户北京》，人民网，2019年8月24日14版。
② 王志雄：《中国特色社会主义商会建设若干问题的思考》，《社会科学报》，2016年3月24日5版。

人才、政策、载体等多种要素，增强政策供给的系统性和协同性；在政策执行和落实上，国有企业、民营企业要一视同仁，大中小企业要一视同仁。[1]

5. 从统战刻度，划清"亲""清"新型政商关系的边界。加快构建制度化规范化的亲清新型政商关系，不断提升区域治理水平。一方面，"亲"就是领导干部同民营企业家打交道要守住底线、把好分寸，积极主动为民营企业服务，帮助解决实际困难，依托各级"两会"和工商联专题座谈会的固定模式，推动党政企沟通机制的制度化、常态化。如今年江西省易炼红省长出席"助推制造业高质量发展"民营企业座谈会和在全国工商联上的推动"构建亲清新型政商关系"交流发言。[2]另一方面，"清"就是政商交往要划清"边界线"，改变过去"正面清单"模式，防止企业上项目"说破嘴""跑断腿"的现象，全面推行权力清单、负面清单、责任清单，让政商关系界限分明，促进政府和涉企部门工作人员依法用权、秉公用权，保障企业家合法的人身和财产权益，保障市场主体公平竞争。

6. 从制度角度，完善促进"两个健康"发展的机制。着力建设现代化经济体系、弘扬优秀企业家精神、打造良好营商环境有利于促进民营经济转型发展，实现民营经济的高质量发展。党委统战部门要增强协调和推进解决"两个健康"发展的重点难点问题能力，促进"两个健康"发展的机制完善。[3]一是促进非公有经济健康发展的机制完善。其一，遵循市场规律，勇于改革创新。民营企业要按照市场规律，加快供给侧结构性改革，以资本为纽带、以法律为手段、以创新为动力，加快转型升级步伐，走好高质量发展之路。[4]要顺应和把握发展趋势，改革"家族式""作坊式"传统，重视研究互联网、大数据、云计算、工业物联网，推进模式创新、管理创新、产品创新，

---

① 王忠明：《新动力——新时代中国民营经济大展望》，中华工商联合出版社，2018，第148–149页。

② 易炼红：《坚定信心 深耕主业 加快转型升级 持续做优做强》，《江西日报》，2019年1月31日2版。

③ 蒋金法、龚培兴：《江西民营经济年鉴2017》，中国财政经济出版社，2019，第85–86页。

④ 彭国川、康庄：《壮大民营经济 实现高质量发展》，《光明日报》，2019年1月14日2版。

聚力创新驱动、深耕实体经济，加快实现新旧动能转换，实现高质量发展，加快建设创新型企业构建现代化经济体系。① 其二，担当社会责任。弘扬"厚德实干、义利天下"新时代企业家精神，做好社会公益事业，积极投身脱贫攻坚、光彩事业、公益慈善事业等，承担环保责任、安全责任、降耗责任、减排责任、保障职工权益责任等责任。② 其三，拓展国际市场。随着我国同"一带一路"沿线国家的投资贸易合作加快推进，民营企业要抓住机遇，拓展国际视野，增强创新能力和核心竞争力，形成更多具有全球竞争力的世界一流企业。③ 二是促进非公有经济人士健康成长的机制完善。加强自我学习、自我教育、自我提升，珍视自身的社会形象，要坚持中国共产党的领导，热爱祖国、热爱人民，践行社会主义核心价值观。④ 其一，重视企业家精神塑造、创业激情。弘扬企业家精神，讲正气、走正道，做爱国敬业、守法经营、创业创新、回报社会的典范，努力为企业员工当好表率，为全社会树立榜样，以实际行动诠释优秀企业家精神。⑤ 同时，还要永葆创业激情，有"二次创业""三次创业""多次创业"的进取精神，致力于实业报国，弘扬"工匠精神"，踏踏实实办好企业。其二，提高现代企业的法人治理能力。完善现代法人制度的治理结构，鼓励有条件的民营企业建立现代企业制度。新时代民营企业既要重视诚信建设，把诚信经营作为其发展的基本底线和生命线，又要遵纪守法、诚信经营，守法经营。其三，重视产权保护。强化顶层设计和制度安排，构建良好政治生态，坚决打击以权谋私、钱权交易、贪污贿赂、吃拿卡要、欺压百姓等违纪违法行为，为民营经济发展创造健康环境，真正保护民营企业的安全和保护企业家人身财产安全。同时，健全知识产权纠纷多元化解决机制和知识产权维权援助机制，加强企业与政府相关部门

---

① 刘家义：《在全省民营企业座谈会上的讲话》，2018 年 11 月 7 日。

② 《习近平总书记在民营企业座谈会上的讲话》，2018 月 11 月 1 日。

③ 《习近平参加政协民建、工商联界联组会讲话》，2016 年 3 月 4 日。

④ 刘家义：《紧密团结在以习近平同志为核心的党中央周围奋力开创经济文化强省建设新局面——在中国共产党山东省第十一次代表大会上的报告》，2017 年 6 月 13 日。

⑤ 《习近平总书记在民营企业座谈会上的讲话》，2018 年 11 月 1 日。

的对接,保持企业反馈需求与问题的渠道畅通,加大对知识产权的保护力度,从立法、司法、执法、守法各个环节为民营企业知识产权保护提供坚强保障。

四、结语

新时代加强民营经济领域统战工作研究,要在习近平新时代中国特色社会主义思想的指导下,充分认识新时代民营经济领域统战工作理论研究的重要意义,直面民营经济统战领域的困难与挑战,把握"六度思维",并从理论探索视角为落实十九届四中全会提出的深化市场经济体制改革、推进我国经济高质量发展层面提供一些统战思考,以提振民营企业信心、提升民营企业竞争力为核心,以更加开放的理念、更加完善的制度、更加务实的措施、更加有力的组织,使民营经济活力和创造力进一步激发,民营企业家创业创新热情进一步高涨。着力提升企业创新发展能力,着力推进市场主体转型升级,着力打造最佳营商环境,打造新时代民营经济高质量发展"金名片"[1],为推进国家治理体系和治理能力现代化提供民营经济领域的统战智慧。

---

[1] 靳贤锋:《2019中国(温州)新时代"两个健康"论坛召开》,《中国统一战线》,2019年11月3日。

10

追念梅汝璈先生

我已经记不清来过多少次江西南昌青云谱区的朱姑桥梅村了，每每到此，心里有一种难以名状的情愫，或是工作接待或是考察调研或是思维自觉，久而久之，被梅村特有的明清江南民居和人文文化遗存所吸引，尤其是被世界国际法学界"巨人"——梅汝璈先生的伟大精神所敬仰。对于梅先生——这位当代伟大的爱国主义法学家，大家都不会忘记且感谢他在 1946 年远东国际军事法庭审判中的胆量与智谋，是梅先生用正义和法律、执着与热诚和整整 3 年的不懈努力，让罪行得以揭露、让正义得以彰显，为中华民族赢得了尊严。

在 2019 年 11 月 7 日这个特殊的日子里，我怀着崇敬的心情，欣然地接受了主办方的邀请，来到江西滨江宾馆参加"纪念梅汝璈先生诞辰 115 周年座谈会"，和与会学者、代表们一起追忆先生的法律精神，追思先生的丰功伟绩，缅怀先生的爱国情怀。那时，我心里十分明白，之所以我被邀出席此次会议，是缘于 2015 年 1 月 28 日在滨江宾馆举行的省政协第十一届三次会议联组会议上的一次建言，我建议将梅汝璈先生故里——江西南昌市青云谱区朱桥梅村打造为"中国法官教育培训基地"，此建议得到了最高人民法院、省委、省政府、江西省高级人民法院的高度重视，并于 2016 年 11 月 15 日被最高人民法院正式批复梅汝璈先生故居——青云谱区朱姑桥梅村

为"全国法院法治文化教育基地"。

座谈会上，人们对先生的追思与爱戴也深深地感染了我，把我的记忆拉回到 5 年前省政协第十一届三次会议第二组围绕"小康提速"建言献策讨论会上。记忆的阀门一经打开，就像流水一样难以抑住，特别是自己也曾是一名法律工作者，也和先生一样对法律正义充满了无限的敬畏。记得那时，本着对先生的敬慕与感佩，本着一种对法律的敬重与对民族情感的深爱，也是本着对青云谱醇厚历史文化的热爱，虽是一位来自基层的省政协列席委员，但我还是勇敢地向时任省长鹿心社同志建言："尊敬的鹿省长，我是来自南昌青云谱区的政协委员郭翀，我今天发言的题目是'关于打造中国法官教育培训中心的建议'。我非常庆幸自己在青云谱区工作，因为青云谱区出了一位了不起的人物——国际大法官梅汝璈。在 70 年前东京审判的国际舞台上，梅汝璈大法官凭着深厚的法学功底、强烈的爱国情怀，用正义之剑为中国人民赢得了民族自尊和国家主权，是中国法学界和世界国际法的一座丰碑。梅汝璈是青云谱的、是南昌的，还是江西的，更是世界的。在眼下依法治国和纪念抗日战争胜利 70 周年的大背景下，依托梅汝璈这个法治精神和爱国精神的化身，在他的故乡——南昌青云谱区朱姑桥梅村建设中国法官教育培训中心具有战略意义和现实意义……"当时我完全沉浸在对先生的深深敬慕和中国法官教育培训中心的远期构建中，全然忘记会场上有省长、市委书记、省政协副主席以及全省各地市的主席们和统战部长们在，会场如此安静，直到鹿省长示意我坐下并充分肯定我的发言之后，我才发现自己的手心、背心都汗湿了，但直觉告诉我：讲的深情、真诚！是啊，先生作为中国首席大法官，在举世闻名的 1946 年 5 月东京审判上叱咤风云，最终将东条英机等 7 名日本甲级战犯送上了绞刑架。作为中华儿女，谁不会为先生的爱国情怀所动容？为此，先生被誉为中国法官的代表和楷模，审判日本法西斯罪犯的民族英雄。

但要把朱姑桥梅村建设为"中国法官教育培训基地"的工作远没有想象的那么容易，对建议本身，委员中还有些领导提出异议：有直接否定的，也有怀疑的，还有质问的。或许是先生人格的魅力感召，或许是人民对和平的苦苦追求，或许也是我们的真诚与追求，终于在一波三折之后，迎来了胜利的曙光，我们一步一步将基地建设推近光明的彼岸。

在出席 2015 年省政协会议之前，我已经做了大量的调查研究与论证，于 2015 年 1 月 20 日向市政协提交了《关于打造中国法官教育基地的建议》的提案，并接受了人民网等主流媒体的专题采访，把梅汝璈故里建成中国法官教育基地的意义重大，既能唤起中国广大法官的爱国主义情操、职业荣誉感和社会责任感，又能永远纪念这位为国家和民族做出不朽业绩的伟大法官。同时，区委、区政府主要领导高度重视，时任区长胡晓海于 2015 年 1 月 28 日，也同步向省人大代表大会提建议。这个提案得到最高人民法院、江西省高级人民法院呼应，省高院院长张忠厚 2015 年 4 月 15 日来到青云谱区调研；最高人民法院咨询委员会主任姜兴长、最高人民法院咨询委员会秘书长张维及法教处负责人一行 2015 年 5 月 13 日也到朱姑桥梅村调研，期间：全国人大代表龙国英也向全国人大提出相同意见建议，省高院院长张忠厚、省高院副院长郭斌等先后多次视察调研论证，为进一步推进基地的落地扩大影响，青云谱区于 2015 年 8 月 13 日举行纪念中国人民抗日战争暨世界反法西斯战争胜利 70 周年，为最高人民法院的正式批复提供了实践依据。

为跟进批复的进程，我在 2015 年 10 月 10 日—15 日休公假期间，还专门去北京拜访最高人民法院，意外地遭到三位女法官三个原因的婉拒：一是梅先生是国民党时期的大法官，现在怎么可能会？二是全国法官教育基地已经有两个。三是八项规定不能新建楼堂馆所。基于这种情况，区委、区政府决定先解决省级基地建设，2015年11月，青云谱区区长孙毅到省高院协调江西法官教育基地事宜，省高院院长张忠厚亲自主持了协调会，会议同意在梅汝璈故里建设江西法官教育基地，2015年12月21日江西省高级人民法院复函同意在梅汝璈先生故里南昌市青云谱区朱姑桥梅村打造"江西法官教育基地"，2016年1月13日，江西省法官教育基地在青云谱区朱桥梅村先生故里揭牌，此项课题取得了建设性成果。

2016年7月，我转任南昌市新建区政府副区长，离开了我工作16年、洒满我青春热血的第二故乡青云谱。同年11月，全国综治会议在南昌举行，会议期间，青云谱区主要领导再次托人找到我，要当年的建议材料，我非常欣喜，知道冲刺国家级基地的机会又来了，于是，我积极参与申报材料的准备工作。令人兴奋的是，2016年11月15日（11月15日正好是我的生日）最高人民法院终于决定将梅汝璈故居命名为"全国法院法治文化教育基地"，这对梅汝璈家乡来说无疑是最好的消息，这是对所有付出汗水的参与者的最好回报，也是江西青云谱区人民的胜利，更是全国法治文化的胜利！此时此刻，我感觉到了一位建言者的幸福与价值。我感谢先生，是他的正义为祖国赢得了尊严，是他的情怀为民族赢得了胜利，是他的胆识为法律维护了正义，向先生致敬！

11

用执着点亮梦想

——我为南昌轨道交通鼓与呼

早在 2003 年的一次赴香港考察活动中，我第一次实质性地接触并乘坐了地铁，也就是这次考察在我的心里播种了一颗在南昌建设地铁的"种子"，觉得香港地铁新鲜、便利、快速，也特别羡慕日本的"新干线"，觉得日本新干线漂亮、迅速、便宜，但认为我们南昌当时的经济实力难以支撑地铁建设，机会不成熟便没有往深处想，也没有意识到后来地铁会与自己有如此紧密的联系。而实际情况是,那时的南昌交通已经开始出现较重的拥堵问题，除了市民的交通意识、政府的交通管理跟不上之外，重大的交通规划和交通设施建设也是重要的短板。出于一种职业的敏感，我开始思考南昌的城市高架建设、公交优先战略、一江两岸的隧道建设、地铁建设、道路规划、立体车库等立体交通体系建设领域的立言。为此，早几年的提案大都涉及交通领域，如：2006 年关于科学规划和建设南昌地铁的建议（市政协 11-6 次会议第 71 号），2006 年关于公交优先战略的建议（市政协 12-1 次会议第 92 号），2007 年关于拓宽公交站台功能，提升服务水平的建议（区政协 7-1 会议第 101 号），2008 年关于进一步完善我区快速交通干线系统，提高现有道路通行能力的建议（区政协 7-2 次会议第 116 号），2008 年关于打造立体交通 解决拥堵问题的建议（《南昌日报》2008 年 1 月 1 日），2009 年关于科学设计交通道路标识的建议（市政协 12-4 次会议第 160 号）等系列提案，以表达我作为一名政协委员为南昌大交通在城市区位优势方面重构的苦苦追求和为政府献智、为人民代言的真实心愿。其实，委员的建言被党委、政府采纳也不是一件很容易的事，建言只有与政府的工作同频共振，有思想、有价值才能被政府所采纳，建言只有与群众的呼声通源聚合，有见地、有意义才会深受群众的欢迎。不仅如此，还要有毅力、有斗志、有信心，并随之以执着与协调，否则会半途而废，不得而终。多年对南昌城市交通的关注，让我埋藏在心底的建设南昌地铁的"种子"慢慢复苏起来，在做了大量的调查研究之后，于 2006 年向市政协郑重地提交了关于科学规划和建设南昌地铁的建议，并一直关注了事态的发展走向。2015 年 12 月 26 日，正在武汉大学攻读博士学位的我接到市政协开全会的通知，立刻从武汉返回南昌，在高铁上看到委员朋友在朋友圈里发送的市人大代表、市政协委员试乘地铁的图片和信息，心里真是兴奋与失落，兴奋的是我的建议终于转化为成果落地了，自己多年的地铁梦想实现了；失落的是我还是赶不及和大家一起分享这种来之不易的幸福与快乐，错过了那种先睹为快的喜悦。之后的日子，我工作岗位和政治安排都调整了，离开了青云谱区，离开了政协，转任到市政府、人大岗位，再到现在这种政治学院属性的南昌社院，对地铁的关注只能从南昌城各个站点的建设中了解，我也从潜意识中期待自己有机会能真正全面地、系统地、客观地了解南昌地铁的成长史，我一直在等待着这种机遇。终于在 2019 年 11 月 29 日这个平凡而又开心的日子，我如约来到了期盼已久且挂念整整 13 年的地方——南昌地铁大厦总部调研，为的是在南昌市社会主义学院第二课堂中将地铁元素囊入其中，让党外人士在社院学习期间了解城市交通的现状及其贡献，让学员知市情、了民情、见实情，为南昌市经济社会事业发展与建言提供实践基石。

在南昌地铁总部，总部决策者们从建设框架层面对南昌地铁的规划、建设、运营、管理进行了全面的解读，为我们介绍了南昌"大手笔规划、大格局建设、大联合打造、大融资保障"的"地铁画卷"，让我们分享了建设者们在建设南昌地铁中取得的成就与欢乐；引领我们参观了具有总揽全局、

2019 年 11 月 29 日在南昌地铁大厦调研

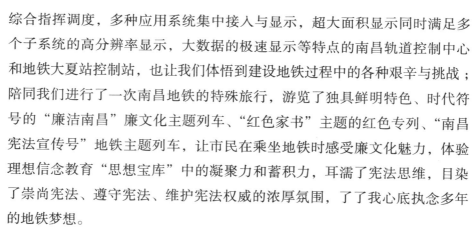

综合指挥调度，多种应用系统集中接入与显示，超大面积显示同时满足多个子系统的高分辨率显示，大数据的极速显示等特点的南昌轨道控制中心和地铁大厦站控制站，也让我们体悟到建设地铁过程中的各种艰辛与挑战；陪同我们进行了一次南昌地铁的特殊旅行，游览了独具鲜明特色、时代符号的"廉洁南昌"廉文化主题列车、"红色家书"主题的红色专列、"南昌宪法宣传号"地铁主题列车，让市民在乘坐地铁时感受廉文化魅力，体验理想信念教育"思想宝库"中的凝聚力和蓄积力，耳濡了宪法思维，目染了崇尚宪法、遵守宪法、维护宪法权威的浓厚氛围，了了我心底执念多年的地铁梦想。

在南昌地铁总部，我也自然而然地与大家一起分享了自己积压在心头多年的地铁梦想，真情袒露了自己对南昌地铁的一份情感故事，交流了自己与南昌地铁多年的那份难舍难分和履职建言那份耐人寻味的悲喜交织，这种交织把我带回到 2006 年，那时我在许多城市中调研发现地铁不仅给市民带来许多便利，更多的是打通了地下大动脉，为城市的发展提供了更多的空间，也发现并预判到南昌城区的交通会出现严重的拥堵现象，在经过大量的认证之后，我果断地向市政协提交了关于科学规划和建成南昌地铁的建议。可南昌作为中部欠发达城市，经济实力相对薄弱，这个建议一度受到质疑，这对我造成了一定的心理打击，我心里很不好受，也责备自己没有把握好时机。在后来的日子里，我又继续参与其他调研，建地铁的建议重新放进自己的心底等待时机。2009 年 7 月一次外事接待中，我意外获知国务院批准《南昌市城市快速轨道交通 1、2 号线一期建设规划》。2011 年 1 月 1 日秋水广场站正式开工，2013 年 12 月 12 日"千里赣江第一隧"实现双向贯通，2015 年 12 月 26 日，首条线路开通载客试运营，南昌终于迎来了"地铁时代"，2020 年地铁 3 号线通车，到 2021 年，南昌拥有地铁 1 号线、地铁 2 号线、地铁 3 号线、地铁 4 号线等 4 条线，我的建言梦想和百姓的地铁梦终于逐一得以实现。

在南昌地铁总部，总部决策者们激动地告诉我们一些数据，截至 2019 年 6 月，南昌地铁已开通运营 2 条线路，分别是 1 号线和 2 号线，共设车站 52 座（含换乘站）、换乘站 2 座，运营线路总长 60.35 千米。南昌地铁在建线路 2 条，分别是 3 号线和 4 号线，在建线路里程 68.5 千米。2018 年，南昌地铁年客运量为 1.42 亿人次。2019 年 9 月，南昌地铁日均客运量为 54.43 万人次。其线网最高客运量为 2019 年 9 月 30 日的 75.11 万人次。南昌地铁从无到有，从少到多，悄悄地拉宽了城市的框架、改变了市民的出行方式、影响了群众的生活、提升了城市的文明程度、扩大了城市的影响力、密切了党群关系。当然，作为一名建言者，也满足了我心底最深处对地铁的价值认定与执念，更重要地是满足了群众对高质量城市生活水平的需求，展示南昌市委市政府高超的执政水平和治理能力。

12

相约瑶湖　共舞长天

——试论 2019 年南昌首届飞行大会
对南昌区域经济发展的现实意义

　　大千世界，人们总是对初心源头情有独钟，不管是国家、民族、政党、经济组织、家族还是个体自然人，不管是经济、政治、文化、社会还是生态，也不管工业、农业、商业还是新兴产业，人们把对初心的追本溯源作为一种怀念、传承、转折、宣示、警示、集结、期待、成功。如：黄帝陵祭典最初就是为了纪念和缅怀轩辕黄帝的始祖精神而举行的隆重祭祀活动，如今发展成为传承中华文明、凝聚华夏儿女、共谋祖国统一、开创美好生活的重大活动和民族力量。又如：1949 年的开国大典是中华人民共和国成立的标志，中国命运有了新的转折，中国人民从此站起来了，同时它又是一种宣示，宣示着中国从此是一个独立自主的国家，中国人民从此当家做主成为国家的主人。再如，2019 年习近平总书记在中央红军长征集结出发地——江西于都视察，就是为中国共产党"不忘初心　牢记使命"主题教育作总动员，警示共产党人不要忘了党的初心和使命，共产党人的初心和使命就是以人民为中心、为人民谋幸福，我们要为走好新时代的长征路集结前行的伟大力量。近日，2019 南昌首届飞行大会于 11 月 2 日—3 日在南昌瑶湖惊艳登场，这是江西人民第一次在蓝天上舒展自己的航空翅膀，这也是世界航空家族第一次在红土地上切磋航空技艺，展示世界顶级航空文化，江西航空骄子们没有辜负人民的期待，拿出我国第一架飞机诞生地的看家本领，与世界同行们一道，用 K-8、L-15、AC311、AC313、特技飞机表演单机特技、多机编队等几十种国内外飞行器列队，一起相约南昌、共舞长天，在红土地的上空上演一场"速度与激情"的视觉盛宴，把南昌英雄城人民的航空梦演绎的美轮美奂，把江西人民展翅长空的航空初心与梦想呈现得精美绝伦。南昌首届飞行大会的召开是当代江西人民继续长击蓝天的苦苦追求与渴望和秉承"不忘初心方得始终"的那份坚守，是新时代江西人民对航空事业再发展的一种思变和朝着"航空产业打起来、航空研发强起来、江西飞机飞起来、航空小镇兴起来、航空市场旺起来"航空梦勠力飞行的成功展现，这场大会考量了江西综合的航空能力，对南昌区域经济的发展具有极大的启示与现实意义。

一是传承意义。传承是文化得以源远流长的纽带，也是文化力穿透时光的一种力量，航空文化作为中华民族传统文化与当代科技文化发展融合、凝聚而成的科学文化和社会文化，是传统文化传承而来的新科技文化。南

2019 年 11 月 2 日在南昌市高新开发区航空城南昌首届飞行大会现场

昌是中国航空工业的发源地，是新中国第一架飞机诞生的地方，是航空文化在江西的积淀、发展、传承。江西航空产业要实现高质量跨越式发展，就必须在江西航空文化中积淀，在积淀中发展、在发展中传承，按照省委、省政府提出的"航空产业大起来、航空研发强起来、江西飞机飞起来、航空小镇兴起来、航空市场旺起来"的"航空梦"目标夯实基础、储备力量。

二是科普意义。这次大会是一次难得的科普机会，大会是一个巨大的科普课堂，老师便是来自五湖四海的国内外一流航空理论家、设计者和飞行大师，学员是现场的 10 万余观众和电视剧前的成千上万观众，课程是堪称"视觉盛宴"的开幕式、飞行表演、航空发展峰会和航空飞行器静态展示以及无人机表演，即为线上线下的青少年播种了航空"种子"，也为在场的观众开展了一场航空科普：飞行表演上不仅有 K-8、L-15、AC311、AC313 等飞行展示，还有单机特技、多机编队、机翼行走等特技表演，更有滑翔伞、跳伞、动力伞、热气球等航空运动表演；航空产业发展论坛上，有国产民机创新发展暨南昌航空产业推介会、飞机客改货及民航飞机新技术应用论坛、国产小型航空发动机发展与应用论坛暨 ZF850 发动机交付仪式；航空飞行器静态上，不仅有 K-8、L-15、歼 10、直 10、枭龙等固定翼飞机、教练机、直升机以及军机，有现场设置航空互动、科普、体验展区以及展会配套服务等，还无人机灯光表演秀在艾溪湖湿地公园上空进行。这样的科普课堂鲜活生动、魅力四射、记忆永恒，这样的科普教育有生命力、凝聚力、穿透力、影响力。

三是文化意义。南昌飞行大会是南昌独具特色的航空城市文化名片，这种文化以多机造型编队、同步滚转、向上开花、失速流转、一箭穿心等独一无二的、精彩绝伦的、航空运动表演方式告白万里长空的祖国，以高拟真国产军机模型、国内外多型直升机、多用途通用飞机、水陆两栖飞机、航空体育飞行器等章节讲述飞机"大家族"的航天故事，以航空文创产品展示、航空主题长廊、航空宝贝秀等单元来彰显精彩纷呈的与文化、创意、艺术多元化碰撞融合的航空文化，用与国际特技飞行大师零距离的粉丝见面会、模拟飞行器体验、航空科普大讲堂等互动为观众带来丰富多彩的体验，让更多的通航制造商、运营商、服务商和飞行器拥有者、驾驶者及爱好者在高效的展示、交流、体验平台上，加强航空文化领域全链条全覆盖的合作与交流。

四是产业集聚意义。加速南昌航空产业集聚是江西经济发展的现实要求，也是江西航空经济再次起航的战略抓手。作为新中国第一架飞机诞生地的南昌新"航空城"，正在以全产业链思维快速谋划航空产业"二次辉煌"，中国商飞、适航审定中心、北航江西研究院等国内外一流航空企业、重点研发机构落户"航空城"，加速南昌航空产业集聚效应，推进新"航空城"的竞争力和承载能力不断增强。数据显示：江西投入产出比为1∶10，技术转移比为1∶16，近三年我省航空产业连续保持20%左右增长；今年上半年，全省航空产业实现总收入478.6亿元，同比增长22.7%，全年有望突破千亿。江西用7个月时间完成了总占地面积50平方公里、总投资300亿元人民币的瑶湖机场建设，已有33个项目注册落户，还有30多个项目正在洽谈。

13

2020 年，我眼中那场抗新型冠状病毒战役的"冷"思考

　　自 2011 年去美国留学到 2019 年从乔治·华盛顿大学毕业，儿子的春节都是一个人在美国度过的，去年儿子回国在上海德勤工作，我们一家人终于迎来了久违的春节团聚，并计划大年初二至初六去盼望已久的哈尔滨冰雪大世界、梦幻东北雪乡旅游，一切都安排就绪，这是对孩子、对我、对我们一家多年相望坚守的情感补给，我们计划着这融合爱与希望的团聚，并期待汇合与集结后的重新出发，但一切的一切因为武汉的新型冠状病毒爆发而彻底改变！

　　其实，即便在家里，我的心也一直都牵挂着武汉以及与新型冠状病毒有关的一切信息，基于职业习惯，我全天候地关注着整个事态的发展，从最早 1 月 20 日下午 15：07 分的风云武汉"关于新型冠状病毒，这是来自同济医生的一份最新总结"，到 1 月 23 日，1400 万人口的武汉宣布"封城"，标志着武汉新型冠状病毒蔓延已经到了非常严重的时期，毕竟因疫情把一个千万人口的超大城市关闭，在人类历史上是没有的，在人类城市发展史上也是没有的！任何麻痹大意、掉以轻心都会带来无法估量的损失。面对压力，如果没有中央的正确领导和集中指挥，如果没有民族英雄和有良知的人民站起来维护公道，如果没有白衣战士和解放军的艰辛付出，如果没有无冤

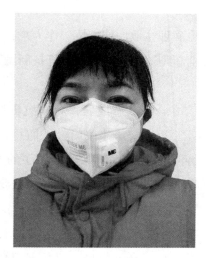

2020 年 1 月 27 日（正月初三）在市委值班

之王——记者们的客观公正的报道，如果没有全国上下的众志成城、共克时艰，谣言猛于虎、疫情猛于虎的局面还将要持续扰乱着疫情的防控。

我一直在心里感恩我们的国家有像钟南山等一批批这样的医学家、一批批白衣战士在疫情前线保卫着百姓的健康，一直在祈祷我们多灾多难的大中华能挺过这一关，一直在期待着人类与医学的奇迹出现！1月25日，习近平总书记在大年初一就主持了中共中央政治局常务委员会研究新型冠状病毒的肺炎防控工作，为我们打赢这场战役吹响了号角，增添了巨大的信心！1月26日，全国各地、各种医药物资从四面八方全面驰援武汉，1月27日国务院总理李克强受习近平总书记的委托，来到了武汉考察指导疫情防控工作，一下飞机直奔收治确诊患者和重症患者最多的金银潭医院，看望慰问患者和奋战在抗击疫情一线的医护人员！

疫情，是一场考验，考验着党和政府，考验着医护和百姓；疫情，也是一面"照妖镜"，照出了人性百态，照出了自私与善良；疫情，更是一条纽带，将全人类抗击病毒的力量都联合起来！1月28日，习近平总书记会见世界卫生组织总干事谭德塞时表明中国共产党和中国政府积极回应各方关切，加强与国际社会合作，相信世界卫生组织和国际社会能够客观、公正、冷静理性地评估疫情。作为来自基层并分管过卫生工作的公务人员，我对当前新型冠状病毒以及做好抗新型冠状病毒后的卫生工作进行一些"冷"思考。

一、众志成城，科学抗毒是打赢新型冠状病毒最有利的办法

重大灾难来临时，人们总是有一个从忽视漠视到过度恐慌再到理性对待的过程，期间被疫情打蒙了的人们会想尽一切办法来自卫，如古今中外的、民间官方的、中西医学的，只要能祛毒，人们会迫不及待地去试用，处在"新型冠状病毒中心的武汉"当然也一样，而且信息披露不精准、各种储备严重不足、疫情极为严重等各种矛盾、非议、谣言、怨气全部集中向武汉发射！好在党中央、习总书记高度重视，及时召开中央政治局会议研究控制疫情；好在钟南山等一批批中华好男儿和巾帼英雄们的逆行来到武汉驰援；好在全国一盘棋，从四面八方来支援武汉；好在国内外医学科学家日夜兼程、马不停蹄的科学研究给全国人民带来的福音；好在举国上下的百姓众志成城，齐心协力地支持配合，抗病毒战役总体上熬过了最艰难的时期，但局部地区的情况还是不乐观，传染的区域越来越多、传染的人员越来越多、传染的谣言越来越多，这两天将出现拐点，也就是爆发期，抗新型冠状病毒战役越打越艰难，科学抗毒、理性抗毒的声音越来越高，也越来越强，这是打赢新型冠状病毒最有利的办法，大家一定要冷静。不管出现什么安全危机，科学地接受医务人员的帮助，理性地做好自我保护。相信党委政府！相信医疗机构！相信社会各界！

二、危及人类生命健康的未知病毒是世界难题，敬重生命、维护生态平衡是世界的共同责任

1. 敬重生命，提高认知，减少对未知病毒的接触。未知病毒是危及人类生命健康的世界难题，目前，全球有170多万种未知病毒，其中大约一半被认为对人类有害，60%以上的传染病都来自于野生动物，无论是埃博拉病毒、SARS、艾滋病，都来自于自然界里的蝙蝠、灵长类动物。我们身边那些已经被驯化了几千年的鸡、鸭、牛、猪等动物都会出现我们未曾想

过的传染病，比如禽流感、疯牛病、猪瘟等，这些病毒天生具有动物间跨种传播的能力，不仅防控难度大，造成的社会损失更为严重。而且，全球防控新型致命病毒的情况不乐观，人畜共患的病毒极有可能是流行病的主要诱因。为此，科学家们提醒、呼吁人们要敬重生命，减少与作为病毒宿主动物的频繁接触，降低病毒对人类健康的危险、威胁。

2. 加强研究，接受挑战，提高人们对未知病毒的认知。人类对病毒的多样性、病毒的生态学及其爆发的驱动因素缺乏了解，削弱了我们应对突发情况的处理能力，2009 年美国国际开发署发起的新发流行病威胁计划旨在从野生动物宿主中发现病毒，并研究导致其传播扩散的生态和社会经济因素，从而降低感染人类的风险。新发流行病威胁计划开发的实验室平台已被证实具备识别新型病毒的能力，该计划已发现超过 1000 种病毒。实际上，全球病毒组计划仍面临很多挑战。如，如何在偏远地区进行安全实地取样，搭建低成本、标准化的实验室平台也是挑战之一，需要实验室的病毒学家、流行病学家和建模者，用创新方法来实地检测病毒－宿主关系的边界。幸运的是，病毒发现步伐在变快，全球病毒组计划可能会加速病原体发现技术、诊断检测和风险规避技术的发展。

三、遵循自然规律，强化法制保障，共同构建人类命运共同体

1. 遵循自然规律，提高应对公共卫生突发事件的科技手段。要挤进高速的世界经济方阵，就必须加快经济发展，而发展经济也必须遵循自然规律，特别是要针对我国是生物多样性丰富的发展中国家，应对公共卫生突发事件的能力相对较弱这一实情，既要遵循自然规律又要遵循人类自身规律，既要给高科技以极大的支持，又要把高科技融合到医学治疗中，提升病毒实验室能力、现场采样和数据生成的能力，提高检测、诊断、鉴定、预防和控制病毒的水平，更要加快疫苗和其他抗病毒手段的开发，给人类健康提供医学保障，为人类健康造福，为共同构建人类命运共同体提供科技力量支持。

2. 科学立法，加大野生动物非法交易的打击力度。人类活动越来越多地入侵到野生动物的栖息地，人类暴露接触动物病原愈加频繁，这导致我

们的生态发生了改变。没有利益，就没有杀戮，法学界早就意识到保持生态平衡的极端重要性，联合国和世界各国早就制定了保护自然资源和野生动物的国际法规，人类对此做出了不懈努力，但过去很长时间，世界部分地区对野生动物的侵犯和野生动物交易非常猖獗，并遭到了自然界的无情报复，如我国武汉的华南海鲜市场里许多商家还一直在非法交易果子狸、蛇、老鼠、貉、刺猬等野生动物，殊不知，这些被非法交易的野生动物被认为是新型冠状病毒的感染源，再加上人类对这些认知能力还比较低，才引发了人类又一场大灾难。为此，还需要加大科学立法，要强化认知，加大对野生动物的杀戮与非法交易的打击力度，维护自然界的生态平衡。

3. 改变恶习，提升人们对自身生命健康的保护能力。改变饮食文化的习惯是第一个环节，但要改变极为艰难，如亚洲、非洲的许多国家，吃野生动物可能是一项延续了几千年的文化传统，要让人们突然改变这种习惯是非常困难的。对于贫困地区而言，野生动物是当地人更容易获得的蛋白质；对于经济发达地区而言，有时候吃野生动物就是一种典型的猎奇心理作祟。据世界卫生组织（WHO）统计数据显示，截至 2003 年 7 月 11 日，从 2002 年开始爆发的 SARS 疫情在全球共造成 774 人死亡，蝙蝠和果子狸被认为是 SARS 病毒的自然宿主，这次在武汉爆发的新型冠状病毒感染的肺炎疫情也被认为是吃野生动物导致的。所以，从生物学和健康学的角度来说，自然界经过无数年的进化，已经形成了物际间的相对平衡，人类站在自然物种的制高点，把吃野生动物这种错误猎取当作食物链上的需求，任性地剥夺其他物种的生存权，破坏了物际的平衡。为此，我们要改变这些恶习，不仅要从国家层面立法，在地方政府层面要严格贯彻落实并从重从严执法，而且要提升人们对自身生命健康的保护能力，提高宣传力度，将科学防毒知识宣传到基层、到社区、到家庭、到每个人身上，提升群众的认知水平。

4. 加强国际合作，提高世界应对公共卫生突发事件的联防联治能力。传染疾病的传染是人类共同的敌人，是不分国界的，对加强如当前武汉新型冠状病毒等侵害人类生存的未知病毒研究与临床运用，既需要党委、政府层面的高度重视，也需要医学、科学的攻坚克难，还需要融入世界文明的协同作战。为此，在保障医学科学主权的大背景下，我们要强化国际合作，拥抱高科技，抢占研究的制高点，提高世界应对公共卫生突发事件的联防联治能力，贡献中国的智慧。

四、从农村、社区做起，提高群众对病毒的科学认知和自我保护能力

1. 基层医疗现状亟待改进。我在基层政府工作几年发现，基层百姓包括城市、农村对经济的强烈追求远远高于对生命健康的追求。可能是时代变了，也可能是全球经济一体化的步伐太快了，人们的意识觉醒和文化自觉远远跟不上经济时代的步伐，人们对自己的生命都无知、无妨或盲从，对病毒又哪来的认知？医闹、袭医事件一直都存在，对医生、医院、医学又哪来的尊重？近期的武汉新型冠状病毒，所有的人在居家隔离，尽量减少外出，而医护人员却义无反顾地成为冒死前行的"逆行者"！天地良心，好在这些有良知的仁者在，因为有他们的身影，人世间才处处有爱！生命才会出现奇迹！他们是才是人间的使者！

2. 让医生应有的尊严得到保障。试问，当生命与道德被异化时，我们的白衣战士们哪有精力研究生命、保障健康？其实，道理很简单，可是现实就这么残酷。基层的医疗知识、医疗人员、医疗设施是远远满足不了百姓对健康的需求，在新建区分管卫健工作的时候，我根据实情，加大了对基层卫生所的建设和医学常识的科普，这在基层极为重要。面对缺医学设施问题，加大村级、社区卫生所的建设力度，这是政府的责任。尽管走全2900多平方公里的路是很远，而且都存在缺人、缺钱、缺地等问题，但我还是多次到全区18个乡镇调研，摸清情况、了解实情，不管多难，都和卫健委、乡镇加强沟通，通力合作、构建机制、出台标准。没钱向财政部门要，没地向土地部门要，没人力资源或高新聘请，或到民间找。基本框架必须搭建好，这是基础、根本、前提，可是要真正推进落实这项工作是极难的，其中的苦也只有一线干过的同志了解！

3. 提高群众对病毒的科学认知和自我保护能力。面对缺医学认知问题，加大农村、社区群众的医学常识、科普的建设力度，这是政府、百姓共同

的责任，但更是一个难题。前几年的文明创建，我们发现了积压了几十年的历史垃圾，我们发动力量清除这些垃圾时，竟然遭到部分社区居民的强烈反对，很多人不理解为什么？再到家里，看到居民的生活环境和个人卫生，谈都别谈对医学的认知问题，个人卫生、家庭卫生都是一个大难题，这些都亟须改变和提高。

在这方面，我特别主张卫生运动，要通过大大小小的卫生运动来影响、推进、改善群众的卫生习惯，唤醒百姓的卫生自觉，这真的很重要，这是政府的责任，也是百姓的责任，这是其一。其二，才是做好群众的健康保健、医学科普。在增进群众的健康意识方面，政府的投入要大，要强化文明健康的风气，卫健部门的方法要对头、要实、管用，要让群众喜欢乐于学习接受。同时，百姓的意识要觉醒，个人卫生、家庭卫生要常态化、科学化、正规化，这是群众自己的责任。

第三部分

Luyuancui

绿 园 翠

1

以"德"为先，推进基层政党协商制度化建设

——2016 年 3 月 10 日在市委统战部主要领导来我区视察座谈会上
的发言

近年来，民盟青云谱区支部大胆创新、奋发有为，在政治协商、民主监督、参政议政等方面取得了一些成绩，先后荣获民盟中央授予的"全国先进基层组织""民盟社会服务工作先进集体"等中央级荣誉 4 项，民盟省、市委会授予的"全省先进基层组织""民盟全省社会服务工作先进集体"等省、市级荣誉 17 项，为丰富基层统战事业的实践探索做出了应有的努力。

一、几点体会

自 2002 年当选支部主委至今 14 年，我就如何做好全区盟务工作做了一些思考探索。目前，有些工作已经步入支部盟务工作的常态化、制度化轨道，有些工作还作为全国基层盟务工作经验推广。如：2004 年启动的"社区和谐共建"活动到今年是 12 个年头，先后有 2 位民盟中央副主席来到洪西社区视察指导。2005 年启动的"党盟座谈会"到今年已是第 11 个年头了，已经发展为探索基层政党协商较为成熟的实践。2010 年启动的"民盟讲堂"，已经发展为提升参政能力、密切"盟群关系"的重要载体，而 2014 年启动的"民盟之家——微讨论"，已经发展为网上参政建言的新平台，等到盟中

2016 年 3 月 10 日在市委统战部主要
领导来我区视察座谈会上的发言

央等高度认可等。结合实践，谈谈几点体会：

1. 以"德"为先。党外人士的"德"就是坚持党的领导，这是中国特色政党制度所决定的，这也是党外人士最基本的政治品格。在具体工作中，我们要把"自觉接受区委的领导和统战部的指导"作为党派建设的"德"来抓，坦诚地说，区委、区统战部对民主党派建设及党外干部培养，可以说是"高看一眼厚爱一分"的。远的不说，仅去年，拨付民主党派经费 4 万元，同比增加 30%，另外还拨付 3 万元的调研经费。在干部的使用上，1 年先后推荐提拔了 1 名县级干部、2 名正科级干部。

2. 以"准"为要。一是选题"准"。区委及统战部选准"十三五规划"课题，组织各民主党派、工商联、无党派人士积极建言立论，即为民主党派建言献策提供了宽阔的平台，也为"十三五规划"的制定提供了政党智慧。二是建言"准"。近年来，我们先后在"科学建设南昌地铁""大力发展公交优先战略""大力发展楼宇经济""加强校车管理""破解'信访'不'信法'难题""建设中国法官教育基地""建设江西现代工业博物馆""关于实施精准扶贫战略的思考"等重大课题上，精准发声，"南昌地铁"'已开通，"公交优先"已实施，"楼宇经济"已繁荣，"校车管理"已规范，'信访'不'信法'

困境已改善,"法官教育基地"已揭牌,"工业博物馆"已规划,"扶贫战略"已重视。

3. 以"为"为上。干部工作是要遵循其内在的规律,减少"拉郎配"式干部安排,做到"成熟一个发展一个",这对党外干部的成长也是有帮助的。为此,党外干部也要遵循"有为才有位"的成长思路,抛去"政策性安排"的传统思维,甩掉"政治摆设"的传统偏见。重视政治定力的建设、政治品德的修炼、干部队伍的整体成长、建言成果的开花结果。

4. 以"和"为贵。"和为贵"不仅体现在政党之间的和谐,还体现在党派与社会各领域的和谐,在充分利用好"民情家访""阳光驿道"两大服务品牌的同时,开拓建立"和谐共建社区""社区民盟讲堂"等服务阵地,让盟员深入到社区,了解民意、体察民情、倾听民声,为实现基层统战协调关系、增进共识、加强团结作出积极的贡献。

二、几点建议

1. 推进基层政党协商制度化建设。政党协商是中国共产党同民主党派的政治协商,《中国共产党统一战线工作条例(试行)》第十二条"中央和地方各级党委应当按照规定程序开展政党协商"的规定,为基层推进政党协商提供了法律上的依据,在具体的统战实践中,区委、区政府也采取了会议协商、约谈协商、书面协商等形式,协商过区委全会上的工作报告等重大问题。当没有制度化、常态化,有些还处于空白,如人大常委会、政府、政协领导班子成员和人民法院院长、人民检察院检察长建议人选的协商,还没有实质性展开或试行。

2. 加大党外人士培养力度。一是提高培养的维度。将"调学"与"挂职"有效结合起来,创新复合式的培养模式,既要选派到教学机构进行系统的理论训练,也要选派党外干部在基层、一线去补课。二是转变培养的方式。将"给帽子"和"压担子"有效地结合起来,珍惜稀缺的统战资源,重视干部解决问题的"五种能力"建设,避免将"统战政策"误当"统战福利",将党的干部政策科学有效地实施好。

3.加大党外人士使用力度。一是重视"一府两院"党外干部的使用。将政府部门、人民法院、人民检察院领导班子配备党外干部的政策落实到实处。二是调整使用的结构。尊重干部的成长规律，变"强行制度性安排"为"干部成长性安排"，成熟一个，使用一个，改变指标式的干部使用模式。三是注重党际的均衡适度。第一，注重业绩，适度均衡。党外干部的使用既要注重业绩，也要注重党际平衡，两者兼顾。第二，突破瓶颈，破解困局。身份问题的瓶颈可以说是目前制约党外人士成长的现实问题，可否开辟一条新的途径，如参照省、市的做法，解决县区主委、副主委享受科级干部待遇的问题，事业单位的党外人士可以参照党内干部一样，解决科级待遇后，参加行政编制的考试等等。

2

政协委员：新时代群众的代言人

政协委员是人民政协的履职主体，人民政协作用发挥在委员，活力展现看委员，事业发展靠委员。新时代要树立新思想，新常态要提出新要求，通过这次培训，我对做一名新时代合格的政协委员有了更深的感悟。

一、始终坚持中国共产党领导，保证人民政协事业发展的正确方向

中国共产党的领导地位是历史形成的，是人民当家做主的坚强保障。中国共产党始终不渝代表人民群众根本利益，始终不渝将人民当家做主作为领导和执政的根本原则，因此，始终得到人民群众的信任、拥护和支持。

作为政协委员，务必坚决拥护中国共产党的领导，做到自觉接受中国共产党领导的政治立场不动摇，自觉与习近平总书记为核心的党中央保持高度一致。清醒地认识到，实行中国共产党领导是包括各民主党派、各团体、各民族、各阶层、各界人士在内的全体中国人民的共同选择，是中国特色社会主义最本质的特征，也是人民政协事业发展进步的根本保证。

二、发挥好协商民主重要渠道和专门协商机构作用，广泛凝聚思想政治共识

政协的协商民主，有利于最大限度地反映各方面利益诉求，有利于最

2015 年 6 月 12 日在市政协专题协商会上的发言

大限度地促进党和政府民主决策、科学决策。可以说，政协的协商民主过程，是发扬民主、集思广益的过程，是统一思想、凝聚共识的过程。鼓励各种意见建议的充分发表和深入交流，使矛盾在协商中化解、分歧在讨论中趋同，从而推动共识的形成和团结的加强。在政治协商的工作中，发挥润物无声、潜移默化的作用。

作为政协委员，在各种履职活动中，应更加广泛地凝聚发展共识、改革共识、法治共识、反腐败共识和价值观共识，做到增进一致而不强求一律、尊重差异而不扩大分歧、包容多样而不弱化主导，不断巩固已有共识，凝聚新的共识。同时，要充分发扬民主，坚持实事求是、追求真理的精神，多提批评和建议。要加强理性思考，全面客观认识和看待问题，站在全局提出意见和建议，言之有理、言之有据、言之有信。

三、用好话语权，发挥正能量，用正确的协商形式展现履职担当

政协议政不行政、献策不决策、立论不立法，是各界人士发表意见、进行协商交流的平台，在协商过程中要敢于讲真话、建诤言，弘扬正气、倡导新风，推动各社会经济更好更快地发展。

作为政协委员，要善于运用好政协的"话语权"。坚持平等协商、互相

尊重，围绕重要决策部署和民生热点开展协商讨论，既畅所欲言、各抒己见，又理性有度、合法依章，努力增进共识、解决问题、促进团结。要善于运用提案方式提出意见建议，切实发挥好提案在政协工作中的独特作用。坚持政协提案不在多而在精的原则，反映情况要准确，分析问题要深入，提出建议要具体，更加注重提案质量。

当前，我们已经进入全面建成小康社会的决胜阶段，迎来了向第一个百年奋斗目标冲刺的关键时刻，政协委员应当自觉肩负起责任和使命，进一步提升履职能力和水平，做一名"懂政协、会协商、善议政，守纪律、讲规矩、重品行"的合格政协委员，不断把人民政协事业推向前进。

3

拓域　将基层政协工作延伸到社区

一、政协委员进社区工作的探索

1. 探索。2003 年，基于参政议政、化解社会矛盾的工作需要，青云谱区民盟界别政协委员在洪都街办洪西社区，开展了简单的"送医、送药"进社区活动，开始了"政协委员进社区听取社情民意"工作的探索。主要任务有二：一是依托政协委员的资源优势，帮助社区困难群众解决一些实际困难，化解基层社会矛盾。二是通过社区平台，收集民意，体察民情，了解社区群众诉求，为党委、政府科学决策提供信息支持。2005—2006 年，区民盟界别政协委员多次与社区群众开展"一对一"帮扶行动，与社区群众建立了深厚的感情，委员进社区工作初见成效，为后期青云谱区政协委员进社区听取社情民意工作的全面铺开并实现常态化提供了实践基础。

2. 演变。2007 年，青云谱区政协委员进社区听取社情民意工作完全进入规范化、常态化轨道。以曾建华主席为班长的新一届区政协班子，清醒地认识到委员进社区，拓宽了基层政协工作新领域的课题价值和提升参政议政能力、化解社会矛盾的社会作用，带领全区政协委员创造性地开展了一些丰富多彩的、富有特色的活动，全面推进青云谱区政协委员进社区听取社情民意工作，丰富委员进社区的内涵。一是，依托政协界别的资源优势，

2007 年 7 月 22 日省政协委员深入江西省青云谱区洪西社区开展"委员进社区"活动

拓宽政协委员进社区的平台。2007 年 1 月 13 日，包括曾建华主席在内的区四套班子领导，出席了区民盟界别委员开展的大型送文化、送知识、送健康、送医送药、送法律"五送社区"活动，300 余社区群众参加了此次活动，掀起了青云谱区政协委员进社区听取社情民意第一次高潮，并坚持到现在，每年的 1 月 13 日，区民盟界别委员都要到社区帮扶，已形成常态化服务模式。二是，发挥委员的资源优势，解答社区群众的诉求。2007 年，区民盟界别委员 7 人利用休息时间，再次来到洪鹰社区与社区群众进行"面对面"的交流，倾听群众呼声，并一一解答群众问题。三是，借助企业政协委员的资源优势，解决特困群众实际难题。2008 年的区"两会"召开期间，区政协组织企业界别政协委员，在会议期间捐款近 3 万元，由 6 个区政协领导带队，深入 6 个社区，把 3 万元捐款分送到 60 户困难群众手中，给困难群众送去政协及政协委员的深情厚意。四是，借助文明创建、民情家访平台，延伸政协委员服务领域。随着文明创建、民情家访的开展，服务范围也进一步扩大，由原来的单个洪西社区延伸到现在的洪西社区、锦联社区、建北社区、曙光社区四个社区，服务人数也不断增加。服务方式由过去的"五送社区"服务模式丰富到现在的解决就业、帮助残疾大学生解决假肢、解决社区公厕等一些实实在在看得见、摸得着的问题，真正成为群众的贴心人、代言人。

二、政协委员进社区听取社情民意工作取得成效

1. 委员进社区听取社情民意工作成绩。一是，提交市区政协提案236件，提交课题16件。二是，接待社区群众500人次，收集社区民意130余条，解答群众诉求86个。三是，截至今日，民盟界别政协委员进社区共开展"五送社区"活动15次，为社区群众免费体检21次，免费体检人员7000余人次，赠送药品6万余元，慰问困难群众170余户，送去慰问金15万余元。

2. 委员进社区听取社情民意工作社会影响。区政协委员进社区听取社情民意工作取得极大的社会效益。一是，得到了主流媒体的热捧。《人民日报》《人民政协报》《团结报》《江西日报》《光华时报》《南昌日报》、江西电视台、人民网、全国政协网、民盟中央网、中央统战部网、大江网、江西政协网等13家中央、省市媒体都对青云谱区政协委员进社区、青云谱区民盟界别委员和谐共建社区活动给予了积极的报道。二是，得到了全国政协、民盟中央、江西省政协、民盟江西省委、南昌市政协、南昌市委统战部、民盟南昌市委以及青云谱区委、区人大、区政府、区政协领导的充分肯定。全国政协常委、民盟中央副主席李重庵亲自专题来到洪西社区视察民盟委员进社区与社区和谐共建情况，并给予高度评价。

三、政协委员进社区听取社情民意工作的几点思考

我一直想做关于"委员进社区"课题。坦诚地说，"委员进社区"课题意义主要在：一方面，可以让委员到社区接"地气"，既可以收集第一手资料，了解基层百姓的疾苦，又可以丰富委员的基层工作阅历，提升委员参政议政能力；另一方面，利用委员这个矛盾"缓冲带"，化解社区矛盾，为构建和谐社会做出积极努力。但还有几个问题值得我们冷静思考。

1. 制度化建设问题。"委员进社区"要实现制度化，明确定位委员进社区是"为民请愿"，目的是做群众的代言人、贴心人。同时，建立委员联系制度、社情民意反馈制度和落实制度，解决制度的系统化问题。

2. 实效性建设问题。实践中，群众的诉求很难由委员完全解决。很多时候，取决于党委、政府对社情民意的重视程度。所以这个实效性有多大，还有待于研究，但委员的使命感与责任感的高低一定决定社情民意的解决的快慢程度。

3. 常态化建设问题。经费的支撑，群众的拥护，是委员进社区取得实效的根本保证。要有经费，就必须要有政府的理解与支持，而委员进社区取得实效又是政府的理解与支持的基础，所以，要正确处理好这二者的关系。同时，落实社情民意常态化建设问题，是否也要建立奖惩机制，还有待研究。

4

甲子荣耀 集结再出发

值此进贤县民盟组织成立 60 周年之际，我谨代表民盟南昌县总支、民盟新建县支部、民盟青云谱区支部、民盟青山湖区支部、民盟湾里区支部向会议致以热烈的祝贺，向出席会议的各位领导、各位盟员代表并通过你们向民盟进贤县的全体盟员致以崇高的敬意。

自 1949 年成立以来，进贤县民盟组织在民盟省市委和中共进贤县委的坚强领导下，在社会主义革命、建设和改革开放三个不同历史时期，用"有革命传统，有切实知识，有正直作风"的民盟传统，坚持并捍卫了中国共产党领导的多党合作和政治协商制度，在"长期共存、互相监督、肝胆相照、荣辱与共"十六字方针的指导下，与中国共产党风雨兼程，共同走过了 60 周年！

60 年的风雨，60 年的峥嵘，60 年的辉煌！进贤县民盟组织在朱啸秋等老一辈民盟先驱的精神滋养

2009 年 11 月 10 日在江西南昌进贤民盟总支换届大会上致辞

下，特别是新时期、新阶段，在民盟进贤县总支领导班子的感召和影响下，在参政议政、民主监督、组织建设、服务经济、和谐共建等方面都取得了可圈可点的骄人成绩。这些成绩不仅可以告慰我们的民盟先驱——薪火得以传承，也可以激励我们的民盟后来者——辉煌得以共创。应该肯定：进贤县民盟组织的建设，是我们兄弟县区民盟基层组织建设共同学习的楷模。在此，我代表兄弟县区民盟组织对进贤县民盟组织所取得的优异成绩和作出的突出贡献表示由衷的敬佩和热烈的祝贺，并祝愿你们在今后的工作中取得更新的成绩和更大的进步！

下面，请允许我以代表的名义，向建盟之初为中国共产党领导的多党合作事业作出巨大贡献的民盟先驱们鞠一躬，以表我们深深的怀念之情和感谢之意，更要向在座的各位领导和盟员深深鞠一躬，以表我们的感激之情，是你们的坚强领导和鼎力支持，我们民盟基层组织建设才得以蓬勃发展。同时，我们更坚信，进贤县民盟组织在践行"出主意、想办法、做实事、做好事"和"努力建设面向 21 世纪高素质参政党"的同时，切实结合本县的县情，积极建真言，献良策，做中共进贤县委的诤友，努力围绕县委、县政府的中心工作，在建设"工业优强县、产业特色县、生态绿色县、和谐文明县"伟大事业中大有可为，更有作为！

最后，我们真诚地祝愿进贤县民盟组织在今后的日子争取更大的辉煌。

恭祝各位身体安康、诸事顺意、事业辉煌！

民盟南昌县总支、民盟新建县支部、民盟青云谱区支部、
民盟青山湖区支部、民盟湾里区支部（共贺）

2009 年 11 月 10 日

5

映日荷花别样红

按照党的十八届四中、五中全会精神和中央"八项规定"、反"四风"建设的要求，现将 2015 年来履职和廉政情况汇报如下：

一、重学习，用理论逻辑贯穿工作实践

1. 网上、专题学习。参加"江西干部网络学院""南昌干部在线学院"学习，共获得 100 学分。参加全省"三严三实"专题教育部署会暨专题党课以及江西省"三严三实"专题教育展览及 8 次全区"三严三实"专题教育集体学习会。

2. 选调学习。参加市委党校 2015 年春季学期培训班、浙江大学"南昌市政协常委、界别召集人暨宣传信息员培训班"、上海财经大学"南昌市党外中青年领导干部高级研修班"。

3. 市区级学习。一是市委举办的《制度自信与中国崛起》专题讲座、市委政协会议、南昌市领导干部春节法制讲座、南昌市领导干部学习贯彻党的十八大四中全会精神集中培训班学习、加强领导干部依法决策机制建设、市委中心组（扩大）互联网舆论引导能力建设专题报告会等。二是市政协举办的中国书画艺术欣赏与运用、诚信文化与三严三实、民族宗教业务培训等。三是市委统战部举办的"学习全国'两会'精神讲座。参加区委中心组（扩大）专题学习会、学习贯彻十八届四中、五中全会精神专题会议、区政协

主席讲党课活动、区政协第三期政办大讲堂等。

二、勤工作，用勤奋劳动提交组织答卷

1. 区委交办工作。一是先后出席市、区政协"兴家风、淳民风、正社风"履职活动等，省、市、区政协会议及区委、区政府会议 50 余次。二是民情家访、阳光驿道和委员进社区工作。帮助 2 名群众实现"微心愿"，接待 6 批次 30 余名群众的群众诉求，4 批次参加"阳光驿道"走访活动汇报会暨重大重点工作例会等重大重点会议。

2. 区政协分管工作。一是大监督，实现民主监督常态化。第一，深化区政协协商民主"半月谈"工作机制。研究制定《2015 年度青云谱区政协协商工作计划》，协助区委、区政府、区政协主要领导督办《关于教育与城市建设同步发展的思考与构想》《关于大力发展青云谱区电子商务的建议》《关于打造梅汝璈故居独一无二的法律文化产业项目的建议》等 5 件重点课题，制作了"发出好声音 促进新发展"成果汇报片，组织委员们参与区委、区政府关于"十三五"规划的协商讨论。第二，深化"八个一"特邀监督员工作。召开了 2015 年"八个一"特邀监督员动员会、经验座谈会和总结会，对 21 个部门和 63 名特邀监督员工作进行了考核，先后推荐了 80 多名（次）委员参加了区有关部门、单位的座谈会、听证会、评议会、民主测评、专项检查、案件庭审等活动，出版了《民主监督工作专辑》2015 年版。第三，深化重点提案督办工作。协助区委、区政府做好了《关于在我区基础设施和公共服务领域积极推广 PPP 模式的建议》《关于加强微时代青云谱宣传力度的建议》、《关于推进法治青云谱建设的建议》等三大课题的督办。第四，法制社团教科文卫体工作。协助做好区普法依法治区暨"六五"普法督导工作，支持公安局、区检察院、区法院、区司法局工作，加强教育科技体育局、卫生局、文化广播旅游新闻出版局、京山街办政协小组和区工商局等对口单位的联系，参加全区 2015 年教育工作会暨教师节庆祝等活动。二是大调研，实现参政议政工作的制度化。第一，市级层面。参加了市政协推广政府与社会资本合作 PPP 模式、培植县域特色产业扶持政策、南昌市社区矫

正安置帮教工作等课题调研，并形成了《加快 PPP 模式试点探索　支持县区先行先试》《加强 PPP 模式建设　破解"玻璃门"难题》《发挥 PPP+ 融资在培植全市县域特色产业中的"造血"功能》3 个调研报告。第二，区级层面。协助区委主持江西法官教育基地、江西现代工业博物馆、汪大渊航海文化、走集团化青云谱区文化道路、青云谱区国地税调研联合办税等课题调研，并形成相关调研报告。同时，主持区政协"关于推进我区智慧校园建设的对策研究"等 9 个发言课题和"走文化产业集团化发展道路"等 28 个课题的调研工作。到天津、沈阳等 6 个老工业城市调研了中国现代博物馆等 16 个博物馆建设工作，推进江西现代工业博物馆馆藏征集工作，已整理收集 116 家企业单位资料档案、工业老照片、报刊等 1300 余份；采访了青云谱区历任老领导、导弹专家、老同志等 50 余人，录播了 6 集"我们的工业记忆"专题片；完成了在青云谱区建设江西法官教育基地的课题成果转化工作，并得到了最高人民法院的重视，先后 4 次来我区调研中国法官教育基地课题。12 月 21 日，"江西法官教育基地"获江西省高院党组批复；完成了汪大渊航海文化课题调研，形成了《赴泉州考察元代航海家汪大渊的调研报告》，得到市政府、区委、区政府高度重视，共同推进汪大渊城市名片的建设。三是大建言，实现政治协商工作的科学化。第一，省级层面。在政协江西省第十一届 3 次会议上，向会议提出"打造中国法官教育基地的建议"的发言，得到省长鹿心社的重视及点评。第二，市级层面。在政协南昌市第十三届 5 次会议上，"打造中国法官教育基地的建议"获得人民网专访，在市政协推广政府与社会资本合作 PPP 模式等 3 场专题协商会上，《加快 PPP 模式试点探索 支持县区先行先试》等 3 个发言得到周关主席的重视与点评。第三，区级层面。主持了区政协协商"十三五"规划建议稿座谈会和区政协八届六次会议"聚焦十三五实现新跨越"建言献策大会。四是大创新，实现文史宗教信息成效化。第一，深化文史工作。协助做好《调研成果汇编》等 10 余本文史资料汇编工作。第二，启动宗教工作。首次召开青云谱区政协民族宗教工作会议，参加市政协召开和举办的民族宗教业务培训，先后到中国佛学协会、江西省宗教局、宜春佛学协会等地开展民族宗教工作调研。

第三，提高信息宣传工作水平。先后制作"发出好声音促进新发展"成果汇报片和"日出江花红似火"2015年政协工作汇报片，全年组织完成了在人民网、江西电视台、《光华时报》、南昌电视台等各级

2015年12月5日赴天津市五大道博物馆调研

新闻媒体共发表《加强党委对基层协商民主建设的领导》等178篇文章（其中，中央级1篇，省级55篇，市级17篇，电视29条，区级71篇）。

3.协税护税工作。一是协助王强组长做好全区税源经济综合管理改革试点工作，协助做好街道、镇、园经济办人员配备及系统信息录入协调工作。二是推进2015年度街道、镇、园财税收尾工作。三是做好全区"新、大、难"企业调研摸底工作。

4.民盟工作。2015年民盟区支部荣获民盟中央授予的"民盟社会服务工作先进集体"，民盟南昌市委会授予的"先进基层组织"等集体荣誉。同时，本人荣获全省优秀政协信息工作先进个人、全省优秀盟员等多项荣誉。一是思想建设。举行民盟区支部"合作共事研讨会"、学习了民盟中央"关于基层组织建设"的重要精神、参加了区委纪念中国人民抗日战争暨世界反法西斯战争胜利70周年宣誓活动、盟市委纪念中国人民抗日战争暨世界反法西斯战争胜利70周年讲座等活动。二是组织建设。先后迎接民盟中央王暑京一行、张雨斌一行来区视察盟务工作，举行青云谱区第九届党盟座谈会，走访慰问了刘克钦等5位老盟员，参加市委党校2015年春季学期培训班、南昌市党外中青年领导干部高级研修班，推荐程兰等6名政治素质好、作风正派、学有专长、富有生气的青年同志入盟，参加中国民主同盟南昌

市第十三次代表大会，并当选民盟南昌市委副主委。三是参政议政。开展民盟区支部2015年"提案征询月"活动，支部共提交提案23件。集体提案8件，个人提案15件，向省、市政协提交3件提案，提案《打造中国法官教育基地》获人民网做专题采访，并获鹿心社省长的点评与重视，12月21日，在梅汝璈故居——青云谱区朱桥梅村建设江西法官教育基地获省高院批复。分别采访解思斗、肖永政、万先勇、朱志群、张录光等历任书记，并分别走进江西拖拉机厂采访涂烈周文臣、李金楼、赵志坚、邹道荣等人，走进洪都集团采访导弹、飞机、摩托车等领域专家。四是社会服务。协助民盟省、市委会深入洪都街办洪西社区慰问特困居民10户，参加赴SOS儿童村开展"小手牵大手 共建和谐美好洪城"爱心奉献活动，开展"学雷锋·孝行天下——'清洁庭院 美丽晚年'"义务劳动，走访新街社区4名老党员、困难群众，陪同盟市委在我区洪西社区调研社区网格化建设工作，先后联合民盟省、市委在三店街道文化中心开展"岁岁重阳今又重阳"健康老龄知—信—行讲座咨询活动，在凯德广场举行"关心居民健康 共建和谐社区"慈善义诊活动。五是信息宣传工作。在省级刊物发表《推进政府与社会资本合作PPP模式》《政协三维视角：合拍共振 连心》《坚定脚步，做一名俯仰无愧的党外干部》《推动新兴产业集聚 实现产业转型升级》等5篇文章。六是创新工作。建立首个党外微信平台——"民盟之家"，先后开展了"扬成语魅力秀盟员风采"迎新春成语接龙、"逐梦——守得云开见月明"等专题微讨论活动。同时开展了民盟社区讲堂活动，先后举办了修身与合作、急救知识讲座等多场社区讲堂活动。

三、守本分，用三严三实指导廉政行为

严格按照中央纪委"八项规定"、反"四风"建设的要求，自觉做到"学习勤奋、思想纯洁、工作有为"；严格按照"三严三实"和《廉政准则》要求，恪守自身行为，树立公仆意识和全心全意为人民服务观念，正确对待个人的名和利，做到信念上不动摇，思想上不褪色，自觉接受党组织和群众监督。

6

落叶归根　是一切生命对大自然土地的深情

——2019 年 4 月 20 日写给海外留学孩子的一份家书

崽崽：

见字如面！

你知道吗？孩子，妈妈特别羡慕你们和你们所处的这个充满阳光、充满生机、充满活力的时代。在这个"地球村"时代，No matter where, no matter what time，你们都可以第一时间随手拿起微信与家人视频对话，不用像妈妈那个时代人一样，写信并贴上邮票，再眼巴巴地等待回信。你们都可以第一时间点击 QQ，传输你们的学习资料，不用像妈妈那时代人一样，要向爸妈恳请买学习资料。如果没有，就借同学的，然后抄个通宵。时空对于你们来说，不再是遥远的将来，而是放在眼前，你们是不是太幸运了。

当你还是不到 14 岁的懵懂少年时，你可以按照自己的心愿赴美留学，这对妈妈来说是想都不敢想的事，但在你的身上实现了。你是一个有梦想的少年，也是妈妈的骄傲。但正是你小，妈妈一直牵挂你、担心你。

这种牵挂是与生俱来的，非常朴实的情感，当你将来为人父为人母时也会有的。但妈妈内心深处更担心你，担心你的安全，当然包括你的生命安全和习惯养成安全，担心你的价值观，担心你的学业等等。

虽然妈妈可以随时与你联系，但因时差和工作的关系，我们母子俩也不可能时时通话、时时相谈。所以，妈妈特别想知道你在漂洋过海之后还习惯吗？习惯当地的日常和饮食吗？有时，妈妈也常常自我安慰:都七八年了，应该早就习惯了吧。但妈妈只是想让你多听听妈妈的唠叨，只是担心你坐飞机、开车的时候会不会走神，所以妈妈只有在接到你的微信时，才安心。如果几天没见你的信息,我的所有神经都会紧张起来,直到你在微信里问"怎么了？"才安神。

虽然你在要求出国之前跟妈妈说 :"我们家，根正苗红，不会有什么事的。"但妈妈总是担心你忘了根、忘了本。你一个人在异国他乡，没有了日常的母体环境，再也不能和国内的孩子一样，学国文、读诗歌，你可知道，这是我们的古人对世界的闻名的巨大贡献，也是世界人民的宝贵精神财富。所以妈妈只要能接触这方面的文章都会发给你，都希望你认真品读，在祖国文化大厦里，品尝中文的魂、中国文化的精髓，永远别忘了你的根在中国！妈妈经常将自己的日常以短信的形式发给你，让你了解祖国的大好形势！了解国内的经济、政治、社会、文化、生态等方面取得的巨大成绩以及妈妈工作中的收获。就是想告诉你 :祖国现在形势大好，正在向国家复兴的征途迈进。孩子，事业是拼出来的，你学成之后，尽快回来，和妈妈一起来建设我们自己的家园地。只有把自己的国家建设好了，我们在世界的版图里才有话语权，中国才真正会强起来，国家建设需要你以及你的同辈们这样的年轻人。

当然你只是把你在国外的优异成绩发给我，让妈妈宽心。但妈妈只是担心你会荒废学业，妈妈只是习惯性地认为你到大洋彼岸之后，再也不能日常地受到妈妈对你的学习监督，你会不会因贪玩耽误了学习？为此，妈妈不断地学习，用自己的实际行动来影响你，与你在微信中分享学习收获，同时也将自己的困难一股脑地发给你。学习也和工作一样，没有永远的常胜军，也会遇到挑战,这也是一种意志的考验,希望你在遇到困难时，不要退却，不要失去斗志！困难与挑战会同我们相随相伴，靠我们去解决、去克服、去战胜，只有经历过风雨，才能拥有彩虹。孩子，当你说你想到哥伦比亚大学去读硕士，需要工作1~2年，征求我的意见时，妈妈当然希望你在学校完整、系统地接受从本科到博士的学习，因为妈妈太清楚，当人走进了社会，再想要静下心来读书有多难！但当你说只有实践之后才能考更好的学校时，妈妈也默认了。但妈妈还是希望你要博学，不能抱着专业不放，要有学术态度、要正直、勤奋。记住，大凡成功人士，都是有理想、性格阳光且博学之人。所以妈妈经常转发一些成功的故事给你，多次跟你说："你要正直、善良、勤奋。"妈妈也把这句话作为标配留给自己，作为自勉。

崽崽，妈妈一直从事为百姓服务的工作，并在工作中得到快速成长。这途中，有艰苦、有失败，但更多的是收获。妈妈常常带着泪水奔跑，因为艰辛，所以常常与泪水相伴；因为不能停止，所以再苦再累也要继续奔跑。虽然有这样那样的困难，但妈妈认准两件事：那就是与"与人为善"和"与事相向"。"与人为善"就是真诚地对待身边的人，不管他（她）对你有没有恩，要知道他们就是我们服务的对象，也是我们的衣食父母，我们不但要为他们服务，我们还要为天下的人服务，我们服务的对象越多，我们的舞台就越大，我们的世界也就越宽。"与事相向"就是要遵循事物的客

2019 年 4 月 20 日写给海外留学孩子的一封家书

观规律，万事万物都是有关联的、都有自身的规律。所以工作上要把握这个规律，要相信古人的智慧，要多读经典，这种经典包括古今中外的先贤理论。要大胆去实践，要明白实践出真知的道路。具体来说：如果你将来工作了，要总结分析形势、研究个案、要善于向领导学习、向实践学习、向同事学习。

要有独特的思考能力，也要有辩证的思维和法律思维，要有一个正确的判断。任何事物不能停止在底线思维上，要严格要求自己，不要计较一时得失。记得妈妈跟你说过的话吗？"人在做，天在看。"努力了，就会成长！

孩子：妈妈把自己经历过的艰辛也告诉你，就是想让你知道，妈妈不仅仅只有光鲜，背后的苦与痛也同时存在。就是想告诉你：不管是谁，都会经历"三起三落"的事。我们的古人说"胜不骄、败不馁"就是这个道理。希望在你日后的学习、工作和生活中，要记住这个社会规律、成长规律。

好了，啰啰嗦嗦，一讲又到了深夜，也不知道自己讲清了没有？也不知道你午睡醒了没有？估计你会很奇怪，妈妈平时用微信发内容给我，今天怎么写这么长的信？是的，过去用微信写东西发给你，其实那也是写信。但那是时代意义下的信，是科技视野下的写信形式。妈妈用纸质形式写信给你，既是妈妈在市委党校的一种学习形式，更让妈妈回到了年青时代，我们的那个年代就是用这种方式写信的，好留念那过去的时光！

因为你是刚刚升起的太阳，所以在即将止笔之时，妈妈就用最通常的一句话送给你作为结束语，"Where there is a will, there is a way！"

致

礼！

妈妈（夜深留语）

2019 年 4 月 20 日

7

不竭的源头　永续的活水

"问渠哪得清如许，为有源头活水来"。2018 年 9 月 10 日—9 月 16 日，我参加了为期一周的南昌市人大代表第二期履职培训班学习，在山东青岛接受来自全国各地的不同思想，学习了《如何履行好代表职务》《新时代坚持完善人大制度的新高度》等鲜活的专业知识。理论教学广泛包容、深入浅出，现场教学开明宽阔、思想活跃，我们先后考察了市政设施建设多个项目，增长了见识，丰富了头脑，此次培训既是思想的盛宴，也是精神的洗礼；既是工作方法和路径的指导，也是履职压力和责任的传递。为做好日后的履职，提供了源源不断的活水，增添了无穷尽的力量，给予了全新的认识。回顾一周的培训，我也是收获颇多、体会颇深，尤其是我作为一名省人大代表，对如何履职有了，主要感受如下：

一、持续学习是不竭的源头

学习是一种习惯、一种能力、一种情怀，也是做好一切工作的不竭源头。人大代表履职更需要有极强的学习能力，才能掌握国家的大政方针，明确履职的方向，打开工作的思路，理解群众的疾苦，懂得问题的解法。为此，作为人大代表要善于将学习武装自己的思想，与时俱进、思路创新，不断提高履职能力和水平。一方面要主动学习新时代习近平中国特色社会主义思想，坚守政治站位、牢固树立"四个意识"，紧密团结在以习近平总书记为核心的党中央周围，坚决维护中国共产党的领导；另一方面要认真学习人民代表大会制度、《宪法》和有关的法律法规，学习中共十九大精神和人大依法履职的相关法律和规范文件，了解人大基本制度理论，掌握人大的议事规则和工作程序。通过系统学习，不断增强政治敏锐能力和政治鉴别能力，提高思想理论水平，为履行好代表职责打下坚实的理论基础。

二、为民服务是永续的活水

为民服务是我们工作的永恒宗旨，也是我们做好工作的永续活水。密切联系群众，既是对人大代表的工作要求，也是对领导干部的一贯优良作风要求。人大代表是政府和人民群众的桥梁和纽带，只有在思想上尊重群众，才能在执行代表职务中真正地代表群众。特别是在县区工作的人大代表，来自于基层，更多的接触基层，更加要始终坚持为民服务宗旨，做到人大代表为人民发声，为人民谋利，牢记人大代表肩负着选民的重托，代表着广大人民群众的根本利益。深入人民群众，听民意、聚民智，更好地知情明政、参政议政，为群众代言立行。

2018年9月14日在青岛参加南昌市人大代表第二期履职培训班学习

三、责任担当是渠水清如许的屏障

做好本职工作，是当好人大代表的立身之本。我作为一名区政府领导干部及民盟界别的人大代表，更要从严要求自己，自我加压、严于修身、严于律己，切实履行好一岗多责。既要成为区政府工作业务上的行家里手，致力成为实在实干、善做善成的优秀领导干部，又要做一名让民盟放心、让人民满意的优秀人大代表，以本职工作推动代表工作更进一步，以代表工作促进区政府工作、市民盟工作再上台阶，不负代表使命，不辱政府声誉，不负盟员称号。

我将一如既往秉承"人民选我当代表，我当代表为人民"的理念，不忘初心、牢记使命、担当实干，为做大做强做优大南昌都市圈，为共绘新时代江西物华天宝、人杰地灵的新画卷作出应有的贡献！

8

新思维　新情谊　新动能

——2019年11月25日第6期省市社会主义学院专职教师培训班发言稿

弹指一挥间，我们一起"同生活、同学习、同考察、同思考"15天的欢乐时光今天就要结束了。在当前各项工作任务十分繁重的情况下，我们能有幸参加本期师资培训班，的确要感谢省社院和各地统战部的精心安排，要感谢中央社院、省社院、湖南省社院以及各大高校的领导、专家、教授的精彩授课。短短的15天，我们在省社院，不仅吸取了新时代最新前沿的理论营养，启迪了我们做好当前江西统战干部教育培训的新思维，而且在课堂、校外、基地，在参观、讨论、发言、诵读、唱歌、交流中，我们厚植了来自四面八方同学间的浓浓情感，更重要的是坚定了社院教师的政治信仰，厘清了"不忘初心、牢记使命"主题教育、十九届四中全会精神、社会主义学院发展的脉络，凝聚了政治共识、碰撞了学术火花、找到了"用学术讲政治"教学技巧，提振了社院教师教学的新动能。

一、吸取理论营养，启迪新思维

我们不会忘记这次培训中专家、学者的高规格、高水准、高水平的精彩授课：省政协副主席、民盟省委会主委、省社院院长刘小庄《凝聚共识，开创新时代伟业》，为本次师资班成功举办谋好了篇、开好了局；中央社院吴剑平《社会主义学院工作条例》、省社院胡志平《第三次全国社院工作会议精神》，从宏观上对统一战线理论政策和社会主义学院工作进行了深刻的解读与传达，就统一战线人才培训了进行新部署、提出了新要求，为社院教育培训提供了政治遵循、指导了教学方向、梳理了培训思路；湖南社院周述杰《习近平新时代中国特色社会主义思想解读》、省委党校李志强《中国特色社会主义制度的确立与国家治理体系现代化》和黄世贤《描绘好新时代江西改革发展新画卷》、江西师大周利生《壮丽70年，奋斗新时代》、湖南师大朱翔《宏观经济形势与湖南经济社会发展》，把党的领导贯穿一切教学活动始终，有效提升统一战线教育培训针对性和有效性；第二届"和文化"论坛、中央社院于铭松《中华文化要义与文化自信》、江西师大梁洪生《江西历史文化丛谈》、湘潭大学周批改《毛泽东调查研究方法》、湖南社院许烨《习近平总书记关于宗教工作的重要论断解读》，突出"大统战""大文化"双重视角，为积极探讨文化共识、坚定文化自信、促进政治共识提供了理论支撑；省社院李荣祥《关于全省社院系统2020年精品课比赛的说明》、省社联刘志飞《任何申请课题》，从方法论和工作路径提供了学术和政策支撑。这些专家学者的授课紧扣时代脉搏、紧跟形势变化，既有深刻的学理分析，又有鲜活的案例剖析，为我们进一步解放思想、转变观念奠定了理论基础，开创了新境界，启迪了新思维，推动了新发展。

二、创新教学模式，厚植新情谊

在这里，来自全省各社院31名学员共聚一堂，在省社院"多维"红色教学创新模式的框架下，共同学习，碰撞思想，共同进步，其乐融融，既良好完成了学习培训任务，又保证了井然有序的培训纪律；既坚定了理想信念，又厚植了浓浓的同学友谊。一是将红色基因传承与思想政治建设有机结合起来。在韶山毛主席铜像广场，学员们敬献花篮、诵读毛主席诗词、高唱革命歌曲、瞻仰毛主席旧居、聆听毛主席特殊的父子深情故事，并随后瞻仰了刘少奇旧居，在一段段感人至深和一件件浸染着革命热血的物件面前，同学们真切地感受到了大无畏的革命精神和新中国的来之不易，表现出高度的政治自觉和行动自觉，进一步强化了政治意识，坚定了走中国特色社会主义道路的信心决心；二是将红色教育与考察最新

2019年11月20日第6期省市社会主义学院专职教师培训班在湖南韶山现场教学

高科技有机结合起来。在南昌红色记忆展示馆,参观红旗源、红旗谱、红旗颂、红旗扬四个主题宣传展示，一幅幅革命图片、一件件历史文物，唤醒了我们的红色记忆。在世界VR产业大会科技馆,参观江西VR十5G创新展示中心和南昌VR主题乐园,感受到VR给现代生活带来的新产品、新业态、新模式，了解VR、5G、人工智能、大数据、云计算等新技术在航空航天、智能家居、影视文化、教育医疗等行业的智能应用。三是将创新学员论坛与成果交流模式有机结合起来。如何做一名合格的社院老师是学员论坛、分组讨论的核心主题，在分组讨论时，全班两组学员都能够结合自身工作实际，将理论与实践紧密结合在一起，自觉以新理论诠释工作中存在的一些现象和问题，真正做到了知行合一；在学员论坛时，11位同学从全面把握干部教育培训新要求不断推动社院工作新发展、新时代如何做好一名社院教师、"八有"教育心得等11个主题演讲入手发表演讲，11个课题观点突出，主题鲜明，视角独特，有思考、有价值、有见地；在成果交流时，10位同学从历史、现在、未来中坚持和完善中国特色社会主义制度、关于调查研究方法心得体会等10个主题出发，坚持问题导向，敢于直面问题，提出了改进工作思路、提高解决问题和提升教学水平能力的一些建议、意见，同学们知识渊博、语言生动、案例鲜活，交流有问题、有分析、有对策，集体展示了全省社院系统教师的整体综合能力，整个培训生动活泼，张弛有度，

培训效果显著。四是将班级管理与服务学员有机结合起来。在整个学习过程中，一切从高标准、严要求出发，实行全脱产、半封闭管理。班委的政治性、主动性、凝聚力强，这里要特别感谢班主任老师和省社院的几位老师，他们以身作则做好了学习示范，也要感谢叶腾芳、肖彬、方惠源、方丽、冯涛等几位同学，他们那种主动服务意识和热心助人精神也深深感染了大家，大大增进了同学间的浓浓深情。同时，学员们自觉遵守培训班的学习纪律，自觉维护教学秩序，积极克服工学矛盾，也保证了整个培训效果。

三、增强学术本领，提振新动能

一是增强政治领悟能力。社会主义学院作为中国共产党领导下的统一战线性质政治学院的属性决定了社会主义学院老师政治属性要求，增强政治领悟能力，保持自身的政治纯洁性，坚定做马克思主义思想理论的实践者、传播者，深入学习贯彻党的十九届四中全会精神和习近平总书记在江西视察时的重要讲话精神，推动工作改革，提振新动能，争取为坚持和完善中国特色社会主义制度、推进国家治理体系和治理能力现代化提供源源不断的社会主义学院智慧。

二是提升学术研究和教学水平。牢记"用学术讲政治"的教学要求，学习领会毛泽东的调查研究方法，提升自身的科研能力和教学水平，结合本地区、本部门的培训需要，拓展新视域，创新新模式，努力培养一批又一批符合国家建设和中国政党制度建设的又红又专的统一战线人才和共产主义事业的接班人，为巩固和发展新时代爱国主义统一战线作出社院贡献。

三是注重师德的自我培育。为人师表是每位老师应有的基本品德，在本次培训中大家多次提到老师"一桶水与一碗水"的关系，要给人家一碗水，必须自己有一桶水，为此，学习便是我们绵绵不断的"蓄水池"，要提振自己教学新动能，就要加强学习，在自觉学习、深入学习上下功夫，珍惜学习成果，将培训班成果加以深化不断发力，努力蓄满"一桶水"，并在今后的教学工作中毫无保留地倾注到具体教学中去，进一步提升社院科研教学水平。

9

四季争春喜收获

2015 年，区政协在加强信息宣传工作方面作了一些探索和实践，并取得一些成绩。全年在各级新闻媒体共发表文章 178 篇，其中：中央级 1 篇，省级 58 篇，市级 18 篇，电视 30 条，区级 71 篇，这是一个令人满意的成绩，缘起因是一年四季都忙于"争"。

一是争取重视。积极主动向区委、区政府主要领导汇报政协宣传工作，获得区委、区政府对政协宣传工作的重视。第一，每年年初，向区委、区政府汇报全年的政协宣传计划，特别是中央、省、市"两会"期间，第一时间汇报中央、省、市媒体对我区重要课题和大会发言的精彩报道，争取区委、区政府对政协参政议政成果的高度关注。如，去年《关于打造中国法官教育基地的建议》的提案，在市政协的安排下，获得了人民网、中国新闻网的采访，区政协迅速将这一成果向区委、区政府主要领导汇报，并将这一宣传成果提炼成全国人大代表建议案、省人大代表建议案以及省政协提案在省人大、省政协联组会上发言，得到了鹿心社省长的点评与重视，终于在今年 1 月 13 日于国际大法官梅汝璈故里——青云谱区朱桥梅村启动"江西法官教育基地"揭牌仪式，高效地实现了课题成果的转化。第二，每年年初，向区委、区政府呈送《人民政协报》《中国政协》《光华时报》和《南昌政协》等政协报刊，争取区委、区政府对政协工作的了解、熟悉、理解，

2016 年 1 月 10
日区政协文史编制册

梳理、编辑政协一些的重要理论和重大时事呈送上报，如党的十八大"关于社会主义协商民主"理论、历年各级"两会"精神、"两会"热词和各级党委政协工作会议精神，并将这些理论与精神融入到当年的政协工作中去。第三，定期遴选一些好的主题，如"坚强党对协商民主的领导"和"将协商民主全方位融入到政府工作中"呈送给区委、区政府领导，并争取上级媒体的约稿，及时将区委、区政府领导的理论成果在上级媒体发表。1 年来，区委胡晓海书记、区政府孙毅区长以及政协曾建华主席均在《人民政协报》《光华时报》上发表理论文章。第四，邀请区委、区政府领导参加区政协的视察、大会发言、协商民主"半月谈"、委员进社区和重点提案督办等区政协重大履职活动，并及时将这些活动向上级媒体报送，增进领导参与政协活动的获得感和幸福感。

二是争取稿源。区政协将政协信息宣传工作进行科学分类，分别是信息、社情民意、课题、提案、理论文章和文史五个方面，并结合县区特色，做了相对分工：第一，信息。青云谱区共有街道、镇（园）、党派组织、专委会等 17 个信息宣传团队。按每个团队 1 年报送 10 个信息的话就有 170 条信息，稿源充沛，青云谱政协在过去的信息宣传工作探索中，已经将这一工作制度化和常态化。第二，社情民意。考虑到社情民意主要来自于基层社区，区政协将社情民意的报送任务70%分配给街道政协小组，30%分配给各民主党派和专委会，做到分配合理资源。全区7各街道、镇（园），8个民主党派、工商联和无党派知联会和3个专委会。按照1个街道一年报10条社情民意，就有70条社情民意，按照11个党派组织、专委会一年报5条社情民意，就有55条社情民意，一年总共就有125条，其实任务不重，1个月不到1条社情民意，关键是分配好任务，发挥好作用。第三，课题、提案、理论文章。考虑到政协界别的重要作用，区政协将课题、提案、理论文章的任务重点交给民主党派、工商联、无党派知联会和专委会。调研课题的征集和大会发言的遴选，区政协均做好调度协调，重点围绕着"十三五规划"、区委全会书记的报告、区"两会"区长和区政协主席的工作报告，从经济、政治、文化、社会、生态入手，组织稿源，调度课题，跟进上级媒体的专题，定期组织好稿源。第四，文史。围绕着青云谱区"人文生态慧圃"的建设，区政协把文史工作作为重要的工作来抓。其一，去年围绕着"打造江西现代工业博物馆"建设，重点对全区128个中央、省、市国有企业进行了地毯式的史料工作征集，并与区委宣传部一起共同录制了6集"我们的工业记忆"纪录片在南昌电视台播放。其二，制作了协商民主"半月谈"课题督办成果宣传片，在区政协八届六次全会上向全体委员播放。其三，制作了《青云谱区八届委员会常务委员会2015年工作汇报》微信画册，通过青云谱政协微信平台向社会各界展示。其四，编印了《青云谱政协》会刊、《民主监督工作》《调研成果汇编》等10余本资料。

三是争取支持。稿件报送是政协信息宣传工作的核心环节，也是稿件能否发表的关键所在，为此，争取上级宣传部门和媒体的支持显得尤为重要。第一，区政协在省、市政协关心帮助下，密切了《人民政协报》、全国政协网、《光华时报》、江西政协网、南昌政协网站等媒体的关系，定期在这些媒体发表信息80余篇（条），占去年信息文章发表的45%。第二，区政协争取省、市宣传部的支持，在人民网、中国新闻网、《江西日报》《南昌日报》不定期发表信息文章10余篇（条），占去年信息文章发表的5%。第三，区政协争取区委宣传部的支持，在南昌政法频道、青云谱区政府网站定期发表信息文章 90 余篇（条），占去年信息文章发表的 50%。

四是争取政策。第一，制度政策。制定了《青云谱区政协宣传信息工作计划和奖励办法》，细化了信息宣传工作奖励办法，按发表稿件的篇幅大小给予不同档次的奖励；在委员年度履职考核中，委员的稿件如被媒体采纳可加相应的分值。第二，平台政策。其一，向 220 名政协委员定送《光华时报》等报刊，让委员们第一时间了解我省、我市政协工作。其二，搭建了青云谱政协微信平台。向社会各界展示，让全社会知晓我区的政协工作动态。其三，创建"三风"履职专栏。利用优秀人员的先进事迹，撰写文章加于宣传。如《家中总有一缕书香》《王安安的家风故事：我的子女身残志不弱》《给出国深造前的儿子寄语》《父母好榜样，身边好家风》《田智生：好家风融入血脉》等多篇在人民政协发表或荣获优秀奖、三等奖，并入选市政协《凡人善举故事集》《"三风"文件汇编》《倡导真善美　传递正能量——青云谱区"三风"活动凡人善举故事集》《唱响主旋律　树立新风尚——青云谱区"三风"活动纪实》等刊物；区政协"三风"活动和"委员进社区（村）"活动也相继被《江西日报》《光华时报》、南昌电视台、《南昌日报》报道。第三，人才政策。其一，培育自身队伍。从政协委员、政协机关干部和政协各参加单位、各街道（镇）、各社区中遴选一批优秀人才，组建成一支能思善写的通讯员队伍，将信息源延伸到第一线和最基层。其二，借助外界力量。依托省、市、区委宣传部，密切联系媒体记者，主动提供政协资料、信息，为他们宣传政协提供方便和支持。

总之，我区的宣传信息工作虽然取得了一些成绩，但与各兄弟单位相比，与机关宣传工作的要求相比，还存在很大差距，还有许多需要努力和改进的地方。下一步，我们将认真学习贯彻习近平总书记新闻舆论工作座谈会重要讲话精神，充分运用各类媒体平台，创新宣传理念和宣传手段，使政协宣传信息工作更加注重体现政协的统战特色、民主协商特色、界别特色、人才荟萃特色，增强政协新闻的吸引力、说服力和感染力，更加富有成效地开展政协宣传信息工作。

10

做新时代基层协商民主政治的践行者

本人于 2011 年 7 月从工商联主席提拔为区政协副主席，并继续兼任工商联主席至 2011 年 12 月，之后正式驻会履行区政协副主席岗位职责至今，并继续担任民盟区支部主委，2014 年任民盟南昌市副主委。期间按照组织安排先后到 2 个部门兼职、3 个单位挂职。2 个兼职分别是区协税护税工作领导小组副组长、区八大山人梅湖景区副指挥长。3 个单位挂职分别是民盟中央参政议政部信息处副处长、江西苏福特服务外包有限公司任副总经理、中共南昌市委、南昌市人民政府信访接待中心主任专员。

一、勤政为民敢履职

1. 履行政协、民盟情况。一是履行政协情况。5 年来，各项工作均取得跨越性的突破。法制社团教卫文体委员会。出台《青云谱区政协协商工作计划》，创新协商民主"半月谈"和"八个一"特邀监督员工作机制。连续 3 年，从近 100 个课题中遴选 30 余个重点课题作为大会发言并开展协商；多次对 21 个部门和 63 名特邀监督员工作进行了考核，先后推荐了 200 多名（次）委员参加了区有关部门、单位听证会、评议会、民主测评、案件庭审等活动，出版了 2012—2015 年版《民主监督工作专辑》4 本；连续 4 年协助做好区普法依法治区暨"六五"普法督导工作，支持公安局、区检察院、区法院、区司法局工作。文史资料工作。5 年来，开展了《追梦青云谱》摄影大赛，协助出版了《地名与名人》《青云轶话》《口述青云谱》《追梦青云谱》《智囊·代言》《发出好声音促进新发展》《聚焦"十三五"实现新跨越》等 30 余本文史资料汇编。调研及大会发言。协助区委、区政府、区政协主持江西法官教育基地、江西现代工业博物馆、汪大渊航海文化、走集团化青云谱区文化道路等近 90 个课题的调研，调度撰写调研报告 90 余篇，主持了"十三五"规划建议稿座谈会，举办"谋发展之计、想群众之需、圆生态之梦""聚焦十三五 实现新跨越"等 4 场建言献策大会，形成《智囊·代言》《发出好声音 促进新发展》《聚焦"十三五"实现新跨越》等 2012—1015 年调研成果汇编 4 本。其中实现重大课题成果高效转化的是江西法官教育基地于 2015 年 12 月 21 日得到江西省高级人民法院党组批复，《赴泉州考察元代航海家汪大渊的调研报告》先后被市政府、区委、区政府采纳。宗教。启动青云谱区政协民族宗教工作和民族宗教业务培训工作，先后到中国佛学协会、江西省宗教局、宜春佛学协会等地开展民族宗教工作调研。信息宣传。5 年来，宣传信息工作一直位于全市县区政协前列，先后在《人民政协报》《江西日报》《光华时报》《南昌日报》、南昌电视台等各级新闻媒体共上稿 421 篇。先后出版了《信息宣传工作》2012—1015 年汇编 4 本。协助拍摄 6 集电视纪录片《我们的工业记忆》并在南昌电视台播放。制作了"发出好声音 促进新发展"等 3 期协商民主"半月谈"课题督办成果汇报片和"日出江花红似火"2015 年政协工作汇报微信相册在全会期间向全体委员播放。同时，做好 70 批次的群众诉求，解决社区健身器材、路灯等公共设施问题，协助市政协举办了"委员进社区（乡村）——纪念毛泽东同志诞辰 120 周年音乐会"，多次参加"阳光驿道"走访活动汇报会暨重大重点工作例会等重大重点会议，帮助企业解决一些具体问题。二是履行民盟情况。民盟南昌市工作情况。2014 年 12 月任民盟南昌市副主委，分管参政议政和妇女工作，成立了民盟南昌市委参政议政工作委员会和妇女工作委员会，建立了两个工作委员会微信工作平台。主持了民盟市委 2016 年参政议政工作，协助开展了 2016 年民盟市委"三八"妇女节活动。民盟区支部

2015 年 1 月 15 日承办区政协"发出好声音 促进新发展"建言献策大会

工作情况。5 年来，民盟区支部在加强思想、组织和制度建设，积极参政议政，各项工作均取得突破性进展。支部先后荣获 2014 年、2015 年民盟中央授予的"民盟服务社会工作先进集体"，民盟南昌市委会授予的"先进基层组织"等集体荣誉，同时，本人也先后荣获全省优秀政协信息工作先进个人、全省优秀盟员等多项荣誉。三是本人履职情况。积极参加省、市政协的调研和大会发言。其一，在政协江西省第十一届 3、4 次会议上，先后向会议提出"打造中国法官教育基地的建议""打造江西现代工业博物馆"等发言，得到省长鹿心社等省领导重视及点评。其二，积极参加市政协课题调研活动，在市政协会议上的"大力发展楼宇经济""打破信访不信法的怪圈""协推广政府与社会资本合作 PPP 模式"等发言等到周关等省市的领导重视。课题《加快 PPP 模式试点探索 支持县区先行先试》等近 5 个调研报告等到市委重视。"打造中国法官教育基地的建议"获得人民网专访。

二、履行兼职、挂职情况

1. 履行挂职情况。先后挂职的 3 个单位分别是民盟中央参政议政部信息处副处长、江西苏福特服务外包有限公司任副总经理、中共南昌市委、南昌市人民政府信访接待中心主任专员。其一，挂职民盟中央参政议政部信息处副处长期间，积极参加全国政协、民盟中央的参政议政工作，陪同全国政协张梅颖副主席关于黄河治水的调研，得到蒋树声副委员长的高度认可，同时积极做好江西省信息宣传工作的对接联系。其二，挂职江西苏福特服务外包有限公司任副总经理期间，积极做好政府与企业间的协调。其三，挂职中共南昌市委、南昌市人民政府信访接待中心主任专员 1 年期间，积极参与上访人的纠纷协调案件 600 余件，接待上访群众 3000 余人。

2. 履行区协税护税工作领导小组副组长职责情况。一是先后协助吴学春、王强同志做好全区协商护税工作。圆满完成我区财政总收入、一般预算收入任务，特别是 2015 年区财政总收入、预算收入先后实现了 40 余亿、10 亿余。二是做好全区税源经济综合管理改革试点和推广工作。协助做好街道、镇、园经济办人员配备及系统信息录入协调工作，改善了街道、镇、园财税工作。三是做好了综合治税调研工作。多次深入街办、镇、园、鹰潭等地开展调查研究及视察和综合治税工作。

3. 履行区八大山人梅湖景区副指挥长岗位职责情况。协助巫滨同志做好八大山人梅湖景区工作。一是招商引资工作。做好 2016 年深圳（青云谱）现代服务业推介会的客商邀请工作以及景区招商引资服务后勤工作。二是做好了江西省第四届花博会、梅湖艺术中心等 11 个项目的推进服务联络协调工作。

三、思想作风建设及廉政建设情况

1. 思想作风建设情况。作为一名党派干部，我始终要秉持"常修为政之德，常思贪欲之害，常怀律己之心"的原则，按照习近平在十八届中央纪委二次全会上讲话精神，严格执行廉洁从政各项规定，严格执行中共中央"八项规定""严禁四风""七条禁令"的要求，不违规收送现金、有价证券和支付凭证以及贵重物品，自觉接受党组织和群众监督，努力使自己成长为符合新时期群众所要求的干部清正、机关清廉、政治清明"三清型"领导干部。

2.廉政建设情况。5年来，我始终坚持严于律己，慎微慎初，慎独慎行。在工作和生活中经常做到"照镜子、正衣冠、洗洗澡、治治病"，严格遵守职业道德、社会公德和家庭美德，面对纷繁复杂的社会环境，积极参加"红包"治理，没有违规收送现金、有价证券和支付凭证以及贵重物品，坚持"正派、正直、正身"，努力维护公道正派、廉洁自律的良好形象。

四、工作中存在的主要问题及打算

对照党的群众路线教育实践活动和"三严三实"专题教育活动的要求，我认为自身存在的主要问题为：

1.急、快心理较强。追求又快又好的思想较强，求速度时常有急躁情绪，事后缺乏交流沟通，存在着发脾气、发牢骚的情况。

2.高、粗心理较强。接受工作和领受任务后，一方面精益求精求质量怕误事，另一方面求速度抢快怕拖事，对干部要求严，没有充分发挥干部的主观能动性，较少用创新的办法处理和解决问题。

对于上述存在的问题和不足加以整改措施如下：

1.强联系，密切与委员的关系。定期走访政协委员，协调解决委员履职中遇到的困难和问题，巩固和发展特邀监督员、委员进社区（村）、收集和反映社情民意等活动平台，更好地发挥委员主体作用。

2.强学习，做复合型领导干部。一方面理论学习。积极参加上级组织举办的各种学习、培训，提高政治理论素养。另一方面不断参加具体实践活动，从实践中学习。第三方面，虚心向老领导、老同志、老同事学习。

3.强成效，实现调研成果的高效转化。加强与政府部门的对口联系，建立调研成果督办机制，实现调研成果的高效转化，深化协商民主"半月谈"和八个一特邀监督员工作模式，充分发挥政协协商民主重要渠道作用。

4.强服务，深化"两大服务"品牌工作。积极参与"民情家访""阳光驿道"等"两大服务"品牌活动，配合区委、区政府做好化解矛盾、理顺情绪、解决问题的工作。畅通党委政府联系群众的渠道，倾听民声、体察民情、反映民意、汇集民智，积极投入到全区创建"人文生态慧圃，都市产业新城"中去。

11

忽如一夜春风来

到新建区政府工作的第二年6月，我分管的工作做了很大的调整，增加了教育科技体育、民族宗教等分管工作，也就是说离国家义务教育迎检只有16个月，这是一场硬战。一年来，我务实求进、开拓创新、廉洁自律、依法履职，各项工作也出现"忽如一夜春风来，千树万树梨花开"的盛况。

一、政治方面

1.加强理论学习，提升了政治素养。积极参加区委中心组学习，认真学习和贯彻党的十九大精神，深刻领会十九大精神内涵，用习近平新时代中国特色社会主义思想武装头脑。以知促行、知行结合，针对性地加强了教育科技、文化旅游、卫生计生、民族宗教等方面知识和政策学习，不断提高抓住主要矛盾、解决实际问题的能力。坚定正确的政治方向，时刻保持政治意识、大局意识、核心意识、看齐意识，同党中央保持高度一致，坚决维护区委、区政府团结与稳定，对区委、区政府部署的工作任务，无论多大困难，多么艰苦，总是毫无怨言、千方百计、不折不扣地完成。对领导集体讨论形成的决定，坚定不移地贯彻执行。

2.增强了公仆意识，提高解决具体工作能力。坚持群众工作方法，常怀爱民之心，牢记服务宗旨，创新服务理念，把自己当作人民群众的"服务员"。坚持深入调查研究，深入基层群众，切实将一些关乎群众利益的民生问题解决好，当好人民群众的公仆。

二、履职方面

1.招商引资热潮高涨。共带队开展精准招商活动 20 多批次，拜访企业和新建在外的北京、深圳、广州等商会 80 多家，开展"北京（新建）招商引资推介会""厦门投洽会""新建区（上海）汽车及智能制造产业推介会"等大型招商活动，累计促成签约重大项目 55 个，投资总额达 450 亿元。

2.教育事业均衡发展。义务教育迎国检工作全面启动，江铃学校、区五小、竞晖学校教学综合大楼等校园工程顺利推进，成功收购省商校长堎校区，推进新建城教育发展工作，"一乡一幼"等工程扎实推进；高考二本上线 3165 人，上线人数万人比位居全市农业县区之首，3 人录取北京大学、3 人录取香港名牌大学。

3.文化旅游活力无限。金桥葡萄节、象山荷花节、南矶湿地文化旅游节等一大批乡村文旅活动百花齐放，"五彩新建"旅游品牌不断唱响。全年旅游接待 1400 万人次，增长 45.2%；旅游综合收入 73.8 亿元，增长 45.3%。西山特色旅游小镇项目有序推进，西山万寿广场整体形象初步显现。

4.文体活动丰富多彩。先后举办省第四届花博会地方民俗文化展演、建军九十周年歌咏大赛、"美丽南昌·幸福家园"摄影大赛、第二届锦江河龙舟赛等大型文体活动 46 场，承办"南昌市'滕王阁杯'青少年体育联赛（新建赛区）"等文体赛事 32 场，以活动赛事为抓手，提高公共文化服务水平；强化公共文化服务供给，满足人民群众日益增长的精神文化需求。

5.医疗卫生健康发展。区人民医院与江西中医药大学共同成立江西中医药大学科技学院第二附属医院；区人民医院改扩建、区中医医院康复大楼、乡镇卫生院标准化建设等项目全面启动，实施区级公立医院对口支援乡镇卫生院工作，逐步实现基层首诊、分级诊疗、急慢分治、双向转诊的诊疗模式；认真履行计划生育目标管理责任制，全区计划生育工作扎实开展。

6.保文保卫成效显著。围绕区委、区政府统一部署，挂点东湖巷社区、

2017 年 3 月 28 日在全区招商工作培训会议讲话

三洲新村"保文保卫"工作取得胜利收官。东湖巷社区背街小巷卫生整洁，破旧低矮房屋全面修缮，乱搭乱建全面整治，实现旧貌换新颜的精彩蜕变；三洲新村钢棚全部拆除，文化彩绘点亮新村，街面秩序整洁卫生，实现了农村模样到城区新村的大换新颜。

7. 民盟工作积极履职，充分做好民主党派对精准扶贫的监督工作，促进地方扶贫攻坚工作落地实处；积极参加盟内各项事务，关心重视盟务工作，做好建言献策、课题调研、参政议政等各项工作。

与此同时，所分管的工作或单位先后荣获"全国综合减灾示范社区""全省综合减灾示范社区""全国县级防震减灾工作综合考核先进单位"；妇女儿童工作走在全国前列；市场监管基础提升年活动有序开展，严守安全底线；民族宗教和谐稳定；红十字残联、体育科技、新闻出版、外事侨务等各项工作扎实开展。

三、廉政方面

1. 坚持"以德为先"，注重自身修养。注重在工作生活中"四德"修养。

一是讲政治品德。坚定理想信念和政治立场，树立为人民服务，为群众效劳的理想理念；坚定党的领导，紧密团结在以习近平总书记为核心的领导下，不忘初心、砥砺前行。二是讲社会公德。遵纪守法，热心社会公益事业，充分发挥平台作用，用心用情做好红十字工作，支持参与社会公益活动。三是讲家庭美德。孝老爱亲，诚恳厚道，与同事、朋友及街坊邻居友好相处，通情达理。四是讲职业道德。时刻要求自己务实为民，言行一致，实事求是，在工作中不墨守成规，不弄虚作假，不搞形式主义。

2. 坚持"底线思维"，注重廉洁自律。心怀敬畏，时刻警醒自我，坚持对自我高标准、严要求。一是从思想源头上重视廉政建设。把党风廉政建设宣传教育纳入思想政治工作的总体部署，利用现场办公、督查工作、交流谈心等形式，在多种场合宣传党中央关于党风廉政建设、反腐败斗争的方针、政策和路线。贯彻落实党纪规定，时刻保持清正廉洁、克己奉公的干部形象。二是从制度层面上落实廉政建设。把党风廉政建设落实到具体的制度当中，对分管单位主要领导开展家访活动，要求所分管的部门、单位严格按照上级有关规定，结合本单位的实际情况，完善了党风廉政建设集体领导制度、管理监督制度。三是在勤政廉政上做到率先垂范。围绕教育科技、卫生计生、文广旅游等重点工作，处处事事以领导干部的标准严格要求自己，时刻不忘自重、自省、自警、自律，带头遵纪守法。严格要求身边工作人员做事不多事，负责不贪利，克己不违纪。

3. 坚持"法纪意识"，注重依法履职。努力提高法律意识，做到了依法决策、依法管理、依法办事。一是提高学法用法理念，树立法制思维，强化秉公办事，奉公守法的法制理念。认真学习并严格践行相关法律法规，参与普法活动，参加法制考试，用规章制度规范自己的言行，树立了学法懂法、依法决策的良好形象。二是强化依法依规履职，自觉遵守国家的法律、法规和各项规章制度，提高自身法律素养，做到依法行政。在工作中，以法律法规为依据做决策，按工作程序履行职责，严格按照法律条款办事，依法行政，杜绝了办事随心所欲，践行法制的方向不偏不倚。三是履行法治建设职责，在认真学法用法，加强依法行政能力的同时，以身作则，身体力行, 恪守国家法律法规和员干部廉洁自律准则, 为下属和家人作好表率, 自觉维护了领导干部良好的社会形象, 做学法、守法、用法的表率。

一年来, 自己在实际工作中经受了锻炼, 提高了能力。但与上级要求和广大人民群众的期望, 与新时代、新任务的需要相比, 还存在一定差距和不足。如深入实际不够, 对于一些情况和问题, 缺乏更深入的调查了解, 解决得也不够及时;工作落实还有差距, 忽视了科学的方法, 有时只凭经验, 方法简单。

今后的工作中, 我将进一步开拓创新、务实奋进, 更加强化法制思维, 冲破条条框框的束缚, 克服求稳怕乱思想, 敢为人先;进一步改进作风, 继续发扬求真务实、真抓实干的精神, 扑下身子, 贴近群众, 着力解决好关乎群众切身利益的民生实事;进一步廉洁自律, 坚持率先垂范, 发扬艰苦奋斗的精神, 努力在人民心目中树立 "为民务实清廉" 的领导干部形象。

12

坚守"四立"标准　全力助推
南昌民盟工作再创新高

根据民盟省、市委会的工作部署和"不忘合作初心，继续携手前进"主题教育动员的总要求，按照"五种能力"建设的原则，坚守"四立"标准，全力助推南昌民盟工作再创新高，扎实推进2019年分管的各项盟务工作。

一、以政治坚定立德，夯实南昌政党制度的政治基础

1. 把坚持党的领导作为第一生命线，始终与市委保持高度一致。参加中共南昌市委十一届八次全体（扩大）会议（7月5日）和中共南昌市委十一届九次全体（扩大）会议（12月31日），及时掌握全市经济政治大局；参加全市党外代表人士"习近平总书记视察江西时讲话精神"学习通报会（6月5日）、全市党外人士通报会——南昌市VR产业发展情况通报会（9月6日）和全市党外代表人士座谈会（12月31日）等，系统知晓全市经济社会发展情况；参加"携手迈进新时代 同心共筑中国梦"统战系统书画摄影作品展（8月22日），树牢"四个意识"，坚定"四个自信"，坚决做到"两个维护"，坚持爱党爱国爱盟，努力为凝聚统战力量做出应有努力。

2. 把开展主题教育活动作为政治自觉，始终与初心使命统一起来。参加民盟中央"不忘合作初心继续携手前进"主题教育活动（江西）调研座

谈会（12月1日）；民盟省委会"不忘合作初心继续携手前进"主题教育活动动员部署会（8月22日）；民盟市委会庆祝中华人民共和国成立70周年"不忘合作初心，继续携手前进"赴修水县进行革命传统教育活动（2月28日）、主题教育活动动员部署会（9月11日）、盟省委会副主委刘新农赴南昌市调研"不忘合作初心，继续携手前进"主题教育活动座谈（10月15日）、赴方志敏烈士爱国事迹陈列馆开展"不忘合作初心，继续携手前进"爱国教育（10月27日）、"不忘合作初心，继续携手前进"主题教育活动座谈会（11月6日）、主题教育活动民主生活会（12月25日）等中央、省市民盟主题教育活动，把初心使命作为终生课题来学习、把握、研究和推进，夯实南昌政党制度的政治基础。

3. 把学习培训作为思想自觉，始终将政治培训与履职培训统一起来。参加南昌市委党校第77期县干进修班并获优秀学员（3月12日—4月25日）、南昌市党外干部素质提升研修（延安）班（7月26日—8月1日）和全省民主党派代表人士培训班（9月16日—30日）等政治培训，增强政治把握能力；参加省人大代表第三期履职上海培训班（6月10—14日）、省人大代表第四期履职赣州培训班（7月22日—26日）等履职培训，提升代表履职能力。

二、以创新盟务立功，聚合南昌民盟组织的内核力量

1. 维护民盟市委班子的集体权威，增强民盟市委的整体凝聚力。参加盟市委人事研究和国有资产有关事宜（5月24日）、"不忘合作初心，继续携手前进"主题教育活动方案（9月5日）、学习十九届四中全会精神会议（11月6日）、2019年下半年组织发展工作和学习五项试行制度及民主生活会召开有关工作（12月18日）等4次主委会；参加学习"不忘合作初心，继续携手前进"主题教育活动方案（9月11日）、总结"不忘合作初心，继续携手前进"主题教育活动开展情况（12月26日）等2次常委会；参加十三届六次全委扩大会（3月19日）全委会1次。

2. 创新盟务立功，聚合南昌民盟组织的内核力量。一是发挥市专委会的主体作用，进一步激发专委会创新与活力。着力支持文化体育工作委员

2019 年 1 月 25 日民盟迎春送祝福——知名书法家送春联进社区活动

会举办的民盟省、市、区三级联动"2019 年民盟迎新春送祝福——知名书法家送春联进社区"活动（1 月 25 日），组织协调文化体育工作委员会举办的以"共和 70 年，追梦新时代"为主题的民盟南昌市委体育运动会（3 月 15 日—4 月 21 日），支持文化体育工作委员会举办的民盟黄丝带帮教行动之"禁毒在线"活动（6 月 25 日）。支持妇女工作委员会举办的"庆祝建国 70 周年　厚植文化自信"三八妇女节"三风"专题讲座（3 月 6 日）。二是加强基层支部的互通互联，进一步聚合基层组织的内核动力。着力支持青云谱支部举办的 2019 年盟省委、盟市委、青云谱区支部三级联动开展新春慰问活动（1 月 11 日）和民盟青云谱区支部换届大会（12 月 3 日）等活动。支持青山湖支部举办的送法进社区咨询活动（6 月 20 日）、"不忘初心，牢记使命"主题教育（8 月 31 日—9 月 1 日）等活动。支持南昌市科技总支联合文艺支部共同学习了习近平总书记视察江西重要讲话精神（6 月 5 日）、"不忘合作初心 继续携手前进"主题教育活动（9 月 12、21 日）、联合文艺支部、经济支部等支部举办的"千面国旗飘扬英雄城"公益活动

（10月1日）等活动。支持南昌市文艺支部举办的盟员大会（4月3日）、"不忘合作初心　继续携手前进"主题教育活动动员部署会（9月24日）、中共十九届四中全会精神学习会（11月15日）、省市社会主义学院第二学堂教学点揭牌活动（11月13日）。支持南昌一中支部、十六中支部、南昌市采茶剧团支部等支部工作。

三、以倾智参政立言，积极履职发出南昌民盟好声音

省市两会期间积极履职建言。向市人大提交关于加强新建区公共服务设施建设的建议、关于将新建昌邑打造成昌邑王旅游城的建议、关于将新建金城村打造成为市级美丽乡村的建议、关于支持昌邑乡海昏侯游塘古城建设的建议等4条市人大建议；向省人大提交关于加大江西南矶保护开发力度打造世界湿地生态旅游的建议、关于加快推进农村和城镇小区配套幼儿园建设的建议、关于推动乡村振兴的建议等3条人大建议，并就"提高城市气质共建秀美江西、报告精辟内容丰富美丽经济打动人心、科技引领各领域共建智慧城市、保护生态、打造秀美乡村留住乡愁"等话题接受江西电视台外宣、江西新闻联播、社会传真、中国网路电视台、2套、5套和江西教育电视台等媒体采访，西山万寿宫曾是红军总部省人大代表建议整体打造被中国江西网刊用。

闭会期间积极参加省人大的主题教育活动。参加省人大主题教育动员部署会议（6月4日）、"不忘初心使命 坚定制度自信"主题教育演讲比赛（8月21日）、省人大常委会第61期人大讲坛（8月23日）等主题活动。积极参加南昌问政第五期（7月9日）、南昌市城市综合交通体系规划座谈会（9月10日）、省人大代表价格听证会（12月4日）、部分省人大代表座谈会（12月26日）等代表视察、听证、问政活动。

3. 深入基层广泛调研，积极撰写社情民意。提交关于推动乡村振兴的建议（接受省级媒体采访，在江西电视台播出）、关于加快推进农村和城镇小区配套幼儿园建设的建议（接受省级媒体采访，在江西电视台播出）、关于加大江西南矶保护开发力度，打造世界湿地生态旅游的建议（发表于《江

西盟讯》等多家省级媒体平台）、关于打造新建昌邑王旅游城的建议（盟省委采用）、关于打破"三重门"，推动我省民营经济公平发展的建议等5条社情民意。

4. 积极思考构思，认真撰写发表文章。撰写发表遇见新建（民盟江西网站，2019-8-27）、您看，那又是一个春华秋实（江西统一战线，2019年第3期）、用执着点亮梦想——我为南昌轨道交通鼓与呼（江西盟讯，2019第4期；民盟江西网站，2019-12-17）、追念梅汝璈先生（民盟江西网站，2019-12-17）、微言意气高（民盟江西网站，2019-12-17）、相约瑶湖 共舞长天——试论2019年南昌首届飞行大会对南昌区域经济发展的现实意义（民盟江西网站，2019-12-17）、"六度"视域下的新时代民营经济统战工作研究（执笔，并入选2019年江西省统战理论创新文章）、爱国主义法学家梅汝璈（2020年1月6日在《人民政协报》《今日头条》发表）等7篇文章。

四、以廉洁自律立身，维护南昌民盟风清气正的政治生态

带头遵纪守法，时刻警醒自我，坚持清正廉洁、克己奉公的干部形象，做到自重、自省、自警、自律；严格要求身边工作人员做事不多事，负责不贪利，克己不违纪，以廉洁自律立身，维护南昌民盟风清气正的政治生态。

一年来，本人虽获得了省政府颁发的关于对推进全省义务教育基本均衡发展工作中做出积极贡献的积极贡献个人奖、南昌市"三八红旗手"等荣誉，但工作中还存在不足，如理论学习还不够系统，对盟基层组织指导还有欠缺等，这些我将在今后的工作进一步加强和改进。

13

不让须眉

2016 年至 2019 年上半年，我任南昌市新建区副区长，先后协助区长分管民政残联、市场监管、食药监管、卫生计生、爱国卫生、民族宗教、外事侨务、台湾侨务、方志年鉴、防震减灾、教育科技体育、旅游投资公司、开放型经济和招商引资、文化广播电视旅游新闻出版（版权）等方面的工作；负责与团区委、区妇联、区文联、区社联、区红十字会、区科协等单位的联系工作。2019 年 6 月提任南昌市社会主义学院院长。与市区两套班子的须眉们并肩作战，在德、能、勤、绩、廉等多领域取得满意成绩。

一、始终善学善思、知行合一，增强履职之能

1. 加强理论学习。认真学习领会十九大、十九届四中精神内涵，始终用习近平新时代中国特色社会主义思想武装头脑，不断提高抓住主要矛盾、解决实际问题的能力。自觉提高自身综合素质，2018 年顺利获得武汉大学哲学研究生学历和哲学博士学位。

2. 提升政治素养。坚定正确的政治方向，进一步增强"四个意识"，坚定"四个自信"，做到"两个维护"，在政治上、思想上、行动上同中国共产党中央保持高度一致。

3. 增强公仆意识。坚持群众工作方法，坚持深入调查研究，深入基层群众，切实将关乎群众利益的民生问题解决好，当好人民群众的公仆。

2020年3月被授予"江西省三八红旗手"称号

二、始终尽心尽责、勤政务实，常怀为民之心

1. 教育事业蒸蒸日上。全面启动义务教育迎国检工作，先后3轮实地调研全区90余所全部迎检学校；推进区五小、区七小、育明学校等校园工程，顺利完工并投入使用。2018年顺利通过全国义务教育均衡发展督导评估。

2. 文体科技欣欣向荣。先后举办省第四届花博会地方民俗文化展演、建军九十周年歌咏大赛等大型文体活动，以活动赛事为抓手，满足人民群众日益增长的精神文化需求。科技成果丰硕，仅2018年度获评国家高新技术企业15家，金达莱环保FMBR技术荣获美国科学技术创新奖。

3. 旅游事业蔓蔓日茂。承办江西省第四届花卉园艺博览会分会，金桥葡萄节、象山荷花节、南矶湿地文化旅游节等系列文化旅游活动精彩呈现。全区三年来接待游客人次及综合收入年均增长40%以上。

4. 招商引资热潮高涨。开展精准招商活动40多批次，开展"北京（新建）招商引资推介会""厦门投洽会""新建区（上海）汽车及智能制造产业推介会"等大型招商活动。实现新城吾悦广场、红星美凯龙项目顺利建成并开业；推进绿地双创项目顺利开工建设，累计促成签约重大项目55个，投资总额达450亿元。

5. 医疗事业节节攀升。公立医院综合改革持续深入，药品价格同比下降20%；乡镇卫生院标准化建设等项目全面建成；实施区级公立医院对口支援乡镇卫生院工作；认真履行计划生育目标管理责任制。

6. 扶贫及创建工作步步夯实。兼任昌邑乡扶贫工作"大乡长"、窑西村"大村长"，实现窑西村贫困村顺利摘帽脱贫。挂点东湖巷社区、三洲新村"保文保卫"工作取得胜利收官，实现旧貌换新颜的精彩蜕变。

7.社院工作成效显著。任市社院院长半年来，重新构建了市社院工作体系。一是举办 2 个培训班。即，南昌市党外干部素质提升研修班、南昌市统战系统学习贯彻习近平总书记视察江西时的重要讲话精神专题研讨班。二是参加 3 个培训班学习。即，参加江西省十三届人大代表第四期培训班、全省民主党派代表人士培训班第 446 期、第 6 期省、市社会主义学院专职教师培训班。三是开展 3 个层次的调研。即，赴市直相关部门和统战系统全覆盖调研，赴县区、开发区、新区拉网式发掘第二课堂现场教学点调研，赴省社院、上海市、重庆市、浙江省、湖南省、陕西省延安市、江西省赣州市、湖南省湘潭县等部分外地社会主义学院和中国浦东干部学院、复旦大学等普通高等院校考察调研。四是完成三大调研成果的起草工作。即，完成《关于深入推进南昌市社会主义学院科学发展的调研报告》、理论创新文章《"六度"视域下的新时代民营经济统战工作研究》以及《关于市委常委会学习贯彻社会主义工作条例的建议》。五是完成"一院三库"组建工作。即，"一院"（南昌社院院务咨询委员会）、"三库"（统战智库、师资库、项目库）组建准备工作和与市委党校共创共建共享准备工作以及部分南昌社院教学基地揭牌工作。

8.民盟市委及人大代表工作积极履职。协助主委抓好民盟市委的科技、文化体育、妇女等专委会的工作和民盟青山湖支部、青云谱支部等基层委员会的工作。充分做好民主党派对精准扶贫的监督工作。做好建言献策、课题调研、参政议政等各项工作，履职省、市人大代表以来，先后领衔提出10 多个建议。

三、始终克勤克俭、崇廉尚德，坚守律己之念

时刻警醒自我，坚持对自我高标准、严要求；时刻保持清正廉洁、克己奉公的干部形象；时刻不忘自重、自省、自警、自律，带头遵纪守法；严格要求身边工作人员做事不多事，负责不贪利，克己不违纪。

第四部分　Shuyuanzui
书园醉

1

初识佩里·安德森

　　缘于攻读博士学位期间必修课程的学习需要，经武汉大学博士生导师袁银传教授的学术牵引，我才有机会接触到大名鼎鼎的西方马克思主义历史学家、英国新左派理论家和政论家佩里·安德森及他的《思想的谱系：西方思潮左与右》一书，也就是这样我才得以认识和了解佩里·安德森，并通过他的《思想的谱系》得知他在当代哲学学术上的重大贡献。

　　佩里·安德森（Perry Anderson），1938 年生于伦敦。英国当代著名马克思主义史学家、新左派理论家。青年时代他主要靠自学掌握 9 门外语，这为他以后从事学术研究奠定了良好的基础。1962 年 5 月，年仅 24 岁的佩里·安德森担任了《新左派评论》（New Left Review）的编辑工作，是国际左翼核心刊物《新左翼评论》的主编和灵魂人物。他出色的编辑工作使得这份杂志成为欧美新左派运动的重要理论刊物之一，佩里·安德森与汤姆·奈恩、罗宾·布莱克班一起成为该刊的思想核心。在担任该刊的主编多年以后，安德森于 1992 年移居美国，现任教于美国加州大学洛杉矶分校历史系，安德森是一名严谨而又博学的学者，自 20 世纪 60 年代开始其学术工作以来，到目前已经完成多部学术论著。其中两部史学著作：《从古代社会向封建社会的过渡》（1974 年）、《专制主义国家系统》（1974 年），得到学术界很高的评价，在英国马克思主义史学史上，安德森学术思想及其成就的历史地

佩里·安德森，当代著名的马克思主义史学家、思想家和活动家

位和作用是非常重要的。特别是《后现代性的起源》《绝对主义国家的系谱》等论著，对英国马克思主义者重新评价自己的政治战略和理论遗产做出了多方面的贡献。文化批评家泰勒·伊格尔顿称他为"不列颠最杰出的马克思主义知识分子"。

　　对我而言，最有吸引力的是他那丰富且带点传奇色彩的人生经历。佩里说，他是一个在不同国家和不同文化之间不断游走的人。在中国度过了短暂的童年后，他被父母带到美国，在加州一所寄宿学校里开始了自己的求学生涯。1961 年从牛津大学毕业不久，他在《新左翼评论》上发表了自己的处女作。据说，佩里还是一个舍不得放过亲身见证重大历史时刻的人。20 世纪 90 年代初，苏联发生政变时，佩里曾彻夜游荡在坦克出没的莫斯科街头；1997 年香港回归，他特地飞抵香港，在过街天桥上送走大英帝国的最后一任港督；2003 年初委内瑞拉局势动荡，他又偕女友前往观察；2004 年春夏之交，佩里和女友专程去台湾看马英九大选。此外，佩里与中国的渊源也让我这个中国人对其颇生好感。他父亲在中国海关任职 28 年，母亲怀他在汕头。他说自己本应该出生在中国，仅仅由于偶然才出生在伦敦。1990 年代，佩里结识中国女友，并于 1997 年来中国寻访父亲的足迹。令人惊奇的是，年届古稀的他对中国电影界的近况竟了若指掌。尽管佩里的书在国内出了不少，但我认真读过的只有他的近作《思想的谱系——西方思潮的左与右》。说老实话，初次翻阅这本书时，对其质量颇有些怀疑：谁有本事能横跨哲学、政治学、经济学、历史学、社会学、文学、语言学等众多的学科领域、通吃左中右 15 位提起名字就让人觉得振聋发聩的世界级学者？一个罗尔斯岂是 10 个半版面的篇幅便可以轻易打发的？……当真正进入书中，读起来欲罢不能之时，我才发觉自己的担心完全是多余的。一部 450 多页的书，我仅用 4 天的时间便一口气读完。老佩里渊博的学识、强烈的批判意识和深厚的文字表达功底着实令人折服。掩卷之后，依然觉得意犹未尽。下面就书中所涉及的部分内容谈一管之见。

安德森的学术思想及其发展历程置于 20 世纪中期英国社会变革以及英国马克思主义史学发展史双重背景中进行审视和研究，彰显了安德森学术思想及其成就在英国马克思主义史学史上的重要地位及影响。其中将《思想的谱系——西方思潮的左与右》当今的西方思想界从右至左分成三派，但他并未对这种三分法的划界标准予以交代。对于什么是左派，我们暂且参照他在其他地方的说法。他认为被泛称为左翼的有几条线索：一是共产主义传统，或者说革命传统，主张以武力推翻资本主义，一度在欧洲相对贫穷的国家和亚洲盛行；一是温和得多的社会民主传统，主张在相对发达的国家渐进改良；还有反殖民运动，往往既不是社会民主的也不是共产主义的，但可以视为民族解放运动的，其中一些与现存的世界资本主义极为敌对。如果将这几条线索作为划分左派的标准，当今世界上三位领军性的政治哲学家——罗尔斯、哈贝马斯和博比奥无疑都属于左派。但佩里将他们划入了中间派。为此，他在书的前言中申辩道："之所要这样对待罗尔斯和哈贝马斯，理由来自那个把他们后期著作中的国内政治理论串联起来的概念：共识（consensus）。"至于将更为激进的博比奥也算进中间派的行列，是由于他和另外两位一样，一致认同美国在海湾战争中奉行的军事干预原则。而作为保守主义的右派，佩里通过书中前三章的梳理，指认奥克肖特、施密特、施特劳斯和哈耶克四位试图通过各种形上话语蒙蔽公众，用所谓的传统和德行来否定自由、平等和民主等最基本的现代理念。他毫不客气地斥责这些理论为"巫术"。至于芒特和阿什，一个犹如18世纪的威灵顿公爵，一心想要保护英国所谓的"堪为完美"的君主立宪政体，而对其存在的问题和弊端视而不见；一个如威灵顿的对手拿破仑，一心想要把西方的政体推广至全世界。对于佩里·安德森来说，这些都是抱残守缺的行为，无疑是"任何一种自由主义共识的敌人"，将他们归于右派阵营理所当然。在书中，佩里一边将这10余位思想家一一贴上标签，使其各归其位，一边依据各自的著作，打左踢右，横扫中间。此时，作为读者的我们不禁要问：老佩里，你是哪个山头的？兴许这家伙会说，我哪一派都不是，我就是我自己。如果万一要报个名号，那咱就是"新左派"。咱们的口号是"拒绝盲从"，信条是"不妥协的现实主义"，即拒绝与统治体系作任何迁就调整，同时也不因自我陶醉而低估统治体系的力量。如此一来，从右至左的西方思想界应该还有第四条道路，它就是新左派！就是佩里·安德森所坚守的道路！

　　本书收编的文章有11篇来自《伦敦书评》和《新左翼评论》，所以，这部作品大致可以视作一部评论集。与另一部著作《交锋地带》中带有赞赏性的批判态度相比，本书中的佩里笔锋愈加犀利，文笔之辛辣、批判之彻底，足以让对手胆寒、令读者大快朵颐。佩里已在书中预设了"任何复杂的观念都已在制造这些观念的特定作者的详尽的作品中得到了最好的研究"，易言之，作品中的观点能够完整地反映作者的思想，所以对作品的评价和批判就是对作者本人的思想的评价和批评。然而，佩里基本不对对手作品的内容进行概述（霍布斯鲍姆的《趣味横生的时代》除外），理论体系的欠缺和不足（如罗尔斯、哈贝马斯等）也不是他关注的重点，他直接从对方的结论或者论证逻辑入手，展开鞭辟入里的分析和批驳。奥克肖特、施特劳斯、施米特、哈耶克，费迪南德·芒特、加顿·阿什，这些在西方学界响当当的右翼人物均被他批判得体无完肤；至于罗尔斯、哈贝马斯、博比奥三位政治哲学的领军人物，佩里对他们不敢触碰现实，仅仅知道用构造的理论去规范事实、谋求所谓的"共识"和"价值"的迁就型举措痛加鞭挞；即使是同道如爱德华·汤普森、霍布斯鲍姆等，他也对他们在资本主义胜利面前或"被征服"或"在想象力中培养幻觉"的表现予以讥讽和抨击，毫不留情。尽管作者在书中低调地说，"论述别人的文章经常会暗中提出论述者本人的观点"，但总体来看，这本集子由书评变成了论战檄文，继而成为佩里直抒胸臆、表达自我观点的场所。因而，与其说《思想的谱系》大致勾勒了西方从右到左的思想景观，还不如说是佩里个人思想自画像的直接展示。顺带说一句，我对于作者在其父亲的回忆录中表现出的非批判立场感到诧异。在本书的最后一章中，佩里将把持中国海关50年之久的英国人赫德以及梅乐和、詹姆士·安德森等人描写成了为旧中国的税收而奔走劳顿、殚精竭力的国际主义者，作为对这段历史略知一二的中国人，我委实难以接受。在这个资本逻辑主宰一切、生活被商品全面殖民的时代，总有些人不愿被主流社会所收编，为追求自己的理想而置身于假面舞会之外，坚持自由思想与独立人格，不知变通而直面残酷的世事人生，纵然这种坚持毫无胜算可言，也至死不悔。可正是这种坚守为世界拒绝沉沦带来一丝希望。佩里·安德森就是这样的守望者，而且一守就是半个多世纪，怎能不让人景仰和钦佩。

2

科学哲学的基本脉络及主要思想

当代西方科学哲学实现了两次重大转变，第一次是从科学主义转变为历史主义，第二次是历史主义变为后现代主义。科学主义是理解科学的实质，历史主义是理解科学的历史发展，而后现代主义是理解科学与其他文化的相互关系，这三者联为一体形成了当代西方科学哲学的基本脉络。

一、科学哲学的基本内涵及基本脉络

"科学哲学"主要包含"研究科学的哲学"和"科学化的哲学"两层内涵。"研究科学的哲学"，在古希腊时期哲学家们就开始对科学的本性给予了极为深刻的思考；"科学化的哲学"是 20 世纪的产物，它既是西方现代科学深入发展的必然结果，更是西方哲学自我否定和自我超越的必然结局。科学主义意义上的科学哲学起源于经验论哲学传统深厚的英国，哲学意义上的科学哲学则继承了德国古典哲学对科学的批判和超越精神。两种科学哲学与西方现代哲学两大主流——英国的分析哲学和欧洲大陆的现象学——存在主义哲学具有本质关联，我们把 20 世纪西方哲学概括为科学主义、人本主义、宗教哲学思潮三大思潮的并立格局。

1. 科学主义的基本思想。20 世纪 20 年代后期，维也纳学派掀起了一场举世瞩目的"科学的哲学"运动。这场运动产生两种认识：一种认识认为真正的科学只有一种，那就是自然科学，科学与其他文化之间存在着一条明显的界限。第二种认识拒斥传统哲学，拒斥传统哲学所研究的各种超验问题，如上帝的本质、人的命运等，认为这些都是神学研究的范围，哲学是科学范围内的活动，哲学只不过是科学的逻辑。

1962 年托马斯·库恩出版了《科学革命的结构》一书

科学主义揭示了科学的本质特征，但由于其排斥社会科学和人文科学，强调用自然科学的观点、方法和标准，去审视和衡量社会科学、人文科学和其他一切文化。因此，其局限性比较明显，具体表现以下几方面：

一是科学的逻辑不能解决科学与其他学科、文化之间的关系问题。因为这些学科、文化超出了自然科学的范围和能力，自然科学的范式和思维方法固然与其他学科具有统一性、共性，但并不是所有的自然科学方法都可以简单地、无原则地扩展到其他学科，片面追求精确、单一意义的所谓纯粹的科学性恰恰在最具有科学性的数学和逻辑学领域行不通。比如，语言分析哲学曾经认为，哲学问题最终可以归结为语言问题，因此哲学研究就是进行语言分析。经过语言分析之后，传统哲学的问题要么是伪问题，要么可以化为科学问题加以解决。由于传统哲学应用的是模糊的日常语言，因此引起了哲学思维的混乱。这样，哲学问题就可以或就应该通过建立精确的、单一的科学语言来解决。二是科学与非科学的界限是不能仅以科学为准单方面来划定的，而必须在科学与非科学的整体中、全局中划定，就此而论，科学主义不可能完成其给自己提出的任务，也无法真正说明到底什么是科学，什么是非科学。三是科学主义的科学或科学的哲学必须拒斥哲学的观点是根本不理解科学的真谛的说法。西方科学哲学界在 20 世纪后半叶越来越高的重建哲学的呼声实际上表明科学主义拒斥哲学的立场已经被否定。四是科学主义认为的哲学不能研究超验的问题这种观点也是错误的，每个人都具有对超验问题的终极关怀，而且这种终极问题的解决不能仅仅付之以信仰。

2. 历史主义的基本思想。历史主义在自然科学与人文科学、社会科学之间不存在明确的、单一的界限，而且甚至在科学与非科学之间也不存在明确的、单一的界限。历史主义的科学观和哲学观把科学看作是人类历史的活动，强调科学与其他文化的联系，强调科学的时代性或历史性，强调科学活动中人们的价值取向及其作用。

3. 后现代主义的基本思想。后现代主义提出了一种自由主义的科学观：一是科学只是许多意识形态中的一种，并不比其他信念体系更客观、更合理，因此，科学不应当享有特殊的文化和社会地位，反对科学沙文主义。科学主义的行为是"己所不欲，施之于人"，如果对待科学与其余学科采用双重标准，不啻文化领域内的霸权主义。二是如果说科学主义把哲学看作是科学范围内的活动，那么，后现代主义则完全走到了其反面，即把哲学看成是"非科学"范围内的活动。后现代主义试图揭示在科学、艺术和政治这类先前被认为是不同的领域之间的类似性，最终在"新实用主义"或"后哲学文化"等后现代主义的旗号下，将民主、文学、数学、物理和任何别的东西都统统关联并融合起来。后现代主义提倡多元主义方法论，强调人类文化的多样性和丰富性，强调科学与其他文化的关联，反对纯粹用自然科学或认识论的观点来审视和评判别的文化。

二、科学哲学的主要思想

1. 关于库恩的科学哲学。库恩是20世纪下半叶影响最大的一位科学哲学家、杰出的科学史家。他的《科学革命的结构》是被最广泛阅读、引用、讨论和争论的科学哲学经典著作。库恩的学说对科学哲学产生了巨大的影响。他是科学哲学历史主义转折的主要代表人物，也是把诠释学方法引进到科学哲学研究的先驱。他的学说促进了科学社会学的研究，特别是科学知识社会学的研究。同时，他的范式概念的多义性引起了热烈的讨论，他认为科学革命前后的科学具有不可通约性的论断引起了经久不息的争论。在中国，科学哲学起步并不晚，早在 20 世纪 30 年代末，洪谦就开始介绍维也纳学派的科学哲学——逻辑经验论。20 世纪 70 年代末。为了与国际接轨，我们把自然辩证法解释为关于自然科学的哲学、历史和社会学的科学群。1981年召开的第二届科学哲学会议，主题是库恩的科学哲学。库恩在《科学革命的结构》出版之后，就被批评为"非理性主义"和"相对主义"，甚至是什么"暴徒心理学"。对于这些批评，库恩一直是不接受的。为此，他提出了理论选择的 5 个标准，即精确性、一致性、广泛性、简单性和富有成果性。他认为，科学家依据这些标准来选择理论，是理性的行为，不是非理性的。科学革命后，科学家依据这些标准，信奉新范式，选择新理论，也是有进步意义的，不是相对主义。但是库恩不同意科学革命后的新范式、新理论更接近真理、更符合实在。在这点上，他承认自己有一点相对主义。从这里也可以看出，库恩的真理观更接近于经验融贯论和约定论，而不是真理符合论。

库恩在晚年，也一再表示不同意科学知识社会学中的强纲领。强纲领认为，在权力、利益的驱动下，科学共同体可以随意地建构出自然科学理论。"科学是认知的，科学的产物是关于自然的知识"，"世界不是发明或建构的"，他认为自己是一个"实在论者"，是一个"内在实在论者"。关于范式，库恩后来改用"学科基体""分类学""词典"等概念。他坚持科学革命前后"范式"或"词典"的不可通约性。不可通约不是不可比较，而是没有公约数。不可通约的两本词典可能有部分词汇是相通的，有的即使词汇相同，意义却不同，老词典中有的词汇，在新词典中没有了。而在新词典中出现了老词典中所没有的新词汇。所以，新老词典是不可翻译的，但可以诠释。

早在 20 世纪 80 年代初，在库恩的科学哲学刚开始引入中国大陆的时候，洪谦教授曾对库恩所代表的历史主义转向，评价不高。但是，他也对逻辑实证主义这类哲学进行了反思："一个完整的哲学体系，既应有其完整的理论哲学部分，也应有其完整的实践哲学部分。例如，康德哲学有其三大批判，马克思主义哲学有辩证唯物论和历史唯物论。对此，无怪乎罗素曾经慨乎言之：'逻辑实证主义这类哲学，严格说来，没有哲学，仅有方法论。'"正如哈金在《科学革命的结构》（第四版）"导读"中所写："库恩是维也纳学派及其同时代人的基本假设的继承人，他保持和传承了其基本思想。"）。确实，库恩的科学哲学，和逻辑实证论一样，只涉及理论哲学部分，只涉及纯粹理性，没有涉及实践哲学和实践理性。他虽然开辟了科学哲学的历史主义进路，但他自己没有在这条进路上继续前进。他所探讨的科学案例，还是局限在物理科学和基础科学，没有涉及工、农、医等应用科学，没有涉及科学伦理，也没有涉及人文－社会科学。近年来，中国科学院大学的李伯聪教授开展了工程哲学的研究。邱仁宗研究员开展了生命伦理学的研究，这些都突破了库恩的研究范围。

2. 关于戴维森的"宽容原则"。戴维森被公认为 20 世纪下半叶最有影响的哲学家之一，他提出的一系列富有独创性和挑战性的观点在英美哲学界产生了深远的影响。为了解决信念与意义的相互依赖性问题，戴维森引入了"宽容原则"。"宽容原则"最初主要是一个方法论的原则，对解释活动进行约束。后来，戴维森将对意义和信念的指派与合理性问题结合起来，进而指出"宽容原则"可以产生反怀疑论的认识论结果。然而，由于戴维森并没有对"宽容原则"进行过专门的讨论，因此，"宽容原则"究竟意味着什么，它与彻底的解释是什么关系，它是否具有回击怀疑论的批驳力，关于这些问题还存在着争议。"宽容原则"是彻底的解释获得成功的一个必要条件。正如戴维森所言，"宽容不是一种选择而是一个具有一种可行的理论的条件"。然而，到底何为"宽容原则"呢？戴维森并没有对此进行过专门的讨论和明确的阐述。戴维森对"宽容原则"的认识散见于他的多篇论文中，他通常在几种不同的含义上使用这个原则。在他的著述中，我们可以发现至少三种不同意义上的宽容原则。在他的早期论文中，戴维森通常把宽容原则看作是这样的一种假定：说话者与解释者对于他们共同环境的本质具有相同的认识。例如，在《彻底的解释》一文中，戴维森就曾经指出："我们想要的是这样一种理论，它满足对真理理论形式上的限制条件，并获得人们最大程度上的一致同意，这也就是说，就我们所告知的而论，使库特（以及其他人）所说的话尽可能经常的是正确的。"在《思想与谈话》一文中，戴维森也指出："因此，最终必须考虑的支持一种解释方法的方面就是它使解释者与说话者一般来说是一致的：根据这种方法，当说话者持一个语句为真并且根据解释者的观点这些条件成立的时候，说话者在特定的条件下就持这个语句为真。"在《论认识图式这种观念》一文中，戴维森同样认为："重要的是，如果我们的全部知识就是一个说话者持语句为真，并且我们不可能假定他的语言就是我们自己的语言，那么我们不知道或者不假定关于说话者的信念的许多方面，我们就甚至不可能迈出解释的第一步。因为只有能够对话语进行解释才可能获得关于信念的知识，因此，开始的唯一可能性就是要假定信念的一致。"

上述引文表明，"宽容原则"预设了解释者与说话者在信念上的"一致"。在这种意义上，解释者应用"宽容原则"的一个结果就是他发现说话者与自己对于他们共同的环境大体上具有相同的认识，至少在这种意义上是如此，即指派给说话者的信念将被解释者所分享，解释者与说话者的信念内容就是解释者和说话者共同的环境中的事件或者条件。除了假定说话者与解释者具有大体上一致的信念之外，戴维森还赋予了"宽容原则"另外一种含义，即假定说话者（在大多数情况下）具有真信念。在《信念与意义的基础》一文中，戴维森指出，"我建议我们把一种语言的说话者持语句为真这个事实看作是证明该语句在那些情况下是真的自明的证据。"

鉴于存在上述这些关于"宽容原则"的不同阐述，人们无论把哪一种阐述作为基础，都会对以它为基础而获得的理论产生重要的后果，从而得出关于"宽容原则"可靠性的不同结论。下面我们就对"宽容原则"与彻底的解释的关系做一分析。

在彻底的解释中，根据对说话者的环境的观察，解释者所获得的说话者的持真态度，它指向的是一个说话者在回应其环境中的事件或者条件时时而持真、时而持假的那些语句。引起说话者对这类语句持真态度的因果链开始于他个人环境中的某一事件或者条件，这导致他形成了一个信念；具有这样的一个信念反过来又导致他持自己语言中的那个在当时表达了这种信念的语句为真。这就意味着根据说话者持语句为真的态度与其环境中的条件之间的关联，通过假定那些由环境中的条件激发的关于这些条件的信念（场景语句表达了其内容的那些信念）是真的，我们就可以获得对说话者的语句的解释。因此，"宽容原则"假定，大体上说，说话者关于其环境的信念是真的，这种假定是为了保证说话者持语句为真的态度与激发信念的环境中的条件相关联，从而通过确定信念的内容而获得表达了该信念的语句的意义。在彻底的解释这种语境中，假定说话者关于环境的信念为真这种意义上的宽容原则，从方法论上解决了信念与意义的相互依赖性问题，通过假定说话者的信念为真，彻底的解释者可以保证说话者持语句为真的态度就是该语句为真的自明的证据，从而解决了意义的问题。

作为反驳怀疑论的一个武器，由于"宽容原则"预设了说话者关于其环境的信念大体上说是正确的，因此，它似乎回答了怀疑论者对主体信念的真的质疑。但是，正如上面的分析所表明的那样，在彻底的解释这种语境中，解释者唯一能做的只不过是根据他自己关于真理的某些标准的认识，向说话者的语句指派真值条件，并把这个真值条件看作是说话者在持这些语句为真时实际获得的真值条件，而且这种指派是建立在"宽容原则"的另一个预设的基础之上的，即假定解释者与说话者对于其环境具有相同的信念。解释中以"宽容原则"为前提的一致和真，是解释者与被解释者基于对主体间世界的认识而实现的，是彼此约定的，因此，这种一致和真只不过是一种人为的设定。尽管戴维森引了全能的解释者和信念内容的本质这些思想作为对"宽容原则"的补充和完善，但是由于他并没有论证全能的解释者关于其环境的认识的确为真，并且对引起信念的对象的本质没有给予保证，因此，仅仅依靠"宽容原则"，我们尚不可能确保得到一个关于客观世界的客观真理。

3. 库恩与费耶阿本德思想的后现代转型

科学哲学如何转型是一个世纪性的哲学问题，受到了外哲学家的高度重视。王书明、万丹《从科学哲学走向文化哲学—库恩与费耶阿本德思想的后现代转型》（以下简称《转型》）一书专门探讨了库恩与费耶阿本德在科学哲学转型中的特殊贡献。

库恩与费耶阿本德是科学哲学中的巨匠，是科学哲学界熟知的历史主义代表人物。但《转型》一书打破了以往的定位，在后现代/文化转型这一新的视域下对库恩与费耶阿本德做了独到的研究，在以下几方面做出的宏观研究值得重视。一是对库恩的不可通约性论题作了比较研究。不可通约性的提出，使库恩彻底告别了累积式科学发展观，把不可通约性论题作为核心概念和问题，对库恩思想进行了新的诠释和拓展，指出不可通约性与文化直接相通，突出了库恩关于科学的文化相对主义思想。库恩强调的是在西方文化中的科学本身不是一个连续的过程，每一种在今天已经被"淘汰"的理论都有合理性，并且这种合理性只是在当时的时空和文化环境下的合理性。通过"理性的历史化不仅消解了科学合理性的普遍性和绝对性，而且通过语言进入文化领域。作为理性历史化的结果之一，不可通约性也从科学评价进行文化评价。"库恩的思想通过不可通约性论题从英美的语言分析、逻辑实证走向了一个更广阔的领域—文化。文化不仅成为他的理论的出发点，而且是他所开辟的科学哲学新方向的最终指向。库恩因推动文化转型而成为后现代思想的先驱人物。这是以往的论著所没有涉及的。《转型》一书挖掘了库恩思想中明显的文化因素与文化相对主义。库恩的历史观将科学作为一项始终处于发展历史主义成为库恩思想及不可通约性论题的大背景，使该论题具有文化相对主义因素。与库恩的朦胧状态不同，费耶阿本德公开打出了文化相对主义的旗号，并对思想史上的各种相对主义作了详细的研究，还把相对主义分成四大类：实践相对主义；认知相对主义；民主相对主义；政治相对主义。《转型》一书对此作了详细的整理。《转型》指出，相对主义是费耶阿本德正面肯定的观点，是费耶阿本德文化哲学的另一块理论基石，他试图借助相对主义理解和鼓励文化多样性。费耶阿本德的文化相对主义确实在文化观上给了我们重要启示。例如，实践相对主义认为一切个人、团体，乃至整个文明都可以通过学习异己的文化、制度和观念而获益，而不管支持他们自己观点的传统如何强大。认知相对主义认为每一个陈述、每一种理论、观点或每一项发现的方法和证明的程序，都有利于推动文化的多样性，因为每一种有足够理由信以为真的陈述、理论、观点都存在论据证明与之相冲突的抉择至少是好的，甚至是更好的民主相对主义主张，不同的社会群体以不同的方式看这个世界，也把它们当作不同的事物来接受。它之所以是民主的，因为诸多基本假设原则上都是可讨论的，而且取决于所有公民。很显然文化相对主义是一种完全不同于科学普遍主义的思维范式，是一种新的世界观和科学观，是哲学思维的重要转型。二是费耶阿本德与科学哲学的解构。哲学界都知道，费耶阿本德对标准科学哲学持激烈的批判态度，但没有深究这种批判的意义。《转型》指出，费阿本德对科学哲学的批判意义非同小可，他的批判解构20世纪初开始占据西方哲学统治地位的科学哲学思潮，也揭露了貌似价值中立的科学哲学在社会、政治层面与西方文化霸权的逻辑联系，这是其他科学哲学家所没有触及的领域，他对科学哲学的批判解构了标准科学哲学的四大前提支柱：第一，普遍主义方法论的信仰；第二，划界思维的逻辑；第三，科学优越性的假设；第四，科学的意识形态基础。因此他的哲学就不仅仅是一种激烈批判的科学哲学，而是从科学哲学的终结处进入了文化哲学，他的哲学也因此具有了建设性。他在哲学上的后现代转型不是从现代科学哲学转向后现代科学哲学，而是从科学哲学转向了文化哲学，他向文化哲学的转向不是研究领域和研究兴趣的转向，是整体哲学理念的转向，是科学哲学发展到极端后的逻辑出路。这是极为中肯的评价。三是费耶阿本德较早地推动了科学哲学的文化转型。费耶阿本德不仅是一个批判者还是一个建设者，他在批判标准科学哲学的同时就在建设一种文化哲学。《转型》断定，费耶阿本德的批判哲学一诞生就是在文化哲学的框架下思维的，只是最初费耶阿本德本人对自己哲学的特点并没有特别明确的自我意识，费耶阿本德的研究者也没有很快领悟费耶阿本德哲学对与科学哲学向文化哲学转型的意义，甚至到今天绝大多数的研究者仍然是先站在标准科学哲学的立场上，然后再开始解读评论他的哲学，《转型》一书应该属于较早地意识到费耶阿本德对于科学哲学向文化哲学转型意义的作品。费耶阿本德本人明确地意识到科学哲学向文化转型是在《告别理性》一书。当然费耶阿本德并不是从《告别理性》一书才开始研究文化的多样性和文化转型的问题，在《反对方法》《自由社会中的科学》等书中就有大段的文字谈论文化多样性，但并不是这些著作的主题。在《告别理性》之前费耶阿本德关注的主题是对科学哲学的解构，而《告别理性》一书关注的是科学哲学解构以后哲学的文化转型。费耶阿本德的后现代哲学也由批判为主转向更多的建设性。《转型》认为，费耶阿本德的文化转型不是另外开创一门作为分支学科的文化行学，而是拓展科学哲学空间的一种思路、立场和视域，当然这种拓展不是抛开标准科学哲学问题另起炉灶，恰恰是在批判原来问题的过程中派生出来的逻辑拓展。这意味着科学哲学无论是作为思潮还是作为学科都没有在解构与转型的过程中消失，而是拓展了空间并形成了新的研究结构和侧重点。多样性、自由性、相对性是文化的三大特点，也是文化哲学不同于知识论哲学的重要立场。费耶阿本德曾在论著中多处肯定中国文化尤其是中医文化，《转型》一书的作者最后用中国文化的理想"和而不同"来概括费耶阿本德的文化理想：多样性传统的平等互利、自由共生。

参考文献

［1］汪子嵩等：《欧洲哲学史简编》，人民出版社，1972，第 223 页。

［2］洪谦：《论逻辑经验主义》，范岱年、梁存秀编，商务印书馆，1999。

［3］库恩：《科学革命的结构》，哈金，导读．金吾伦、胡新和译，北京大学出版社，2012。

［4］库恩：《必要的张力——科学的传统和变革论文选》，范岱年、纪树立等译．北京大学出版社，2004。

［5］库恩：《哥白尼革命——西方思想发展中的行星天文学》，北京大学出版社，2003。

［6］库恩：《结构之后的路》，科南特·豪格兰德编，邱慧译，北京大学出版社，2012。

［7］洪谦：《维也纳学派哲学》，商务印书馆，1989，第 131-132 页。

［8］费耶阿本德：《自由社会中的科学》，上海译文出版社，1990，第 112 页。

3

领略心跳　收获上海现代服务业理念裂变

——2009 年 7 月 26 日赴上海学习现代服务业心得

　　和其他 21 名学员一样，我带着工作中的困惑与难题，来到中国现代服务业前沿——上海学习取经。短短七天，我们碰撞了现代服务业的理论成果，目睹了"东方神龙"东海大桥的恢宏壮观，领略了中国经济心脏的稳健心跳，收获了思维理念的更新裂变。

　　思路在学习中清晰。从我区楼宇经济来看，发展规划怎么定？楼宇业主、楼宇企业、物业公司这些主体关系如何协调？政府如何吸引企业入住？如何依法管理楼宇企业？如何培植楼宇税源？这一个个问题一直困扰着我。在《商务楼经济的发展与探索》的教学中，我特别专注聆听裴蓁教授有关楼宇经济理论的讲授，就我区碰到的困难向裴教授请教，他让我明白了我区楼宇经济发展的"瓶颈"——我区

2009 年 7 月 26 日在上海洋山深水港学习现代服务业

楼宇企业所有者，不是国家企业或集体企业，而是个人所有；要解决楼宇管理混乱的问题，就必须尽快成立楼宇业主委员会;可以配合梅湖景区建设，发展农村楼宇经济——农家乐。在新长宁集团实地考察中，我又把如何引进企业入住楼宇，壮大楼宇经济，向新长宁集团冯书记请教。他让我明白了发展楼宇，加快旧城改造，提升楼宇价值，增强楼宇集聚功能的重要性。在参观浦东花木街道，当我问政府应如何采取政策措施，稳定楼宇企业时，花木街道邱主任让我明白了加强楼宇自身环境优化和税收优惠政策的必要性。话语之诚恳，点子之经典，让我茅塞顿开，对发展我区楼宇经济的信念更强，思路更清。

观念在碰撞中裂变。和大家一样，我对国际金融危机影响的敏感度不强，危机意识不强，林镇教授的《经济形势与应对措施》让我们的经济思想进行了一次"革命"，他让我明白了中国经济形势的严峻，也明白了自然灾害、经济结构、体制对经济发展的巨大约束力，明白了思想从"技术磨损"向"精神磨损"的飞跃，明白了马克思的地租级差在我国市场经济中的重要性，明白了信心比黄金更重要的内涵。短短的七天,学员们的经济意识明显增强。在讨论中，学员们更多的是利用新学到的经济学原理来探索我区经济发展的思路，更多的是围绕现代服务业这一主题来完善自己工作的框架，调整自己的工作思路，让工作手段更加科学化、人性化，促进服务与被服务之间的良性裂变，突显工作张力。

责任在不经意中加强。作为政府行政管理的重要载体，我们的责任就像人体畅通的血液一样，要保证政府的肌体的健康运转，如有不慎，可能会导致肌体感冒，影响政府形象。现代服务业高文化品位和高技术含量；高增值服务；高素质、高智力的人力资源结构；高感情体会、高精神享受的消费服务质量的四高要求，对我们提出了更高的要求，我们必须以高度的政治责任感，来提升服务现代服务业的能力与水平，保证现代服务业的飞速发展。要用上海人承办中国2010上海世博会的精神和责任来建设好我们的青云谱、建设好我们的家园。

4

接受洗礼，储备一支精锐的
南昌统一战线干部队伍

——2019年7月31日在南昌市（延安）党外干部
素质提升研修班结业仪式上的讲话

延安是中国革命的圣地，是中共中央和毛泽东等老一辈无产阶级革命家战斗和生活的地方，也是习近平总书记插队期间带领群众艰苦创业、改变贫穷落后的地方。我们为能到延安来参加学习培训，接受灵魂的洗礼而感到无上光荣；授课老师的精彩讲解得到了学员们的一致好评，既有内涵丰富、论述深刻的专题报告，又有充满激情、感人至深的现场教学，令人印象深刻；学员们听课期间态度非常认真，精力高度集中，发言积极踊跃，达到了预期的培训效果，彰显了南昌市党外干部的良好形象。而市委常委、统战部长，各民主党派负责人和延安市委党校常务副校长出席开班仪式，这些都充分说明本次研修班的定位之高、层次之高、规格之高，也体现了市委对我们党外人士的关心和厚爱。我们从中共中央在延安十三年的艰苦斗争中，受到了一次革命传统的深刻教育和心灵洗礼，从而更加自觉坚定"不忘初心、继续前进"的信念；我们从习近平总书记扎根农村担当实干的感人经历中，受到了一次励志进取的深刻教育和心灵洗礼，从而更加自觉维护核心，树牢"四个意识"，坚定"四个自信"；我们从延安时期统一战线工作的历史功绩中，受到了一次爱岗敬业的深刻教育和心灵洗礼，从而更加自觉履行参政议政职能，发挥党派模范作用。

这次培训，我的身份很特殊，既是这项工作的组织者又是这次培训的受训者，在座的各位是南昌市各民主党派中的骨干力量，其中部分是我的领导、同事和同学，大家都给予我很多关心和帮助，我曾与大家一起学习工作过，一起积极参政议政，履职建言；现在，作为民盟的一名普通成员也作为市社会主义学院的干部，我与大家一起来延安学习，我倍感荣幸。我对我们党派、我们党派成员有着深厚的感情，你们就是我的娘家人，我的贴心人，这次研修班为我提供了为大家服务的机会，我非常珍惜，我希望通过自己的努力为大家带来一次难忘的延安之旅。

从 7 月 27 日—31 日，短短的五天培训时间，我们时刻牢记乐部长在开班仪式上的殷殷嘱托、切切期望：在细照笃行中传承延安精神，修心、修德、修为；在学思践悟中提升履职能力，勤学善思；在从严要求中树立形象，用端正的学习态度、科学的学习方法、严肃的学习纪律参加本次学习。短短的五天培训时间，我们进行了《延安精神及其时代价值》《十九大精神解读》2 场专题教学，让我们更深入地感受到了延安精神的深刻内涵，让我们更精准地把握住了十九大精神的核心要义，同时，更让我们坚定了以全心全意为人民服务为宗旨，结合南昌实际，把十九大绘制的宏伟蓝图一步步变为美好现实的决心。短短的五天培训时间，我们进行了《毛泽东与毛岸英特殊的父子情》《"窑洞对"及其现实启示》《白求恩与白求恩精神》、《习近平插队经历对干部的成长启示》《三五九旅开发南泥湾与艰苦奋斗的南泥湾精神》5 场现场教学，我们感受到了革命前辈们的伟大情怀，沉甸甸的故事深深地烙印在我们的心里。我们为毛泽东与毛岸英的父子情而感动落泪、我们为白求恩的无私精神而感动落泪、我们为习近平的人民情怀而感动落泪，我们从"窑洞对"中找到了中国共产党领导的多党合作和政治协商制度的思想源泉，我们从南泥湾精神中探寻到了自力更生、艰苦奋斗的民族灵魂。短短的五天培训时间，我们参观了老一辈革命家们工作和生活过的地方——中国共产党中央大会堂（旧址）、杨家岭、王家坪、宝塔山、枣园、凤凰山、抗日军政大学纪念馆、延安炮兵学校、桥儿沟等革命旧址。在老一辈无产阶级革命家居住和工作过地方，一孔孔简陋的窑洞，一件件朴素的陈设，一幅幅珍贵的图片，生动地再现了当年老一辈革命家的不屈不挠、艰苦奋斗的革命精神和高尚情操，让我们接受了一场红色的心灵洗礼。短短的五天培训时间，我们深入延川县梁家河村，走进习总书记知青插队时住过的窑洞和工作过的地方，走访了解习总书记闯过"跳蚤关、饮食关、生活关、劳动关、思想关"等艰辛的七年知青生活，真切感受了习总书记带领群众战天斗地、扎根群众、摆脱贫困、自强不息的精神和"不忘初心、牢记使命"的爱国爱党情怀。

短短的五天培训时间，我们观看了大型红色历史舞台剧《延安保育院》，唱起了《东方红》《延安颂》《南泥湾》等革命歌曲，陕北民歌的高亢悠扬，安塞腰鼓的激情奔放，纯真无邪的稚子之心，无私奉献的教师之心，无畏艰险的战士之心向我们展示了军民共筑的人间大爱。

短短五天的培训时间，大家认真学习，积极配合，踊跃发言，全面贯彻落实乐部长的指示要求，我们完成了一次知识测试、两堂专题教学、三场分组讨论、四个学习任务、五回现场教学、六个主题活动、七个现场教学。在此期间，老师、班组、拍摄人员和部（院）工作人员默默为学员们提供了周到的学习服务，赢得了学员们的频频点赞；学员们也真正做到了听得进、学得实、善于思，真正实现了学有所思、学有所获、学有所用，彰显了南昌市党外领导干部的高情远志，树立了南昌市党外领导干部的良好形象。正是由于大家这五天中的无私奉献和孜孜以求的学习精神和风貌，也给延安人民留下了美好的印象！请允许我代表市委统战部、市社会主义学院向你们表示衷心的感谢！短短的五天培训时间，我们从陌生到熟悉，从相识到相知，我们在课堂上潸然泪下，我们在讨论中撞击火花，我们在生活中相互关心，我们在班组工作中相互配合，我们的班集体秉承着团结、紧张、严肃、活泼的学风，学有所得，学有所获。

我们的所得、所获究竟是什么？我感觉就是我们对延安精神有了更深刻的认识，延安精神是中国共产党克敌制胜的法宝、革命的传家宝。民主

2019 年 7 月 31 日在南昌市（延安）党外干部素质提升研修班结业仪式上

党派与延安精神有着深厚的历史渊源，要不忘合作初心，在今后的工作中要切实提升"五种能力"，把延安精神存之于心、践之于行。

一是必须有坚定正确的政治信念。就是要站在新的历史起点上，继承和发扬老一辈革命领导人的优良传统，不断从中国共产党领导的多党合作和政治协商制度的历史中汲取智慧和力量。引导党派成员理解和认识中国的民主党派从诞生之日起，其命运和兴衰就与国家和民族的命运和兴衰紧紧联系在一起的。在与中国共产党一道为争取民族独立和人民解放而斗争、为实现民族复兴而奋斗的伟大历程中，形成了"长期共存、相互监督、肝胆相照、荣辱与共"的政治关系、优良传统和价值理念。要认清当前形势，毫不动摇地坚持中国共产党的领导，坚持中国特色社会主义政治发展道路。要坚持正确的政治方向，坚持同中国共产党在思想上同心同德、目标上同心同向、行动上同心同行，切实提高政治把握能力，不仅自身把握好，而且要引导带领我们的党派成员坚持这种政治信念，只有解决好方向问题才能走得稳、走得远。

二是必须有参政议政的使命感。在我国改革处于攻坚阶段、发展处于关键时期的今天，经济、政治、文化及社会生活各个方面正在发生深刻变化，世界政治格局多极化和经济全球化趋势对我国的影响越来越广泛、深刻。随着我国"四个全面""一带一路"战略的实施，各种新情况、新问题对我们有新的考验，特别是南昌正处在改革发展创新的重要时期，需要我们始终保持清醒的头脑，牢固树立五大发展理念，不断提高适应和驾驭新情况、新问题的实践能力。我们要把参政议政作为一种职责和使命，切实提高参政议政的能力和水平。紧紧围绕经济建设的重点、民众关注的热点问题开展调查，在群众和基层中发现和获取素材，在细致思考研究基础上，为民代言、为民立言，坚持着眼于大局，服务于决策。

三是必须有自我革新的原动力。要想在新时期新阶段跟上中国共产党的步伐，就要不断继承发扬延安精神和践行习近平新时代中国特色社会主义思想，加强参政党建设，勇于自我革新，自我完善，自我发展。按照新时代中国特色社会主义参政党的标准和要求，着力加强思想政治建设，深入开展"不忘合作初心，继续携手前进"主题教育活动，丰富形式载体，创新方式方法；着力加强组织建设，提高领导班子"五种能力"，加强代表人士培养；着力加强能力建设，努力提高参政议政、民主监督、参加中国共产党领导的多党合作和政治协商的能力水平；着力加强制度建设，建立健全民主党派自身建设制度体系，不断扩大影响力，彰显生命力。

各位学员，五天的培训结束了，但我们的情谊不会结束，我们的工作还要延续。去年底，中共中央出台了《社会主义学院工作条例》，这是第一部由党中央制定的关于社会主义学院工作的党内法规。《条例》的颁布，体现了以习近平同志为核心的党中央对统一战线人才教育培养和社会主义学院工作的高度重视，为新时代社会主义学院的改革发展指明了方向，为推进社会主义学院工作科学化制度化规范化提供了遵循。《条例》明确社会主义学院是党领导下的具有统一战线性质的政治学院，是民主党派和无党派人士的联合党校。我初到市社会主义学院任职，市社会主义学院的工作需要各位的大力支持，作为市社会主义学院的院长我热忱欢迎大家对我们的工作提出宝贵的意见和建议，欢迎大家常到市社会主义学院学习交流。

各位学员，让我们以这次培训为起点，在中共南昌市委的坚强领导和市委统战部的正确指导下，学以增智、实干立身，不忘初心、继续前进，走好新时代南昌改革发展长征路，以优异成绩庆祝新中国成立70周年！

5

团结是歌　和谐是曲

到中南民族大学学习是今年 6 月份的事，我作为政府分管宗教的人员参加全市民族宗教界（成都）代表人士培训班，既是工作的需要，更是自身的需要。短短的几天培训中，丰富饱满的课堂设置、内涵生动的专题讲座、精彩热忱的现场教学，对我而言，既解渴又充实，如果要将习总书记关于"积极引导宗教与社会主义相适应，引导宗教努力为促进经济发展、社会和谐、民族团结、祖国统一服务"重要论断解读为群众通俗易懂的话，那就是"民族团结是歌，宗教和谐是曲"。现把我学习以来的心得和浅显的认识，结合近期对民族宗教工作的考察调研，分享如下。

一、紧跟新时代，把握政治站位

党的十九大报告高屋建瓴、立意深远，内涵丰富、博大精深，在许多方面都有重大创新，提出了一系列新思想、新观点、新目标、新举措。党和国家领导人更加注重民族团结。当前，随着经济社会的发展，在新的历史时期，维护民族团结，全面贯彻党的民族宗教政策，也成为关系到我区社会政治稳定、经济发展、构建和谐社会所不容忽视的问题。在参加本次宗教工作培训学习中，从老师们的对民族宗教事务管理政策及国家相关法律法规的认真解读，使我们对民族宗教事务管理工作有了更进一步的了解和掌握了新的知识，深感做好此项工作也是不容易的，要敢于面对不敢管、不擅长管、不会管的局面，去面对新问题、新困难，要学用结合，学习民族宗教政策，更好地运用到工作中去。既要当好理论辅导员，要不断地强化学习，处理任何事情都要依法遵守宗教事务管理条例，熟悉和掌握民族宗教政策及相关的法律法规相关知识；又要当好宣传员，要认真多学习政策理论，深入民族中去，正确认识宗教人士的信仰自由以及宗教信仰的相关政策，认真贯彻党的政策方针，打击和遏制利用非法宗教非法活动的行为；深入研究，帮助群众了解宗教本质，识别"伪宗教"，解决自身工作中的疑惑，与工作实践相结合，有效推动全区民族、宗教工作的健康发展。

二、认识新形势，把握宗教本质

一是加深对宗教本质的认识。宗教是人类社会发展到一定历史阶段、人类思维能力发展到一定水平以后产生的社会现象，有其发生、发展和消亡的客观规律，是一种意识形态，也是一种文化现象，在历史上曾对社会的

2018年6月25日在成都西南民族大学参加全市民族宗教界（成都）代表人士培训班

文化、文明和社会进步做出过重大贡献。虽然宗教的消亡在当今是看不到的，但宗教和其他事物一样，早晚会消亡，但宗教的消亡是一个长期的历史过程，只有在一切主观条件和客观条件完全具备的时候，在人们充分认识世界、了解世界之后，世界上的宗教才会消失。所以，我们要尊重和掌握其基本规律，不能用行政的方法消灭宗教或发展宗教。习总书记曾说过"宗教工作本质上是群众工作"，既然是群众工作，我们就要用群众工作法去做宗教工作，因此，宗教工作急不得、慢不得、紧不得、松不得，要避免反复折腾。

二是加深党的宗教信仰自由的认识。宗教信仰自由政策是我们必须坚持的观点。尊重和保护宗教信仰自由，是党对宗教问题的基本政策。这是一项长期政策。我想，我们党之所以制定了宗教信仰自由政策，就是基于对宗教本质的深刻认识。因为宗教是意识形态范畴，是长期存在的，而且不可能通过行政手段消除，宗教还将在一定范围内长期存在，并发挥重要影响。中国共产党一直奉行宗教信仰自由政策，新中国成立后，这一政策被写入宪法。我国是政教分离的国家，坚持宗教信仰自由，前提是任何宗教不能干预国家行政、司法、教育、婚姻和计划生育，不能危害国家政权和主权。要保护合法，打击非法。坚决保障一切正常的宗教活动，同时就意味着要坚决打击一切在宗教外衣掩盖下的违法犯罪活动。一方面，我们党要贯彻执行尊重和保护公民宗教信仰自由的权利、保护正常的宗教活动、保护宗教界的合法权益；另一方面，从宗教界来说，要拥护中国共产党的领导，拥护社会主义，在宪法、法律、法规和政策规定的范围内开展宗教活动。这在宪法和《宗教事务条例》中都有所明确。坚持宗教信仰自由政策，还要坚持独立自主办教的原则。

三是更加清醒地、深刻地认识非法宗教活动的危害。有的非法宗教活动影响邻里关系，影响社会治安；有的非法宗教活动有境外渗透活动、邪教活动渗入其中；还有极少披着宗教的外衣，干着不齿的勾当。有的干预教育、婚姻、计划生育，强迫青少年和学生信教，教唆学生非法学经，甚至和民族分裂联系在一起，利用部分群众的无知，歪曲宗教教义，煽动宗教狂热，蓄意制造民族矛盾，打击和迫害爱国宗教人士和干部群众，成为影响团结和稳定的主要危险。这一点，我们应该有充分的认识。对于非法活动，我们要用清醒的头脑，区别对待，依法依规处置。

三、运用新方法，把握宗教方向

1. 促进少数民族经济发展。加快少数民族建设步伐，为全市少数民族经济发展起到示范带动作用。针对少数民族缺资金、缺项目、缺技术、缺人才的现状，市政府要督促和支持有关部门结合少数民族经济发展实际，制定相应的措施，加大对少数民族聚居地方的扶贫开发力度和扶持政策，既要投入更多的资金和物力，又要在投资、财政、产业等方面实行更多切实可行的优惠政策，合理调动和配置社会各项资源，加强帮扶，推动少数民族教育文化、医疗卫生、科学技术等各项社会事业的发展。

2. 积极鼓励宗教团体办公益事业。认真组织，积极鼓励宗教团体，利用自身的活动特点，参与公益事业，在构建社会和谐、促进平安南昌建设中发挥应有的作用。进一步加强民族宗教界人士相互间的沟通、理解和感情交流，加强政府与宗教界人士的联系。各级政府和相关部门要深入基层，定期或不定期走访慰问民族、宗教界人士，参加重大宗教活动，倾听他们的意见和呼声，增进感情交流、凝聚人心，促进团结、密切联系。积极组织召开座谈会，互通情况，畅谈经济社会发展，人民团结和睦的大好形势，为发展经济出谋献策。

3. 加强宗教事务的管理。坚决打击非法传教活动。防止邪教滋生蔓延，保障正常的宗教活动和宗教团体的合法权益。强化对宗教教职人员的培训，提高各级党政领导干部执行党的宗教政策能力和水平。进一步发挥政府作用，推动民族宗教工作依法开展。随着新形势的发展，民族宗教工作担负的任务将会越来越重，各县区政府有必要加强民族宗教工作。

6

中国古典民主政治思想的基本理念
及对当下政治协商制度的启示

任何一种思想和理论的产生，都离不开一定的社会实践和历史条件。马克思认为人们自己创造自己的历史，"是在直接碰到的、既定的、从过去承继下来的条件下创造"，"并不是随心所欲地创造，并不是在他们自己选定的条件下创造"。[①] 正是人们在创造历史的过程中无法避开对过去的继承，才有了不同国家和民族的传统文化各自独有的特色。中国古典民主政治独特的思想文化同样是中国古典协商民主思想的根源。中国人民政治协商制度是一种具有中国特色的民主政治制度，很大程度上得益于中国古典协商民主思想延续和深化。

一、中国古典民主政治思想的历史演变

中国古典民主政治思想的发展大致可分为四个时期：（1）夏商周时期是奴隶制国家民主政治制度的形成时期，此时的民主政治思想尚处于萌发状态；（2）春秋战国时期是中国古典民主政治思想发展的转承时期，同时也是民主政治思想研究的第一个兴盛时期；（3）秦初至唐宋时期，是中央

[①] 《马克思恩格斯选集》（第 1 卷），人民出版社，1995，第 585 页。

集权的封建君主专制政体确立与发展时期；（4）元明清三代，是中国封建政治体制的沿袭与衰落时期。这种划分方式主要是对应中国古典民主思想的政治实践。由于政治思想与政治实践之间的对应性关联，因此，这种划分基本上是可以成立的。

1. 萌发时期。夏商周三代是中国封建社会民主政治制度的形成时期。此时，由于社会生产力水平较低，这一时期的政治实践往往带有图腾和神话的色彩，并产生了一系列与之相应的政治思想，如商代的神、祖崇拜和王权思想。殷商的祖先不仅出生的时候带有神话色彩，如"天命玄鸟，降而生商"[①]等，而且其卜辞中所请示的对象也多为其祖先。随着历史的发展，其祖先（即"鬼"）与神逐渐一体，成为其统治的正当性与合法性的来源。周克商以后，对于商朝的民主政治思想进行了很大的改动。商朝原来宣称自己的权力乃是"天"授之，其权威性和至上性不可动摇。而周朝同样宣称自己讨伐商纣也是替"天"行道，"今予发，惟恭行天之罚"[②]。周朝建立之后，周公用"以德配天"的思想一方面论证周取代商在政治上的合法性，另一方面则是总结商朝灭亡留给世人的经验和教训。"德"是一个内涵丰富的概念，包括了当时的信仰、道德、行政等方面，而依据德的原则，对待神、祖，则需要以至诚之心；对待自己，要严于律己，不可荒淫无道；对待民众，要关心民众疾苦，教养民众，行德政。《尚书·盘庚》篇即将德视为关系政治成败的关键。周公之后，德在民主政治制度中的地位得到了更进一步的提升。周公将德视为周替代商的主要原因，有德之人可以获得"天下"，而无德之人将失去人民的支持，失去"天下"。为了将德落实为具体的规范，在周朝初年，周公还参考前代礼制而制定了详尽的周礼，成为周朝的一种政治体制。"礼"所涵盖的内容十分丰富，既包括国家制度，同时又涉及社会生活规范，还有礼仪制度。孔子十分推崇周礼，认为这套礼制可谓尽善尽美，他说："周

---

① 葛培岭：《诗经》，中州古籍出版社，2005，第306页。
② 李民、王建：《尚书译注》，上海古籍出版社，2004，第204页。

监于二代，郁郁乎文哉，吾从周。"①

2.转承时期。迨至春秋战国时期，东周中央王权衰落，原有民主政治制度逐渐瓦解，诸侯并起，且迅速强大。各诸侯国纷纷开始招揽人才，尤其是能够经国治世之良才。这样的人才往往都对古代的政治制度有深入的了解和研究，因此，为应对时局，这些人开始对前代政治制度进行总结和反思，以期找到能使国家迅速强盛的方略，而有关政治思想研究也就此勃兴。春秋战国时期比较典型的有稷下学宫，还有著名的战国四公子，都是这一时期学术研究兴盛的表现。

这一时期的民主政治思想主要涉及以下几个方面：

第一是民主政治制度的创新。由于周王室权力的衰落，不同的思想家开始总结周王室衰落的原因并寻求新的政治体制。各诸侯国在发展的过程中开始注意加强君主的权力，但是君权壮大的过程中又需要卿大夫，甚至民的配合，因此，夏商周时期的天子制在此时逐渐向君主集权制演变。

第二是民智的开启。商周时期的"学在官府"，使统治之术只掌握在统治者手中，世代维系，而随着其统治的瓦解，"学"逐渐下移，民间开始出现讲学之风，尤其是首开私人讲学之风的孔子。他所讲述的内容不仅涉及到民主政治理想，还包括对当时一些重要的政治实践的评论。

第三是有关天人关系的探讨。此前，天与神是一体的，至于天道作为一个较为流行的概念则是春秋时期，最初的天和天道还没有太大的区别。其后，开始出现两种不同的认识，一是顺应天的指示，则政治才能兴旺发展；另一种则认为天、人是分开的，如子产讲"天道远，人道迩，非所及也，何以知之"②，清楚地表达了天人相分的观点。这种认识的分歧是对夏商周时期天人关系认识的反思或者说更加深入研究的结果。

春秋战国时期之所以出现思想文化繁荣的景象，其原因一方面是由于这一时期涌现了许多著名的思想家，诸如孔子、孟子、老子、庄子、韩非、

---

① 杨伯峻：《论语译注》，中华书局，2009，第28页。
② 左丘明：《左传》，岳麓书社，1988，第324页。

墨子等，他们纷纷著书立说，开坛设讲，在他们周围逐渐聚集了很多学徒，成为不同的学派。他们的出现不仅促进了这一时期思想的繁荣，也为后世留下了相当丰厚的思想遗产。而另一方面的原因则是这一时期社会战乱频繁，社会动荡不安，国家统治力衰退，时代的变迁使得社会亟须新思想的产生，而当时较为宽松的政治环境也为不同思想的产生和交锋创造了条件。

3. 发展时期。秦汉至唐宋，是中国民主政治制度发展的一个重要时期，在中国民主政治思想史中占有重要地位。秦统一天下后，受其国家历史发展的影响，秦始皇"以法为教……以吏为师"[①]，建立了中央集权的君主专制制度，包括皇帝制度，三公九卿制和郡县制。汉初统治者与民休息，以缓解长期战乱造成的民生凋敝，以道家黄老之学为统治思想，推崇"无为而治"。至武帝时，随着国家实力的恢复，董仲舒提出了"罢黜百家，独尊儒术"的思想，儒家思想由此变成了正统的民主政治思想，并为后世朝代所继承。这一时期的儒家思想已经吸收了法家、道家和其他流派的部分思想，符合统治者的政治需求，因此备受推崇。

之后的魏晋南北朝时期是一个政权更替较快的时代。但是这种社会动荡的局面却有利于民族的融合和政治思想的多元化发展。这一时期的政治思想带有鲜明的时代特征。如传承自汉末的名法思潮，"是汉魏之际社会现实的产物，其主旨是通过刑名、法术等手段，强国足兵，争雄天下，重新恢复社会的统治秩序……与先秦法家不同的是，这股名法思潮始终与儒家的思想发生联系，是在儒家的传统文化背景下展开的"。[②]魏晋南北朝时期政治思想的多元化发展还表现在儒学的继承和发展，玄学的兴起，佛、道二教的广泛传播及儒释道三者间的相互影响和融合等等。

隋唐是中国封建社会发展的巅峰时期，这一时期的政治社会相对稳定，政治制度也在秦汉的基础上进行了完善和发展。经过对魏晋南北朝时期遭到冲击的儒学正统地位的反思，儒学的统治地位再次被强化。佛教和道教在

---

① 高华平等：《韩非子》，中华书局，2010，第714页。
② 刘泽华：《中国政治思想史》（秦汉魏晋南北朝卷），浙江人民出版社，1996，第447页。

隋唐时期也得到了空前的发展，于是，三种思想之间的斗争与融合成为这一时期政治思想的主流。以孝治天下是隋唐统治者一贯的政治思想,把孝理、孝治奉为最高政治原则。隋唐时期有作为的统治者相对较多,这些统治者的治国理念形成了所谓君道。隋唐君道具有自身特色,不拘流派,兼收百家,这一时期的君道成为后世典范。

两宋时期内外交困,积贫积弱,面临诸多棘手的政治难题。因此,这一时期的政治思想又呈现出思潮迭兴,流派众多的现象。萧公权认为,"此三百年中之政治思想可分为理学与'功利'之二大派。……二者均依傍孔氏而皆不守秦汉师法"。[①] 这一时期民主政治思想的重心便在于如何摆脱贫穷落后的政治局面。宋代的民主政治思想比唐代更为务实,但也平添几分无奈和压抑。

4.衰弱时期。元明清时期,是中国封建制度的衰落时期,也是对于中国古典民主思想政治制度的反思时期。元代以少数民族入主中原,儒学中的以夏变夷思想虽没能使儒家思想在元代占据统治地位,但是既保证了儒家思想的生存和发展,同时也最终使理学成为官学,为其统治明代政治思想领域奠定了基础。而明清时期,封建君主专制程度达到顶峰,其间的民主政治思想也出现了突出的成就。一方面是君主集权专制的相关理论,另一方面是王阳明心学的产生和发展。明末清初也涌现了大批在民主政治思想理论方面成就丰硕的学者,如黄宗羲、顾炎武、王夫之等人,特别是黄宗羲主张"必使治天下之具皆出于学校……天子之所是未必是;天子之所非未必非"[②],这一时期的民主政治思想研究达到了一个新的高度。

二、中国古典民主政治思想的核心内涵

1."仁"。"仁"的思想是中国古典民主政治思想中最重要的内涵之一。"仁"者,人之本也。《周易》有言:"立天之道曰阴与阳,立地之道曰柔与刚,

---

① 萧公权:《中国政治思想史》,台湾:中华文化大学出版社,1980,第455页。
② 黄宗羲:《明夷待访录》,中华书局,2011,第37页。

立人之道曰仁与义。"①《中庸》也说："仁者，人也。"②"仁"对于人而言，就是对人际关系处理方式的一种理论升华。孔子对此进行了更进一步的论述，即"仁者，爱人"③，并将孝悌作为仁的根本（"孝悌也者，其为仁之本与"④），注重以血缘关系为基础的亲人之间关系的处理。孔子认为，只有人与人之间的按礼施爱，使爱有尊卑等级、亲疏远近之别，让礼由此内化成自觉，社会秩序才能稳定。墨子虽"学儒者之业，受孔子之术"⑤，却对"仁"的践行对象有不同的认识，"贱人"只要不"交相亏贼"，那就是对"仁"的一种践行方式，降低了行"仁"的门槛。相对于孔子"仁"学对等级的强调，墨子直接将"仁"降到了庶民亦可的程度，这在一定程度上将平等观念注入民主政治思想的核心，为政治协商民主思想的中国特色提供了一些文化土壤。

此外，孔子认为实现仁的方式，是忠恕。子曰："参乎！吾道一以贯之。"曾子曰："唯。"子出。门人问曰："何谓也？"曾子曰："夫子之道，忠恕而已矣！"⑥忠者，己欲立而立人，己欲达而达人；恕者，己所不欲勿施于人。无论实现仁的哪种方式，忠恕皆由己开始，由己推人，由己及人，扩而大之，人人如此，则社会也能达到儒家的理想状态。这里强调的还是个人自身的修养，自身修养的水平直接关系到政治理想的实现。这也是对社会中人与人之间关系的新认识，即人与人之间的这种对等关系，想要成就自己必先成就别人。另外，"仁"有"相人偶"之意。即"人相偶"。郑玄以'相人偶'释仁是深切儒家之脉的。⑦在传统民主政治思想中，"人相偶"在政治生活中就是国家政权管理者之间的合作。

① 黄寿祺、张善文：《周易译注》，上海古籍出版社，2004，第571页。
② 汪受宽、金良年：《孝经·大学·中庸译注》，上海古籍出版社，2012，第118页。
③ 杨伯峻：《论语译注》，中华书局，2009，第129页。
④ 杨伯峻：《论语译注》，中华书局，2009，第2页。
⑤ 刘安：《淮南子》，河南大学出版社，2010，第692页。
⑥ 杨伯峻：《论语译注》，中华书局，2009，第38页。
⑦ 王艳勤：《原"仁"》，《孔子研究》，2007年第2期。

春秋战国时期齐国的稷下学宫：世界历史上第一所官办"大学"

　　相对于儒家"仁"的等级性，老子说："天地不仁以万物为刍狗；圣人不仁以百姓为刍狗。"[1]并藉此提出这种回归自然、不加干涉并惠及万物的"不仁"才是真正的"仁"，因而老子主张"与善仁"，这表明老子认识到社会中人与事物的差异性，想要以一种纯任自然的方式来实现或者保证其公平发展。这种对不同事物一视同仁的公平，在墨子的思想中也有体现。墨子将"仁""义"合并为其"兼爱"思想，强调"仁爱"应"远施周遍"，不应有差别等级之分。孟子强调的仁政，实则从人的心性出发，认为"人皆有不忍人之心"，为人君者，若能以"不忍人之心"，行"不忍人之政"，就是仁政。[2]相对于孔子的"仁"，孟子对此进行了发展，客观反映了其所处时代封建制度形成和发展的政治理论需求。

　　2. "和"而不"同"。"和"是中国传统思想文化的核心价值之一。早在商周时期，就有"协和万邦"的民族、国家关系方面的政治思想。孔子

---

① 陈鼓应：《老子注译及评介》，中华书局，1984，第 74 页。
② 杨伯峻：《孟子译注》，中华书局，1960，第 72 页。

主张"礼之用，和为贵"①，虽然人与人之间的差异性可能会导致矛盾，但是一定能协调到一定的原则之下实现和谐。孟子强调"天时不如地利，地利不如人和"②，人们之间的和睦相处是一个群体或者国家强盛的重要条件。《国语·郑语》称："商契能和合五教，以保于百姓者也"③。五教④和合能使百姓安身立命。《管子》认为，"畜之以道，养之以德。畜之以道，则民和；养之以德，则民合。和合故能习，习故能偕，偕习以悉，莫之能伤也"⑤。和合所带来的合作、和谐能使民众变得强大，出现"莫之能伤"的结果。所谓"和"是不同个体或群体之间利益和思想观念的相容共存、协调统一；"合"则侧重于人与社会的和谐统一。和合思想尊重个体差异，讲求保留个体差异性的基础上，彼此统一，实现和谐发展。

历代以来，中国古代统治者的部分行政举措也为"和"的政治理论做了注解。殷周时期，基于不同民族和邦国的利益，统治者提出"协和万邦"的施政理想，用以调和不同利益群体，稳固国家政权；汉武帝时，匈奴人金日磾受汉武帝托孤重任，是民族间相互融和的印证；唐太宗被各少数民族尊为"天可汗"，甚至"安史之乱"的安禄山也本为少数民族，其所受唐朝重用，从另一个侧面显示了中华民族在其形成期中原民族与其他民族的和谐相处，说明统治者深刻领会了"和"的思想文化传统。

3. 民本思想。民本思想在中国由来已久。早在《尚书·五子之歌》中就有"民为邦本，本固邦宁"⑥的记载。说明即使是当时的统治者，也已经认识到"民"对于稳固统治的重要性，只有执政者保证人民能够安居乐业，国家才能繁荣稳定。一旦民不聊生，则国家必然会出现动荡不安。这一点在中国数千年的朝代更迭中已经屡次得到证明。《尚书》也正是鉴于夏商周

---

① 杨伯峻：《论语译注》，中华书局，2009，第7页。

② 杨伯峻：《孟子译注》，中华书局，1960，第78页。

③ 曹建国、张玖青：《国语》，河南大学出版社，2008，第309页。

④ 五教指：父义、母慈、兄友、弟恭、子孝。

⑤ 黎翔凤、梁运华：《管子校注》，中华书局，2004，第183页。

⑥ 李民、王建：《尚书译注》，上海古籍出版社，2004，第93页。

之际政治统治的经验而发。《左传》说："天生民而树之君，以利之也。"[1] 指明了君之所以存在的原因是能够为民服务，不能服务甚至残害百姓者，就会遭到人民的反对。西周时期的周厉王就是残暴待民，最终导致国人暴动，丧失了政权，而且这种情况在后世的政治思想家看来，是一种正常的或者说是正当的行为，即使极为重视伦理纲常的儒家，也将其定义为除害，而非弑君。

民本思想体现了传统政治思想家对于国家政权建设和发展的思考，也是对以往国家政权更迭的思考和总结。孔子所言："道千乘之国，敬事而信，节用而爱人，使民以时。"[2] 指出国家治理的具体政策中应该"节用而爱人"，实则就是爱民，而且对民众要"使民以时"，以此来提醒统治者注重民众利益。孟子提出了："民为贵，社稷次之，君为轻。是故得乎丘民为天子。"[3] 所谓"丘民"就是普通民众，他强调了国家政权中最重要的是民，将君主的地位放在最后，突出了其民本思想。他还进一步指出："桀纣之失先天下也，失其民也。失其民者，失其心也。得天下有道：得其民，斯得天下矣。得其民有道：得其心，斯得民矣。得其心有道：所欲与之聚之，所恶勿施。"[4] 即获得天下的正确方式是取得"民心"，民心所向即是天下归处。反之，则丧失民心，最终如桀纣之君，政权不复存在。荀子认为，"君者，舟也；庶人者，水也，水则载舟，水则覆舟。"[5] 荀子继承了孔孟的民本思想，同时指出君民的关系如同舟水，不仅强调了民对于国家政权存在的重要性，而且警示为君者，应时刻注意养民、裕民，当以民为本。

4.宗教文化。在中国传统思想文化的发展中，宗教文化是其重要组成部分，尤其是中国传统宗教文化中的包容性、非极端主义都保证了中国众多教派的相处，甚至出现儒释道之间的交流与融合，这在西方宗教界是很

---

[1] 左丘明：《左传》，岳麓书社，1988，第108页。

[2] 杨伯峻：《论语译注》，中华书局，2009，第4页。

[3] 杨伯峻：《孟子译注》，中华书局，1960，第304页。

[4] 杨伯峻：《孟子译注》，中华书局，1960，第156页。

[5] 安小兰：《荀子》，中华书局，2007，第77页。

罕见的情景。西方宗教多具有排他性,尤其是中世纪宗教占据统治地位之时,宗教裁判所严酷打击了很多所谓"宗教异端",比如提出"日心说"的哥白尼,甚至对其支持者布鲁诺实施火刑,以这样残酷的一种方式来杜绝宗教异端的出现。教廷还将伽利略当成异端长期予以迫害,在某种程度上阻碍了欧洲自然科学的进步。何况还有旷日持久的"十字军东征",西方宗教的这种正统、异端的断然分类,显然有别于中国本土宗教,因为中国本土宗教具有相当典型的包容性。儒教本身就是继承了先秦诸子百家思想中有助于宣扬教化的思想成分后形成的,只是由于汉代确立了儒家思想的正统地位,才使儒家思想成为其主干成分。因此,儒教先天具有包容的特性。

随后的佛教传入,一定程度上是中国人主动引入外来文明的结果,而且佛教传入后作为外来者,并没有强烈的排外性,反而与儒教、道教相互学习交流。中国古代有很多比较典型的例子,比如苏东坡与佛印的友情,就是儒教与佛教相融相生的表现。儒道二教更是如此,其教义宗旨和目的都基本相同,都注重自身的修养,终极目的都是成为超越常人的人——圣贤。这些都为中国宗教的包容性提供了共同的基础。

中国宗教的这种包容性还源于中华民族所崇尚的"中庸"思想。尤其是在中国传统文化中居于三教领导地位的儒教。在《中庸》里,孔子说:"舜其大知也与!……执其两端,用其中于民"[1]。儒家将"中"视为一种近乎完美的状态,即不偏不倚,又不会过犹不及,恰到好处,不走极端。《中庸》有言:"万物并育而不相害,道并行而不相悖。"[2] "中也者,天下之大本也;和也者,天下之达道也。致中和,天地位焉,万物育焉。"[3] 这种思想凸显出儒家对于万事万物的独特看法,认为应该允许多样性的存在,注重的是事物之间的平衡共存,强调事物之间"度"的把握,做到无过无不及。这种宽容的思想根植于儒家思想之中,进而影响中国传统思想文化,而儒释道等宗教都

---

① 汪受宽、金良年:《孝经·大学·中庸》,上海古籍出版社,2012,第110页。

② 汪受宽、金良年:《孝经·大学·中庸》,上海古籍出版社,2012,第126页。

③ 汪受宽、金良年:《孝经·大学·中庸》,上海古籍出版社,2012,第108页。

难免受其影响。因此中国各宗教尊重礼教，崇敬先祖，没有排他性，相互之间和平相处，即使出现争端也多以协商方式解决而非暴力打击，不会出现极端现象，对异端也多抱有宽容心态。

5. 法治观念。法治观念在中国具有悠久的历史。春秋战国时期就有法治思想，管仲说："威不两错，政不二门，以法治国，则举措而已"①。作为法家早期的代表人物，管仲提出了依法治国的思想，主张用具有权威性和强制性的法律制度来治理国家。依法治国首先要有法可依，法律是治国之重器，良法是善治之前提。法家认为"先王议事以制，不为刑辟，惧民有争心也"②，这种不提前制备完善的法律制度，只临事以统治者之意确定刑罚的方式有诸多的不确定性，难以摒弃人的私心，难以实现法律本身的公平性。因此，春秋末期，郑国子产在中国历史上第一个"铸刑书"，及至战国，诸国纷纷颁定法律，如郑有《竹刑》，楚有《宪令》，魏有《法经》等，成文法律的颁布使法律公之于众，不再能由统治者随心所欲决定，在一定程度上也限制了法律制定者自身。其实这种将习惯法成文化的做法，西方也是一样，罗马的《十二铜表法》就是其立法纪念碑，无论法律本身的阶级利益定向如何，至少公布以后，执法者不能随意徇私，法律自然就能实现其公平，即使是阶级社会中的有限公平，也弥足珍贵。尽管中国古代法律的制定不可能实现民主制法，但即使由统治者制法，当法律公布后依然能形成一定程度上的限制。

在法家思想中，依法治国的另外一个重要组成部分就是法律执行中的平等理念。《商君书·赏刑》有言："圣人之为国也，壹赏，壹刑，壹教"③，"所谓壹刑者，刑无等级，自卿相将军以至大夫庶人，有不从王令、犯国禁、乱上制者，罪死不赦。有功于前，有败于后，不为损刑；有善于前，有过于后，

---

① 黎翔凤、梁运华：《管子校注》，中华书局，2004，第 916 页。
② 左丘明：《左传》，岳麓书社，1988，第 289 页。
③ 徐莹：《商君书》，河南大学出版社，2012，第 202 页。

不为亏法"。① 法家认为，法律制定后，对任何人都应该是一样的执行标准，上至王宫贵胄，下至黎民百姓，凡违法者，皆"壹刑"处之。法家代表人物之一的商鞅就曾处置违法的秦国公子"刑其傅公子虔，黥其师公孙贾"②，这种做法既体现了其"壹刑"思想，即使君主在法律中也要有一定的约束，同时也树立了法律的权威性。

三、中国古典民主政治制度的实践

1. 封建制。中国古代民主政治思想产生于商周时期，为了维护"家天下"的政权，统治者改组或者取代了原来的部落联盟管理机构，代之以强制性的国家机器。在国家政权的运行上实行封建制，所谓"封建"，即"封邦建国"或"分封建国"之简称。"封建制"是天子分封诸侯的一种重要的政治制度。是对于古代政治思想最早的实践。封建制的产生是社会历史因人类生存需求而自然发展的结果，一方面当时生产力发展水平较低，单位面积的土地所能供养的人口数量也较少，因此需要这种适合于地广人稀的政治设置；另一方面，"征师诸侯"③ 的现象也说明，当一个部落联盟在战争中取得胜利之后，以"诸侯"为单位对于战利品进行分配的现象已经变得比较普遍。这就形成了原部落首领与中央王朝之间的君臣名分，并以此为纽带，加强了中央政权与地方诸侯国之间的政治联系，提升了整个国家的向心力。随着生产力的发展以及交通、军事的进步，中央王朝统治力的不断提升，至秦统一天下后，终因"置诸侯不便"④ 而废除分封制，推行郡县。以后的朝代，像汉朝、明朝、清朝时虽然偶有分封，但是其实际已经和夏、商、周时期的分封相去甚远，尤其是中央对封地的控制力方面，这说明分封制已经逐渐退出历史舞台。

---

① 徐莹：《商君书》，河南大学出版社，2012，第 205 页。
② 司马迁：《史记》，中华书局，2006，第 420 页。
③ 司马迁：《史记》，中华书局，2006，第 1 页。
④ 司马迁：《史记》，中华书局，2006，第 44 页。

2. 合纵连横。合纵连横是战国时期纵横家们依据当时七国之间的战争形势而提出的一种结盟策略。战国后期，秦国经过商鞅变法，并广招贤才，向南取蜀，国力日渐强盛，一定程度上改变了七国之间的微弱平衡。各国君主为了在相互攻伐中，保存实力，发展壮大，迫切需要贤才和高士，因此，一批善于游说的奇谋之士开始往来穿梭于各国之间，为君主出谋划策，合纵受阻则连横，连横破则合纵。这些人被称为纵横家，其中比较有代表性的有苏秦、张仪等。苏秦在游说秦国兼并天下未能成功后，转而游说其他国家，倡导他们联合抗秦，即联络山东六国组成同一阵线，共同抗秦，阻止秦国的吞并。连横则是张仪针对合纵而提出的策略，即联合六国中的任意一国，来攻击其他国家，或者直接说服六国听命于秦国。在张仪的劝说下，六国之间互相争斗，使秦国得以各个击破，最终统一天下。

3. 朝议实践。朝议是指封建官员针对国家政务表达自己意见的一种议政形式。朝议从制度设计而言，能够提供参考意见，成为一种精英式的资政机构。商周时期受分封的诸侯们不定期进行的会盟或者朝觐，既是对中央王权一种礼节性的拜见，同时还需要进行述职，汇报封国的政治民情。秦统一后，专制皇权的加强并未能完全摒弃朝议制度，反而因需要皇帝一人决策而加大了对这种集思广益制度的需求。汉朝朝议的参与者有丞相、御史、将军、列侯、二千石诸大夫、博士等，议论内容有议立君、立储嗣、宗庙、郊祀、民政、法制、大臣任免等不一而足。东汉时更是于司徒府中专设百官朝会殿，国家每有重要事情需要议政，天子车驾亲临其殿。尽管最终决定仍需要封建君主做出，但朝议中对于国家政务的集议、协商过程就是对中国古典民民政治思想中的协商民主理念的积极实践。除朝仪外，还有诸如野议、清议、廷议、采风、巡察等多种能够获得国民对国家政务意见的方式，这些协商行为，都是中国古典民主政治思想的有益实践。

四、对当下政治协商制度的启示

中国古典民主政治思想是中国古代思想家的智慧结晶，也是人类思想史上的重要组成部分。它来源于古人对于自然、社会的认识，和对于国家管理运行的思考，指导了中国传统政治实践，对中国传统政治生活具有规范和约束作用，具有典型的中国特色。尤其是自始至终都存在于中国传统民主政治思想中的"和""仁"以及"民本"等带有政治协商色彩的古典民主政治理念，这些都是统治者治理国家过程中所标榜的政治观念，与中国古代社会的政治运行密切相关，是中国思想文化发展中各思想流派积淀的结果，体现了中国思想文化的价值和精髓，而中国传统思想文化为中国特色政治协商理念提供了肥沃土壤。

第一，多党合作，政治协商，是古代"和而不同"思想的体现。中国共产党领导的多党合作，是中国共产党和各民主党派共同创造的一项基本政治制度。凸显了本土文化渊源，是对"和而不同"理念的实践。周恩来总理曾指出，正因为"每个党派都有自己的历史，都代表着各自方面的群众"。"有所不同，才需要联合"。并针对党内有人提出要求"各民主党派都和共产党一样，……各民主党派的思想作风都和共产党一样"①，明确肯定各党派自身不同的重要性与合理性。各民主党派自有其所代表的不同阶级和利益，却能在中国共产党的领导下，基于相同的根本利益和目标，以自身差异为出发点提出不同建议，经过平等协商，兼收并蓄，最终形成令所有参与者都能认可的合理化、可执行的政策决议。和合思想中所蕴含的开放性、包容性、矛盾统一性等理念正是中国政治协商民主的文化来源所在。中国的各民主党派与各社会团体一起协商，在中国共产党领导下，取得共识或达成一致。这种民主形式有利于包容代表不同利益的建议，显示了中国共产党对于中国传统文化中包容、中和理念的继承，也说明中国特色的政治协商民主思想是根植于中国传统思想文化这片沃土的。

第二，民主监督，注重监管，是古代法治思想的体现。为了维护中央集权的君主专制统治，彰显帝王权力，中国历代的统治者都十分重视对于监督体制的设立和完善。传统政治的监督体制主要是内向性的，监督机构

---

① 周恩来："处理好人民民主统一战线中的四个关系"（1950年4月12日），中国共产党新闻网，2004-6-10，http://cpc.people.com.cn/GB/69112/75843/75874/75992/5181289.html

隶属于中央，是皇权对于派出权力的监督，也是中央对于地方的监督，是上级对于下级的监督。对于政治协商制度而言，权力的运行同样需要监督，但这种监督不是上级对于下级的监督，而是参政党同执政党之间的相互监督，是亲密友党之间的相互监督，是人民对于政府机构的监督。人民政协监督体制的完善不仅有助于防止共产党一党独裁，防止政策在执行过程中的扭曲和变质，同时也能为政策执行中所遇到的问题提供咨询和建议，从而真正保障广大人民群众的根本利益，也保障了法律制度的贯彻落实。

第三，参政议政，广开言路，是古代民本思想的体现。中国古典民主思想文化中的民本思想源远流长，这种传统文化中的民本思想由中国的协商民主继承。政治协商制度的设立从某种程度上来说就是中国共产党广开言路、支持老百姓参政议政的一个重要方式。中国共产党作为执政党是以广大人民群众的根本利益作为自己的执政追求的，而为了实现这一执政理念，中共就必然要广泛征求各民主党派及无党派爱国人士有关国家大政方针及施政纲领的意见和观点。而人民政协也应当敢于陈述真实的民意，努力捍卫人民群众的根本利益，这也是古代"诤臣"精神和"为民请愿"的精神。同时，政协制度的设置也应当有利于真实民意的传达，广开言路最终目的是为了反映真实的民意，最终保障人民的根本利益，而非摆摆样子，形同虚设。中国共产党领导的多党合作和政治协商制度在全国人民代表大会制度之外，再度扩大民众参政议政的通道，吸纳民众关于国计民生的意见和建议，这本身就是对以民为本思想的发展，是政治协商民主思想的传统文化源泉之一。

总之，古典民主政治体制虽然存在着诸多的弊端和不完善之处，但其之所以能够在历史上如此长久地存在，也就必然有其值得学习和借鉴之处，只有"继往"才能够更好地"开来"。当代中国的政治体制是在马克思主义的理论指导之下建立起来的，马克思主义的活的灵魂就是要"实事求是"，这也就是说，我们既不能夸大中国古典民主政治体制的缺点，也不能过度放大其优点。我们要遵循马克思主义的理论指导，对古典民主政治体制中的优缺点加以分析，吸其精华，去其糟粕。要以史为鉴，客观评价，只有秉持这种客观的批判态度，我们才能真正从历史的汪洋之中，学习真正的经验和教训，才能为我们今后的发展添加绚烂的一笔。

参考文献

[1]《马克思恩格斯选集》(第1卷)，人民出版社，1995。

[2] 葛培岭：《诗经》，中州古籍出版社，2005。

[3] 李民、王建：《尚书译注》，上海古籍出版社，2004。

[4] 黄寿祺、张善文：《周易译注》，上海古籍出版社，2004。

[5] 左丘明：《左传》，岳麓书社，1988。

[6] 汪受宽、金良年：《孝经·大学·中庸译注》，上海古籍出版社，2012。

[7] 杨伯峻：《论语译注》，中华书局，2009。

[8] 杨伯峻：《孟子译注》，中华书局，1960。

[9] 陈鼓应：《老子注译及评介》，中华书局，1984。

[10] 安小兰：《荀子》，中华书局，2007。

[11] 黎翔凤、梁运华：《管子校注》，中华书局，2004。

[12] 高华平等：《韩非子》，中华书局，2010。

[13] 徐莹：《商君书》，河南大学出版社，2012。

[14] 曹建国、张玖青：《国语》，河南大学出版社，2008。

[15] 司马迁：《史记》，中华书局，2006。

[16] 刘安：《淮南子》，河南大学出版社，2010。

[17] 黄宗羲：《明夷待访录》，中华书局，2011。

[18] 刘泽华：《中国政治思想史(秦汉魏晋南北朝卷)》，浙江人民出版社，1996。

[19] 萧公权：《中国政治思想史》，中华文化大学出版社，1980。

[20] 王艳勤：《原"仁"》，《孔子研究》，2007年第2期。

7

泰山不让土壤　故能成其大

——新时代中国多党合作制度何以焕发巨大生命力初探

　　我之所以选择这个题目，是因为作为一名从基层成长起来的党派人士，不仅是中国多党合作制度完善的维护者、捍卫者，也是中国多党合作制度实践的亲历者、实践者。中国多党合作制度作为从中国土壤上生长起来的新型政党制度，它汲取了中华优秀传统文化中尚和合、和衷共济等养分，以"合作、参与、协商"为基本原则，有效避免了旧式政党制度代表少数人、少数利益集团和西方国家一党缺乏监督或者多党轮流坐庄、恶性竞争的弊端，

日益彰显出独特的制度优势和强大生命力，中国政党制度的实践为世界政党政治发展提供了有益借鉴，为人类社会民主政治和政治文明发展做出了独特贡献，也为发展中国家走出一条既吸收人类文明优秀成果、又符合本国实际的

2019年4月19日在市委党校讲中国政党制度理论课

政治发展道路提供了成功范例。今天我从什么是政党制度、中国为什么选择多党合作制度以及中国新型政党制度何以焕发巨大的生命力三个方面汇报今天交流的内容。

第一章　中西政党概念及政党制度概述

第一节　中西政党概念来源分析

一、中国政党概念的来源分析

1. "政"字与"党"字的本义追溯。"政"字,在《说文解字》中（白话版）:"政,以强力施行正义,有四解。一是本义,作动词:武力征服、暴力统治。'诸侯力政,不朝于天子'。《大戴礼记 用兵》。二是本义,也作动词:强制管理、匡正。'政者,有所改更匡正'。《论语 有政》。三是作名词:国家权力,对国家的管理。'其政不获'。《诗·大雅·皇矣》。四是作名词:管理机关。如财政、邮政等。'党'字,在宋代《四库全书·古今姓氏书辩证》中,'党'读音为'黨',是个常见字,'黨'字是'尚'与'黑'两形会意,本义为几个有污点的人在房子里密谋干坏事。例如'结党私营'。而'党'字属于罕见字,只做姓氏用,汉代有将军党删、党志隆。但《说文解字》解释'黨'字为'侵不鲜也',即行为不鲜明。"

2. 中国"政党"概念的追溯。中文中的"政党"一词始于宋朝。宋仁宗时,始有朋党之议;欧阳修著《朋党论》,谓惟君子有朋;盖已明于君子执政,必多集同志以行其政策,不必以朋党为讳矣。中国之有政党政治,殆自宋神宗时之新旧两党始。其后两党反复互争政权;新旧两党各有政见,皆主于救国,而行其道特以方法不同,主张各异,遂致各走极端。纵其末流,不免于倾轧报复,不可纯以政争目之;而其党派分立之始,则固纯洁为国,初无私憾及利禄之见杂其间。此则士大夫与士大夫分党派以争政权,实则中国历史上仅有之事也。《辞海》中"政党"一词代表某一阶级、阶层或集团并为维护其利益、实现其政治主张而以执掌或参与政权为主要目标开展共同行动的政治组织，是阶级斗争发展到一定阶段的产物，政党之间的相互关系是近代各国政治发展和政治斗争的最集中的表现。《百度百科》中"政党"一词即社会中一定阶级或阶层的活动分子，为了实现某种目标而有计划地组织起来的一种政治组织，社会承认它具有组织与扩张其主张的合法权力，它也积极接入到政治生活中，为取得或维护政权，或影响政治权力的行使而发挥自己的作用。政党是阶级斗争的工具。中国工人阶级在革命斗争中创造了自己的党——中国共产党。政党是统治阶层政治组织，政党组织形式由统治阶层决定。在一个政党内部生成统治阶层和统治阶层内部生成 N 个政党为当今国际社会政治生态。在全球范围内有来自独立经济体外部扶持的政治势力，在台湾省的中国国民党培养了自己的反对党。

二、西方"政党"概念的来源分析

英语中的"政党"（Party）一词，源自拉丁文的 pars 或 partire，意为划分或分割，最先进入英语的词汇形式是 part，意为社会的一部分。17 世纪后，part 演化成 party，意为某种政治组织，常常与派系（fraction）混用。直到 18 世纪托利党领袖博林布鲁克（BolingbrokeHenry St. John）明确区分了政党和派系的不同，英国政治家埃德蒙·柏克（Edmund Burke）则第一次给政党明确下了定义：就是大家基于一致同意的某些特殊原则，并通过共同奋斗来促进国家利益而团结起来的人民团体。

第二节　世界政党史略及世界国家政党制度

一、世界政党史略

政党代表某一阶级、阶层或集团并为维护其利益而斗争的政治组织，是阶级发展到一定阶段的产物，又是阶级斗争的工具。17 世纪以后，欧洲国家产生了政党，最早的资产阶级政党是 17 世纪 70 年代英国的辉格党和托利党，世界历史上最早出现的工人政党是 1840 年英国成立"宪章党"，恩格斯曾称它是"历史上第一个工人政党。"最早无产阶级政党是 1847 年 6 月成立的共产主义同盟,这也是第一个国际性的无产阶级政党,最早在一个民族国家范围内建立起来的工人阶级独立政党是 1869 年建立的德国社会民主工党,第一个在全国执政的无产阶级政党是俄国社会民主工党(布尔什维克),后改名为俄国共产党(布尔什维克),马克思、恩格斯于 1847 年在伦敦建立的共产主义者同盟是无产阶级政党的雏形,中国无产阶级政党——中国共产党建立于 1921 年。目前,世界各国政党总数约有 4000 至 5000 个,其中,有 127 个共产党或坚持马克思主义性质的政党,分布在 100 多个国家,世界第一大党是中国共产党。在没有政党竞争的国家里,通常是一党专政;另外,也存在着没有政党、一切政党非法的国家,如中东的家族统治政权,包括沙特等国。政教合一的国家,其教派可视为政党。

二、世界国家政党及政党制度

1. 英美法国家的政党。现代政党最初诞生于英国。1640 年英国议会就实行君主制还是共和制的问题而形成了宫廷党(保皇党)。英美法国家的政党分别是英国(保守党、自由民主党、工党),美国(民主党、共和党),法国(社会党、人民运动联盟)。

英国:1679 年,在关于王位继承权的争论中,支持宫廷党的人被反对者斥为"托利党",支持民权党的人被反对者斥为"辉格党",1688 年光荣革命后,两党支持在英国实行君主立宪制。1833 年,托利党正式定名为英国保守党,辉格党定名为自由党,并形成了两党轮流执政的惯例。直到 1922 年后英国工党取代自由党与保守党轮流执政,而自由党于 1988 年与原工党分裂的势力合并为英国自由民主党,实力有所增加,目前与工党和保守党并列为英国三大政党,2010 年英国大选后保守党和自民党组建联合政府。

美国:政治派别则是在围绕 1787 年宪法问题而出现的。在讨论和批准 1787 年宪法时,形成了主张建立联邦政府的联邦党和主张在宪法中更注重保障人民权利的民主共和党,被联邦党人称为"反联邦党人"。1828 年后,民主共和党内部又分成了民主党和辉格党两派，南北战争后，美国才出现延续到现在的美国民主党和美国共和党轮流执政的局面。美国的驴象大战。

法国：现代政党则是在 1789 年法国大革命过程中出现的。斐扬党人主张实行君主制；吉伦特派和山岳党人、雅各宾党则主张废除君主制。1799 年拿破仑执政后，法国政坛又出现了保皇派、温和共和党派和激进共和党派。1848 年法兰西第二共和国成立后，国会中基本分为保皇党、共和党和社会党，这种左中右的格局一直延续到现在，目前两大主要政党分别是中间偏左的法国社会党和中间偏右戴高乐派人民运动联盟。

2. 德意日国家的政党。后发资本主义国家的政党不同于英美法国家的政党。这些国家的政党都是将政党作为政治斗争的工具，从而建立资产阶级政权。这些国家的政党有德国（社会民主党、纳粹党），意大利（共产党），日本（自由党，自民党）。

德国：在普鲁士时期，于 1861 年出现了主张德国统一的进步党（1884 年改称自由思想党），1865 年德国南部出现了主张民主的人民党。1869 年出现了德国社会民主党。1876 年在原保守党基础上组建了全国性的政党德意志保守党。1918 年魏玛共和国实行普选制和比例代表制，议会内的政党多达 30 多个，1933 年希特勒上台后，宣布除纳粹党外其他一切政党非法。1945 年二战结束后，较有活力的政党有五个，分别为德国左翼党、中间偏左联盟的德国社会民主党和德国绿党，以及中间偏右联盟的德国基督教民主联盟、拜仁基督教社会联盟和德国自由民主党。

意大利：最早现代政党是 1892 年成立的工人党，1897 年成立了共和党。1914 年墨索里尼创建了"自主革命行动法西斯"，1919 年又建立全国性的"意大利战斗法西斯"，并于 1921 年改名国家法西斯党，1926 年上台后取缔了其他政党。二战后，意大利天主教民主党（天民党）成为多党格局下的最大党，而意大利共产党（意共）则是最大反对党。1994 年由于天民党和社会党等长期的执政联盟相继被揭发连串与黑手党的贪腐丑闻而瓦解，现成为两大政治联盟，分别为由原意共改组的中间偏左联盟民主党（意大利）和中间偏右联盟自由人民党（意大利）。

日本：现代政党出现于明治维新时期的自由民权运动。1874年成立了日本最初的政党爱国社。1875年，爱国社与其他政党联合成立了全国性政党，名称未变。1881年，成立了自由党，1882年成立了立宪改进党。二战之后，日本形成了多党林立的局面，1955年出现了"右派政党大联合"和"左派政党大联合"的局面（即"55年体制"），此后右派的自民党长期维持一党独大，政党斗争主要表现为自民党内部派阀之间的斗争。

3. 社会主义国家政党。主要有苏联共产党、中国共产党、古巴共产党、朝鲜劳动党、越南共产党。

苏联共产党：1898年，俄国社会民主工党第一次代表大会召开。1903年内部分化为布尔什维克和孟什维克两派。其后产生了布尔什维克党。1917年布尔什维克武装起义夺得政权，并建立起世界上第一个社会主义国家和共产党一党执政的制度。1925年布尔什维克党改名为全苏联共产党（联共布），1952年再次改名为苏联共产党（苏共）。

中国、古巴、朝鲜、越南等国。在俄国革命影响下，中国、古巴、朝鲜、越南等国家也相继建立起共产党并成为执政党。1991年苏联解体后，苏联及东欧国家的共产党或工人党有的解散，有的转变为社会党或社会民主党，有的重建后成为多党政治下的一党；中国、越南和古巴等的共产党则走上了市场经济的道路。

4. 发展中国家的政党。大多数发展中国家的政党都是在民族独立运动中产生的。拉美国家在19世纪初就已经有政党，但是多属于寡头性质的政党，真正群众性政党是在1930年代以后逐渐出现的。民族独立运动中产生的政党一般都是独立运动的领导者，有的独立后成为执政党并实行一党制，例如埃及、新加坡、莫桑比克、安哥拉等；有的则在独立后政党改组，或重新建立新的政党，例如赤道几内亚、印度尼西亚；有的经历过军政府后才出现政党，例如扎伊尔、索马里、泰国等。大多数发展中国家开始都实行一党制，有些国家还实践了全民党理念。经过几十年发展后，发展中国家的政党呈现多元化趋势，两党制、主从政党制、多党制都有实行。但是普遍制度化不足，领袖魅力对政党影响很大，政党与军队关系复杂等，政党制度不是非常稳定。在一些一党占主要地位的国家，反对党是默许存在的，但是通常没有机会获得实权。占主要地位的政党则容易有机会通过赞助、在投票中舞弊或利用行政、司法手段以保持政权。

5. 马克思主义者关于无产阶级政党学说。

（1）马克思主义者关于无产阶级政党学说。马克思主义认为，政党本质上是特定阶级利益的集中代表者，是特定阶级政治力量中的领导力量，是由各阶级的政治中坚分子为了夺取或巩固国家政治权力而组成的政治组织。政党本质上是特定阶层利益的集中代表者，是由特定阶层中以部分最积极的分子组成的，具有明确政治主张，为夺取、影响和巩固政权而开展活动的政治组织。政党是现代国家中有着特定政治理念的社会团体。通常有特定的政治目标和意识形态，针对国家和社会问题有各自的主张。在竞争式民主国家里（即资产阶级民主国家），政党透过在选举中获胜、并以执政为目标。

（2）无产阶级政党。主要有德国社会民主党、法国工人党、法国社会党等。

德国：近代随着工业革命的发展，代表无产阶级的政党开始出现。1836 年，英国宪章运动诞生了第一个工人政治团体伦敦工人协会。1847 年，马克思和恩格斯领导建立了无产阶级的国际组织共产主义者同盟。1850 年，共产主义者同盟内部产生分裂，于 1852 年 11 月宣布解散。此后，马克思在 1864 年又创立了第一国际，直到 1872 年海牙会议后停止活动，并在 1876 年解散。马克思和恩格斯在 1847 年于布鲁塞尔创建了德意志工人协会，但是一年后就被迫停止活动。1866 年，德国创立了萨克森人民党，并在 1869 年与德意志工人协会等组织中的民主派合并建立了德国社会民主工党，1875 年又与德国工人联合会合并为德国社会主义工人党，1890 年改称德国社会民主党，意识形态转为社会民主主义。

法国：在 1879 年成立了法国工人党，1882 年党内分裂为马克思主义派和可能派，后者另外组建了法国社会主义工人协会。1901 年法国工人党与革命社会党联合为法兰西社会党。1905 年，这几个组织合并为法国社会党。

自此之后，欧美各国都出现了工党和共产党，但是都没有成为本国之中主导性的政党。而在一些传统的专制主义国家，出现了一批以民族振兴为目的的改良型政党，而社会矛盾的激化更催生了无产阶级政党，并走上了推翻旧政权的暴力革命之路。并在取得政权后实行一党专政的制度。

三、中西政党制度种类

一个国家存在的政党数目，按政党体系（party system）（亦称政党制）分一党专政（非竞争性政党体系）与竞争性政党体系，后者再细分为优势一党制、两党制、两党半制、与多党制（可再分为温和（moderate）多党制与粉碎（fragmented）多党制）；按始创次序分先发型政党制度和次生型政党制度；按阶级属性分无产阶级政党、资产阶级政党、小资产阶级政党；按是否具有法律地位分合法政党和非法政党；按是否掌握政权分执政党、参政党和在野党；按政党在议会中掌握的议席多少分多数党和少数党；按意识形态、政治主张和思想倾向分共产党、社会党、基民党、自由党、保守党、民族主义政党等；按共处方式分竞争型和合作型。

1. 中西典型政党制度。世界上典型两党制国家有英国、美国、加拿大、新西兰、澳大利亚人等；典型多党制国家有法国、德国、意大利、日本、比利时、瑞典、西班牙、土耳其、印度、巴西等；典型一党制国家有埃及、新加坡、莫桑比克、安哥拉等；具有典型、独特、成功的一党执政、多党合作制国家是中国。

2. 中国是共产党领导、多党合作政党制度。中国实行的是中国共产党领导的多党合作和政治协商制度，即共产党领导、多党派合作，共产党执政、多党派参政。中国共产党与各民主党派合作的基本方针是"长期共存、互相监督、肝胆相照、荣辱与共"，民主党派是指在中国大陆范围内，除执政党中国共产党以外的八个参政党的统称。它们是：中国国民党革命委员会、中国民主同盟、中国民主建国会、中国民主促进会、中国农工民主党、中国致公党、九三学社、台湾民主自治同盟。无党派人士，是在我国革命的具体历史条件下发展形成的，《中国共产党统一战线工作条例（试行）》把无党派人士定义完善为"没有参加任何政党、有参政议政愿望和能力、对社会有积极贡献和一定影响的人士,其主体是知识分子"。

3. 中国香港、澳门、台湾地区政党情况。

(1)香港政党情况。香港主要的政党包括:民主党、民建联、自由党、民协、职工盟等等,但都不是执政党。其中民主党成立于1990年,前身为"香港民主同盟"。民建联全称为"民主建港协进联盟",成立于1992年,是香港最大政治组织,也是香港立法会最大政党,党员人数超过2万人。自由党创立于1993年,前身为启联资源中心,主要由富商和实业巨头组成,该党比较亲近中央。

(2)澳门政党情况。澳门社会中并无所谓政党存在。所谓的参选组别(提名人候选人的委员会)只是临时性质,平时都以社团形式进行活动。澳门带有政治性质的团体包括澳门街坊会联合总会、澳门工会联合总会、新澳门学社、澳门繁荣促进会等。

(3)台湾地区政党情况。台湾地区的主要政党包括:中国国民党、民主进步党、亲民党、新党等。中国国民党:成立于1894年,自1949年迁台后,一直以"执政党"身份掌控台湾政局。在2000年3月的台湾地区领导人选举中,因国民党本身分裂导致票源分散,而丧失执政权,沦为在野党。直至2008年3月22日,台湾地区领导人选举,中国国民党籍候选人马英九\萧万长获胜,国民党重新执政。民主进步党:1986年9月28日,反对国民党专制独裁、追求民主自由、主张"台湾独立"的各股"党外"势力合组建成"民主进步党"(简称民进党),打破了国民党长期"一党专制"的局面。民进党成立后,一直稳步发展,并在2000年3月的"总统"选举中,因国民党阵营的分裂而渔翁得利,一夕之间成为执政党。在2008年台湾地区领导人选举中败选,再次沦为在野党。亲民党2000年3月31日,独立参选人宋楚瑜凭借在2000年"总统"选举中所赢取的466万票,正式宣布成立以"人民第一"为宗旨的亲民党,并逐步发展为国民党、民进党之外的台湾第3大党。新党:1993年8月10日,赵少康、王建煊等7名国民党中生代"立委"因不满李登辉日益偏离九二共识,推行"台独"分裂路线而另组新党。

认同孙中山先生的理念，追求民族统一、政治民主、民生均富的目标。

第二章　中国政党制度的艰苦探索

"五一口号"是新型政党制度和旧式政党制度的泾渭线。1948 年 4 月 30 日，中共中央发布"五一口号"，提出召开政治协商会议、成立民主联合政府的号召，得到了各民主党派、无党派民主人士的积极响应。这标志着各民主党派和无党派民主人士公开、自觉地接受中国共产党的领导，是中国共产党领导的多党合作和政治协商制度的里程碑。中国政党制度经历了向先发型政党制度学习和借鉴的过程，自辛亥革命后到新中国成立前的短短几十年中先后尝试了多党制、两党制、一党制，但是这些政党制度并不适合中国国情，最终，既符合中国国情又独具中国特色的中国多党合作制度得以建立。

第一节　中国多党合作制度的艰苦探索

一、多党制、两党制、一党制的模仿与尝试都以失败告终

自从辛亥革命之后，到新中国的成立，中国先后经历了民国初期多党竞争制实践、国共两次合作与两党制尝试、国民党一党专政统治。当然，这种对于多党制、两党制、一党制的模仿与尝试都以失败告终。

1. 民国初期多党竞争制实践。1905 年中国同盟会的成立，标志着中国第一个正式意义上的政党形成。1911 年辛亥革命后，中国的政党政团数达 300 个之多。中国开启了效仿西方竞争型政党制度的政治实践。1912 年 1 月 1 日，以孙中山为临时大总统的中华民国临时政府正式成立。随后，孙中山制定了中国第一部资产阶级性质的宪法，也就是《中华民国临时约法》。这部《中华民国临时约法》明确地规定了改总统制为责任内阁制，内阁由议会产生，议会中占有多数议席的政党有组阁的权利。同时，还以法律形式肯定了人民"结社自由"的权利。这不仅为政党活动提供了法律保障和政治保障，也充分激发了人们组党参政的政治热情。对于政党政治的现状与前景，孙中山也强调中国应"以世界上最完全政党之国""英美先进之国为模范"，逐步推行政党政治。鉴于这样的政治环境，各种政党如雨后春笋般大量涌现。据统计，这一时期中国先后出现的政党达到300多个，故此，这一时期也被称之为"政党林立的时代"或者是"多党制度竞争时代"。随着政治形势的不断变化和发展，促使中国同盟会改组为国民党。与此同时，各种各样的政党也迫于政治环境的改变而进行了重新洗牌。这就大体上形成了由国民党代表的革命派阵营、民主党代表的立宪派阵营、共和党与统一党拥护袁世凯阵营四个较大政党构成的三大派系的政党政治格局。这就使得国民党、民主党、共和党与统一党围绕着国会而展开政党竞争，以期赢得组阁的权力。显然，这一时期的中国政党政治已经成为多党竞争的多党制。尽管这种竞争型多党制仅仅昙花一现就退出了中国历史的舞台，但是这种政党制度还是在中国历史上留下了难以磨灭的痕迹。这种痕迹彰显了中国革命先驱和仁人志士力图通过竞争型多党制来根治中国长期君主专制统治弊病，尤其是通过赢得国会选举而抵制袁世凯的军阀专制统治。譬如，在理论上宋教仁指出："我们要在国会里头获得半数以上的席位，进而在朝，可以组成一党的责任内阁；退而在野，也可以严密地监督政府，使他有所惮而不敢不为。"又如，在实践上，在1912年国会首次选举中，"国民党在这次选举中大显身手，夺得参众两院的392个议席，而共和党、民主党和统一党一共才有223席。在临时参议院130个席位中，国民党占有40多个席位，内阁也是由多党组成，许多国民党员出任内阁部长。多党组成的内阁和参议院，对临时大总统袁世凯有一定的约束作用。"这就充分彰显了竞争型多党制为中国政治制度所带来的新变化、新活力、新思路，同时这种多党制也在某种程度上钳制了袁世凯的权力。但是，毕竟依托于中国民族资产阶级的国民党在实力对比上还很有限，靠出卖国家主权而得到帝国主义国家支持的袁世凯不能容忍国民党依靠国会选举的胜利来约束自己的专制权力。因此，袁世凯在收买国民党领袖宋教仁不成的情况下，刺杀了宋教仁。正是对宋教仁的刺杀，不仅给国民党，也给竞争型多党制一次沉重的打击。随后，袁世凯依靠帝国主义支持和自身所掌握的政治武装，强迫解散国民党、强迫解散国会。皮之不存，毛将焉附。最终，竞争型多党制也在昙花一现后由于帝国主义和袁世凯的联合绞杀而退出了中国历史舞台。

2. 国共两次合作与两党制尝试。1921 年中国共产党的成立，为中国政治历程注入了新鲜的血液。作为工人阶级先锋队性质的政党，中国共产党自从成立之初就代表着中国革命前进的方向。当然，面对着革命形势异常险峻和革命对象异常强大，单靠中国共产党是不可能完成新民主主义革命任务的。鉴于此，在中国共产党努力下，迫于革命形势的需要，实现国民党与共产党两次合作，在某种意义上也进行了两党制尝试，并且取得了北伐战争和抗日战争的胜利，但是出于国民党痴迷于一党专制统治，共产党两次力图建立两党制的努力，都以失败告终。

早在成立之初，中国共产党就积极投入到工人运动之中。但是，京汉铁路工人大罢工血的教训告诉我们，仅仅依靠工人阶级、单枪匹马不可能战胜异常强的敌人。所以，共产党逐步认识到了建立革命统一战线的重要性。除此之外，作为共产国际分支的年轻的中国共产党，得到了共产国际的积极帮助和指导。1922 年共产国际代表马林根据中国革命形势现状，就指出了中国共产党与孙中山领导的国民党进行合作进而共同打击帝国主义和封建军阀的必要性。就合作的形式，马林认为："共产党应该加入国民党，但应坚持自己的组织和独立，并应继续在工人中建立自己的活动和组织中心。"根据共产党自身斗争的经验以及在共产国际的指导和帮助下，中国共产党实现第一次与国民党的合作。

当然，自从袁世凯窃取了辛亥革命胜利果实以及数次革命失败之后，作为国民党创始人和缔造者的孙中山也逐步认识到了改组国民党并且为其注入新活力的重要性。在共产国际的帮助下，国民党和共产党实现了首次合作。正是在国民党、共产党和共产国际共同努力下，1924 年 1 月 20 日，中国国民党第一次全国代表大会在广州召开。这次会议通过了《中国国民党全国代表大会宣言》。通过这一宣言，孙中山重新阐释了三民主义并且实质上确立了联俄、联共、扶助农工的三大政策。国民党"一大"的召开及其所通过的宣言，标志着国共两党正式实现了首次合作。这次合作是通过共产党以个人身份加入国民党的形式而实现的，可以说，国共首次合作是一次党内合作。在某种意义上而言，国民党与共产党的首次合作也就开启了两党制的初步尝试。随着北伐战争的胜利以及国民党领导人孙中山的不幸去世，国民党右派逐步蜕变成为代表大地主阶级、大买办阶级利益的新军阀并且逐步掌握了国民党的实际领导权。最终，在蒋介石发动"四一二"反革命政变和汪精卫发动"七一五"反革命政变后，国共首次合作宣告失败，与此同时，国民党和共产党间所进行的两党制初次尝试也不幸夭折。

在首次国共合作失败后，面对着日本帝国主义妄图侵略整个中国的暴行以及中国可能亡国亡种的危险，在共产党的积极努力下，国共实现了第二次合作。这次国共合作是国民党和共产党之间的党外合作。正是有了国共合作，我们才最终打败了日本帝国主义，实现了中国民族革命的伟大胜利。在抗日战争胜利后，共产党试图与国民党建立两党制的联合政府，同时吸纳各民主党派参加。在共产党与各民主党派努力之下，召开了政治协商会议，试图促成以国民党与共产党为主体并且吸纳各民主党派参加的联合政府。最终，以蒋介石率先发动内战而宣告国共第二次合作的失败，这也标志着共产党试图建立国共两党制再次尝试的破产。

3.国民党一党专制统治。随着北伐战争的胜利，尤其在国民党领导人孙中山去世之后，国民党逐步由代表工人阶级、农民阶级、小资产阶级和民族资产阶级四个革命阶级的政治联盟蜕变为代表大地主大资产阶级的政党。正是基于国民党阶级基础的变化，以蒋介石为首的国民党右派率先发动"四一二"反革命政变，对首次国共合作并且为北伐战争做出重要贡献的共产党进行了清洗和屠杀。随后，原属于国民党左派的汪精卫也同蒋介石达成了一致，发动了"七一五"反革命政变。这也就把共产党彻底地清除出了国民党，当然，国共合作所取得的北伐战争的胜利成果也就被国民党独吞了。在完成了反革命政变之后，国民党又通过宁汉合流、东北易帜基本实现了全国的统一。就此，开启了国民党一党专制统治。其实，对于国民党取得国家政权后将如何运行国家权力，孙中山进行了系统构想。这主要体现在孙中山所提出的"以党治国"思想上。就此，孙中山指出，国家必须由革命党来造成，革命党是建立民主共和国家根本；革命党不仅要创立国家政权，领导国家，更重要的是巩固国家政权，实施"训政"，以促进直接民权的发展。这就说明孙中山十分重视政党在国家政权所起到的至关重要的作用。但是，孙中山没有否定其他政党在国家政治生活中的存在以及在国家政治运行中所起到的作用，只是蒋介石对孙中山"以党治国"思想恶意歪曲为"一党治国"思想，以此来打击和迫害共产党和其他民主党派，进而实现国民党一党专制统治。

当然，蒋介石从"以党治国"歪曲为国民党"一党治国"，最终又变本加厉地演化为蒋介石个人独裁专制的"以蒋治国"。这一过程，首先是1928年国民党二届四中全会召开，这次会议通过了《中华民国国民政府组织法》，规定了国民党在国家权力中至高无上的地位，同时严格限制其他政党活动。这也就标志着国民党一党专制的初步确立。众所周知，孙中山在《建国方略》中明确指出："革命进行之时期为三：第一，军政时期；第二，训政时期；第三，宪政时期。"次年，国民党"三大"决议正式宣布军政时期结束，从而开启了训政时期。不仅如此，决议还规定了"中国国民党独负全责，领导国民，扶植中华民国之政权、治权"。这就意味着，国民党正式确立了一党专制的政党制度。

在国民党确立了一党制统治后，就对共产党所占据的革命根据地进行围剿。甚至在"九一八"事变之后，中华民族和日本帝国主义矛盾上升为主要矛盾时，蒋介石还提出了"攘外必先安内"的政策主张，以期不惜一切代价彻底消灭共产党。不仅如此，国民党还通过特务组织肆意破坏民主党派组织并且暗杀民主人士。譬如，暗杀了著名民主党派人士闻一多、李公朴。甚至，在1946年国民党当局还宣布民盟等民主党派为"非法组织"，此外，还镇压各民主党派并且强令民主党派自行解散。鉴于国民党一党专制的独裁统治，最终把共产党与各民主党派推到了一起，共同取得反对国民党独裁统治的解放战争的胜利，进而也就标志着国民党一党专制统治在中国大陆退出了历史舞台。

二、中国早期政党制度建设探索失败的原因分析

1.民初资产阶级多党制尝试的失败。在众、参两院 870 个议席中，国民党得 392 席，占 45.4%；共和党、民主党、统一党三党合计占 223 席，占 25.9%；其他党派和界别占 28.5%。民初资产阶级多党制尝试失败的根本原因。第一，民初没有实行资产阶级多党制的经济基础 。第二，民初没有实行资产阶级多党制的政治条件。 第三，民初没有实行资产阶级多党制的文化基础。"中国几千年以来社会上的民情风俗习惯，和欧美的大不相同。中国的社会既然同欧美的不同，所以管理社会的政治自然也和欧美不同，不能完全效仿欧美"。（孙中山 中国政党和政党制度的奠基者）

2.国民党一党专政制度的破产。国民党一党专制失败的原因。根本原因：一党专制的政党制度在 20 世纪已经成为一种保守和落后的政权组织模式，远远落后于世界政治发展的进程。世界历史证明：不论是西方还是东方，力图一人独裁、一党专制的政权只能归于失败。具体原因：第一，国民党将豪绅地主作为其对乡村统治的基础,使其失去广大农民的支持。第二，国民党的整体腐败，使国民对其失去了信心。第三，清党瓦解了革命联盟，削弱了自身的基础和力量。第四，组织涣散，党内派系斗争激烈。第五，法西斯专制独裁政策，加剧了社会矛盾。

《国民党四字经》党外无党，帝王思想；党内无派，千奇百怪。

以党治国，放屁胡说；党化教育，专制余毒。

三民主义，胡说道地；五权宪法，夹七夹八。

建国大纲，官样文章；清党反共，革命送终。

军政时期，官僚运气；宪政时期，遥遥无期。

忠实党员，只要洋钱；恭读遗嘱，阿弥陀佛。

——陈独秀 1927 年 12 月 26 日《上海工人》第 43 期

国共合作失败。1921 年 7 月中国共产党的诞生，是中国政党发展史上最重大的事件。从中国共产党成立到 1949 年中华人民共和国建立，中国政

党的历史，主要是国共两党合作与斗争的历史。在短短的 28 年中，国共两党合作的历史近 13 年，因此，我在此讲的两党合作模式，不是法律上而是事实上存在的两党合作模式。国共合作失败的原因：①与中国传统文化有关②与政党产生模式有关 ③与政党性质有关 ④与国际形势有关⑤与双方都有军队有关。

第二节　中国多党合作制度的确立

1911 年，孙中山先生领导的辛亥革命，推翻了统治中国几千年的君主专制制度。旧的制度推翻了，中国向何处去？中国人苦苦寻找适合中国国情的道路。君主立宪制、复辟帝制、议会制、多党制、总统制都想过了、试过了，结果都行不通。最后，中国选择了社会主义道路。鉴于国民党一党专制的独裁统治，这也就把各民主党派推到了共产党这边。在解放战争即将取得决定性胜利的时刻，中国共产党于 1948 年 4 月 30 日发布纪念"五一"节口号，其中第五项号召："各民主党派、各人民团体、各社会贤达迅速召开政治协商会议,讨论并实现召集人民代表大会,成立民主联合政府。"这也就意味着，共产党率先向民主党派发出了实现共产党与民主党派合作，进而共同完成建立新中国的号召。这对于受到国民党排挤甚至强行解散的各民主党派而言，无疑提供了一种更加光明的政治前途。于是，在 1948 年 5 月 5 日，各民主党派与民主人士致电共产党，表示响应共产党 "五一口号"，并且指出此口号第五项 "密合人民时势之要求，尤符同人等之本旨，何胜钦企，除通电国内外各界暨海外侨胞共同策进，完成大业外，特行奉达"。这就说明了各民主党派接受了共产党 "五一口号"。此后，各民主党派陆续地进入解放区。在 1949 年 1 月 22 日，各民主党派联合发表了《我们对于时局的意见》，其中强调："回忆去年五月一日，中共中央号召全国，建议召开包括各民主党派、各人民团体、各民主人士的政治协商会议，以加速推翻南京卖国独裁统治，实现人民民主联合政府。我们一致认定，这一解决国是的主张，正符合于全国人民大众的要求。用特率先通电响应，并先后进入解放区，在人民解放战争进行中，愿在中共领导下，献其绵薄，共策进行，以期中国人民民主革命之迅速成功，独立、自由、和平、幸福的新中国之早日实现。"从中可知，民主党派最终放弃了资产阶级共和国方案，同时，明确拥护中国共产党领导并且认同了社会主义道路。正是在共产党的积极倡议和民主党派的热烈支持下，双方共同促成了中国人民政治协商会议的召开。这次会议也就标志着中国共产党领导的多党合作和政治协商制度正式确立。这一制度确立后，在社会主义革命、建设和改革中得到了不断的发展与完善。

第三节　国内外对中国特色政党制度的争议

一、国内对中国政党制度的存废考验

1.民主党派面临的三次存废考验。中国共产党领导的多党合作和政治协商制度作为中国特色社会主义的一项基本政治制度，形成了政通人和、国运昌盛的大好政治局面。其实来之不易，民主党派在新中国成立后也曾面临过三次存废的考验。

第一次考验是民主革命胜利后，民主党派面临着是否解散的抉择。新中国建立之后，由于革命的胜利，在一部分中共党员中产生了骄傲情绪和以功臣自居的思想，认为民主党派的"任务已尽"，"可有可无"。这时，在民主党派的内部，也产生了革命已经成功，是否需要继续存在下去的激烈争论，中国人民救国会自动公开宣布解散,有的党派也酝酿着解散。在这紧要关头，1950年2月，毛泽东从苏联访问回来，当听到中国人民救国会解散的消息，十分惋惜地说，救国会是进步团体，不应当解散。并表示民主党派不能取消，"不但要继续存在,而且还要继续发展。"针对党内暴露出来的关门主义倾向，毛泽东指出，从长远和整体看，必须要民主党派。民主党派是联系小资产阶级和民族资产阶级的，政权中要有他们的代表才行。解散之风虽然很快平息了，但这一情况引起了党中央的高度重视。为了巩固和加强中国共产党领导的多党合作和政治协商制度，使刚刚建立起来的这种多党合作的政党体制顺利地运转起来并在全党取得共识，中国共产党对民主党派工作应遵

循的方针政策作出了明确规定，明确民主党派的性质，肯定他们"基本上都是新民主主义性质的政党"，共产党不仅要同民主党派"共同建设新民主主义社会，还要把他们带到社会主义社会去"。毛泽东还提出要把党对民主党派在抗战时期实行的"团结、抗战、进步"的方针，改为今天的"团结、建设、进步"的方针。强调：在政治上和思想上要以《共同纲领》为准则，团结和推动他们共同奋斗、共同前进。充分肯定民主党派的作用，根据建国后的新形势和新任务，把民主党派的作用归结为"参、代、监、改"，即参加国家事务的管理，参加对国家政治生活中的重大事件的协商和执行；代表其成员和所联系群众的合法权益，反映他们的意见和要求；对党和国家机关的工作发挥监督作用；对其成员和所联系的群众，通过学习和实践，进行自我教育和自我改造。在组织上完全尊重民主党派独立性的同时，帮助各民主党派清理整顿组织、发展党员，建立健全各级领导机构，协商各自活动的主要范围和重点。推动各民主党派积极参加在全国范围内开展的土地改革、抗美援朝、镇压反革命、"三反""五反"和知识分子思想改造等各项运动。在中共中央和毛泽东同志的高度关心和中国一样迎来了一个大发展的春天，各民主党派组织迅速发展，党派成员政治觉悟不断提高，发挥了特殊的积极作用，推动和促进了新中国建设事业的蓬勃发展。

第二次考验是社会主义改造基本完成后，民主党派面临着是否还有必要存在的问题。1956年在社会主义改造基本完成，社会主义制度已基本建立的新的历史条件下，民主党派有无必要继续存在下去，当时在共产党内和民主党派内部都有不同的看法。按照有些人的观点，各民主党派的阶级基础主要是民族资产阶级和小资产阶级，进入社会主义社会了，剥削阶级已不复存在，民主党派自然是"皮之不存，毛将焉附"。当民主党派再次面临存废的时刻，1956年4月25日，毛泽东在中央政治局扩大会议上作了《论十大关系》的报告，高瞻远瞩地指出，在社会主义条件下，"现在看来，恐怕还是几个党好，不但过去如此，而且将来也可以如此，就是长期共存，互相监督"。1956年9月，刘少奇代表中共中央在党的"八大"政治报告中郑重宣布，"长期共存，互相监督"是共产党和民主党派都应遵循的方针，并进一步明确了多党合作的长期性和互相监督的基本要求。这样，为民主党派在完成新民主主义革命历史任务、进入社会主义后得以存在和长期发展提供了依据。"长期共存、互相监督"八字方针的提出，极大地鼓舞了民主党派成员的政治热情，被一些民主人士誉之为"民主党派新生命的开始"，更坚定了民主党派与中国共产党合作的信念，统一战线内部出现了民主、团结、生动、活泼的景象。

第三次考验是"文革"中"两个反革命集团"的破坏，民主党派面临着被取消的境地。"文化大革命"中，林彪、"四人帮"两个反组织瘫痪、活动停止、党派机关工作人员被下放。当时，民主党派实际处于名存实亡的状态。在民主党派生死攸关的危急关头，毛泽东、周恩来等老一辈无产阶级革命家为维护统一战线、保护民主党派领导人和民主人士做了大量工作。周恩来在 1966 年 8 月，根据毛泽东的批示，提出了一份应保护的党外人士名单。1966 年国庆节后，毛泽东又指出，政协还是要的，民主党派还是要的，以后他又多次重申了这一观点。1971 年 9 月，林彪反革命集团覆灭后，周恩来亲自向在京的全国人大常委和部分全国政协常委中的民主党派和无党派人士传达林彪反革命集团的问题，并果断采取一系列措施，恢复统一战线工作，恢复政协和民主党派的活动。1971 年底，八个民主党派一起迁入全国工商联大楼，开始联合办公，被下放的人员也相继调回。1975 年 1 月召开的四届人大，选举宋庆龄、许德珩为人大副委员长。这些措施和行动，抵制了林彪、"四人帮"两个反革命集团的破坏，维护了中国共产党同各民主党派团结合作的关系。在"文化大革命"十年极端困难的条件下，民主党派与中国共产党患难与共，一道经受了考验，一道参加了与"两个反革命集团"的斗争，一道迎来了粉碎"两个反革命集团"的胜利。建国后，民主党派在前进的道路上历经三次存废的重大考验，每次考验非但没有导致民主党派的解散和取消，反而促进了民主党派的进一步巩固和发展，促进了中国共产党领导的多党合作和政治协商制度的不断完善。

2. 中国民主党派制度得以保存的原因。

（1）中国共产党坚持多党合作的方针。中国共产党的性质、宗旨和奋斗目标，决定了它是一个全心全意为人民服务和实现共产主义的远大目标，它必须团结各阶级、阶层、政党一起为之共同奋斗。早在 1938 年 10 月，毛泽东在《中国共产党在民族战争中地位》的报告中就指出："……在一切有愿意和我们合作的民主党派和民主人士存在的地方，共产党员必须采取和他一道商量问题和一道工作的态度。"1941 年 11 月，毛泽东《在陕甘宁边区参议会上的演说》中又进一步指出，共产党同党外人士实行民主合作的原则，是固定不移的、永远不变的。它表明了中国共产党对民主党派采取的是真诚团结合作的方针和态度。从我国各民主党派的历史看，它们大都是在关系民族危亡的抗日战争时期和解放战争时期，在中国共产党统一战线政策影响下，为中华民族的救亡图存而先后建立的，中国共产党不但从政治上、思想上，而且还从组织上关心和帮助民主党派，一开始就与之建立了亲密团结合作的关系。1949 年 9 月，在人民解放战争即将取得最后胜利的时刻。各民主党派和无党派人士等，在中国共产党的领导下，参加了具有伟大历史意义的中国人民政治协商会议，制定了《共同纲领》，一起为创建新中国做出了贡献。民主革命时期，在反对共同敌人的斗争中，中国共产党对民主党派始终坚持团结合作的方针，推进了民主革命的胜利进程和中华人民共和国的建立。新中国成立后为了巩固人民政权，建设美好国家，必须坚持已经建立起来的中国共产党领导的多党合作和政治协商制度，这同样是中国共产党始终坚定不移的方针。中国共产党坚持多党合作从来不是权宜之计，而是一贯坚定不移的方针。这是民主党派在新中国成立后三次欲废而存的根本原因。

（2）民主党派坚定接受中国共产党的领导。在长期的革命斗争中，民主党派经历了中国共产党的政治主张，到自觉接受中国共产党的领导的过程。在抗日战争后期和解放战争初期，在民族资产阶级、上层小资产阶级和部分民主党派成员中，也曾有少数人主张走"中间路线"，即"第三条道路"，幻想在中国建立一个既不同于国民党的大地主大资产阶级专政，又不同于共产党的人民民主专政的资产阶级共和国。就在这些人宣扬"中间路线"的时候，国民党已决定要镇压民主党派了，1947 年 7 月，国民党发布了包括镇压各民主党派的《戡平共匪叛乱总动员令》，训令国民党各级组织对民盟、民进、三民主义同志联合会等民主党派组织的上层人士"暂时容忍敷衍"，而对其下层分子"一律格杀勿论"。10月，国民党派军警包围民盟南京总部，宣布民盟为"非法团体"。在此严酷形势下，民盟于11月5日被迫宣布解散，其他各民主党派也随之转入地下活动。蒋介石解散民盟和在各大城市迫害民主党派成员和民主人士，证明了少数人幻想走"第三条道路"根本行不通。同时，各民主党派也从挫折中清醒地认识到，中国共产党是中国革命的领导者和他们最可信赖的朋友，民主党派和进步势力只有站在共产党和人民一边，争取新民主主义革命的胜利，才是历史的必由之路。于是各民主党派高度赞扬中共的革命斗争，严肃批判了"第三条道路"的错误，公共宣布参加中国共产党领导的新民主主义革命。1948年，在人民解放战争即将取得全国胜利的时候，中国共产党"五一口号"的提出，标志着中共与各民主党派的团结合作开始进入了一个崭新的阶段，得到了各民主党派和无党派民主人士广泛的响应和热烈的拥护。1949年1月4日，毛泽东发表《关于时局的声明》，批驳蒋介石元旦求和文告，提出以彻底消灭反动势力为基础的八项和谈，民主党派领导人和无党派人士联名发表《我们对时局的意见》，表示完全赞同毛泽东提出的八项和平条件，并明确表示："愿在中共领导之下，献其绵薄，共策进行，以期革命早日胜利。"同时，各民主党派和无党派民主人士以极大的政治热情投入了筹备新政协、创建新中国的工作。新中国成立后，各民主党派相继召开了各自的全国代表大会和中央会议，总结历史经验，修改章程，明确宣布接受中国共产党的领导，以《共同纲领》作为自己的政治纲领。

（3）民主党派在斗争实践中选择了中国共产党。没有中国共产党就没有民主党派的地位，没有中国共产党就没有新中国，没有中国共产党就不可能建设新中国，这是各民主党派在长期斗争实践中形成的共识。跟共产党走，走社会主义道路，这是各民主党派在新中国成立后形成的坚定不移的信念。就是在"文化大革命"中惨遭林彪、"四人帮"两个反革命集团破坏时，它们仍坚定不移地相信中国共产党，与中国共产党患难与共，一道经受考验，一道迎来了新的胜利。

二、国外对中国政党制度的质疑

一个国家实行什么样的政党制度，要受到其社会阶级结构，各种阶级力量和政治力量的发展成熟程度，历史文化传统和国体、民族、地域等众多因素的影响。国外对中国多党合作政党制度提出以下几点质疑：一是实行多党轮流执政有利于民主。其实，西方国家的政党都是代表各个利益集团的政治工具，他们所关心的是各自所代表集团的利益，实行两党制或多党制，通过选举交替上台，轮流执政，表面看非常热闹、非常民主，实质上无论谁在台上，实行的政策大同小异，都不会改变资产阶级专政这种"民主游戏"的实质。西方国家虽然实行多党制，但对可能危及资本主义制度的政党特别是共产党，是严格限制的。1954年美国国会通过了《共产党管制法》，后又通过了《麦卡锡法》和《蒙特法》，对共产党的发展作出了严格限制的规定。多党制就能保证政治和社会稳定。从根本上讲，多党制反映了不同利益集团的利益矛盾和冲突，它们之间经常处于激烈的竞争之中。多党竞争必然要争夺选民，争夺选民首先要"切割"选民，将选民的利益分歧公开化、对立化，从而形成竞争党派各自的政治基础，其结果必然是人为地扩大和深化社会分歧。政党频繁选举、政府频繁更迭，带来的是政局不稳定、经济发展受影响，这种民主只能是一种"泡沫民主"，对国家和人民是极其有害的。有利于防止腐败。多党竞选本身就常常被金钱、财团、媒体等影响和操纵，从而成为"富人的游戏""钱袋的民主"。据统计，2000年美国大选所花费的金钱高达30亿美元，2004年美国大选的费用接近40亿美元，2008年更是高达53亿美元。试想，没有大资本集团的资金支持，各党派怎能参与多党竞选的权力角逐呢？所以，竞选的优胜者为回报那些重量级的政治捐款人，当选后就得为他们的利益服务。西方有些媒体把这种现象称为用金钱"购买权力"，是一种"集团贿选制度"，"民主"往往被卖给了出价高的人，广大人民的民主实际上被排斥在金钱势力之外。由此可见，西方政党政治的真正奥秘是金钱政治，金钱主宰着选举的过程和结果。同时，提出了"中国威胁论""崩溃论""神话论""责任论""阶段论""失衡论""替代论""领导论"等等。旁观者清也罢，闻过则喜也罢，兼听则明也罢，我们现在要做的是把西方多党制的现实和原社会主义国家演变的教训，证明多党制并非最佳的政党制度。多党制只是垄断资产阶级内部用来调整利害冲突的政治手段。资本主义国家的多党制尚且如此，社会主义国家能否搞多党制呢？推行政治多元化、多党制等资产阶级民主制，必然会葬送共产党执政的社会主义国家。这个真理如果过去还只能说是逻辑推断的话，那么苏联和东欧一些社会主义国家解体、分裂的惨痛事实已经证明了这一点。每个国家的国情不同，要寻找适合自己的政党制度，全盘移植只能是种桔结枳，这一点是资产阶级学者也认同的。美国著名社会学家英格尔斯指出："一个国家可以从国外引进作为现代化最显著标志的科学技术，移植先进国家卓有成效的工业管理方法、政府机构形式、教育制度以至全部课程内容。在今天的发展中国家里，这是屡见不鲜的。进行这种移植现代化尝试的国家，本来是怀着极大的希望和信心，以为把外来的先进技术播种在自己的国土上，丰硕的成果就足以使它跻身于先进的发达国家行列之中。结果，他们往往收获的是失败和沮丧。"在西方国家被证明是弊端丛生的多党制，通过各种方式移植到一些发展中国家后，更是带来了灾难性后果。冷战结束后，非洲许多部落众多的国家在西方的压力和影响下，宣布实行多党制，结果导致政党林立、竞争激烈，社会矛盾激化、经济停滞、政治动荡，国家陷入长期的纷乱之中。苏联解体后，一下子成立了几百个政党，国家陷入一片混乱，社会冲突不断，经济社会发展误入歧途。事实告诉我们，盲目照搬别国的政党制度，是取乱之道、取祸之道，其结果必然动摇国家的政治根基，引起政局动荡和社会冲突，给国家和民族带来无可挽回的严重后果。

因此，西方的政治制度并非是万能钥匙，并非是包治百病的灵丹妙药。按照我们的国情，在社会主义建设的实践中，不断推行政治体制改革，不断完善共产党领导的多党合作制，才是正确的选择。

三、国内外政党制度对比

1.政党的产生和政党制度的形成的不同。中西政党制度产生的历史背景和历史过程是不一样的。资本主义政党和政党制度产生的前提是资本主义国家。其模式是先有国家和宪法，后有政党和政党制度。中国的政党和政党制度，则是在半殖民地和半封建社会中，无产阶级在马克思主义理论指导下建立政党，并领导中国人民在取得新民主主义革命胜利的过程中形成的雏形，革命胜利建立政权时候确定下来。

2. 政党执政的合法性来源不同。西方政党执政的合法性来自于宪法和竞争选举。中国政党执政合法性的来源是革命。

3. 经济基础、政党性质以及党际关系的不同。西方政党制度的经济基础是资本主义生产资料私有制，决定了其是在维护资产阶级的利益的前提下为谋取本集团的利益而展开的竞争，以及轮流执政、联合执政甚至是独揽政权的状态。中国的政党制度的经济基础是生产资料公有制，人民群众的根本利益一致的，共产党代表了最广大人民群众的根本利益，从而我国形成了共产党为执政党、各民主党派为参政党的领导与合作的模式。

4. 政党与代议制机构（政府）的关系。在西方国家,执政党是组阁的政党,其执政地位取决于选举结果。在议会制国家，通过议会大选获得多数议席的政党或政党联盟是执政党或执政党联盟。在总统制国家，在总统大选中当选的总统所在的政党为执政党，总统组阁。在我国，中共是社会主义现代化事业建设的核心，当前党对政府的领导主要表现为三种形式：一是直接领导；二是通过中介机构间接干预；三是通过执政党领导干部在政府起作用，行政机关的最高领导职务一般都由党的精英担任，执政党通过这一途径实现领导。

5. 政党的使命不同。西方政党制度主要是维护资产阶级的利益和资本主义制度。中国政党制度的使命是在实现中国社会主义现代化的基础上消灭资本主义制度、消除阶级差别、消除国家和政党。

四、中国政党制度的优越

中国共产党领导的多党合作和政治协商制度在我国已经实行了 70 年。70 年来，这一制度在充分发扬社会主义民主、推进我国民主政治建设中发挥了重要作用。实践证明，这一政党制度是符合我国国情的好制度。那么，我国政党制度好在哪里呢？

    1. 有利于发扬社会主义民主。中国共产党领导的多党合作和政治协商制度，汇集了各民主党派等各界各方面人士，在社会基础、组织构成上具有极强的广泛性和代表性，能够把各种社会力量纳入现有政治体制，广开言路、广求良策、广谋善举，实现最广泛的有序政治参与。据统计，目前全国各级人大代表中有党外人士 18 万多人，各级政协委员中有党外人士 35 万多人，各级政府和司法部门中担任县处级以上领导职务的党外干部有 3.2 万人。这一制度，拓宽了民主渠道，能充分反映社情民意和各阶层的利益诉求，从而最大限度地保障了人民民主的实现。一些人从西方民主模式出发，认为只有竞选、一人一票才是民主的。这实际上是将民主形式单一化、绝对化。他们没有看到，人民通过选举、投票行使权利固然是民主的重要形式，人民内部各方面在重大决策之前进行充分协商也是民主的重要形式。通过充分协商，即使各方面的意见得以充分表达，又尽可能就共同性问题取得一致意见，意志更加统一，行动也更加统一，符合中国国情，符合中国的文化传统，在实践中效果也非常好。

    2. 有利于执政党决策的民主化、科学化。中国共产党领导的多党合作和政治协商制度的制度设计，有利于把全社会的智慧和力量充分调动起来、凝聚起来。中国共产党同各民主党派、无党派民主人士在长期合作中形成了充分信任、相互协商的传统和机制。大家所熟知的延安时期民主人士李鼎铭提出"精兵简政"的建议，得到中共采纳，就是中国共产党重视民主人士意见的典范。这种重视民主人士意见的传统，在中国共产党取得全国执政地位后得到了更加充分更加全面的体现。近年来，中共中央在作出重大决策前，都要认真听取民主党派主要领导人和无党派代表人士的意见，共商国是。据不完全统计，1990 年至 2006 年年底，中共中央、国务院及委托有关部门召开的协商会、座谈会、情况通报会达 230 多次，其中由中共中央总书记主持召开的就有 74 次。各民主党派、无党派人士围绕三峡工程、西部大开发、振兴东北地区等老工业基地、抗击非典、完善宏观调控、建设社会主义新农村、应对国际金融危机冲击等一系列具有全局性、战略性、前瞻性的重大问题，提出了许多重大意见和建议，对于党和政府的科学决策发挥了重要作用。

3. 有利于巩固安定团结的政治局面。旧中国一盘散沙、四分五裂，常令中华民族志士仁人扼腕叹息。昔日的"散"同今日的"合"形成鲜明对比，究其原因，其中就有我国政党制度发挥的作用。中国共产党领导的多党合作和政治协商制度吸取和弘扬了中华传统文化重视和合的长处，强调执政党和参政党合作共事、求同存异、民主协商，形成了强大的社会整合力，极大地调动了各方面的积极性和创造性。中国共产党与各民主党派是在共同的思想政治基础上团结协作、共同奋斗。各民主党派参加国家政权，参与国家大政方针和国家领导人选的协商，参与国家事务的管理，参与国家方针、政策、法律、法规的制定和执行，在我国政治、社会生活中发挥着重大作用和独特优势。这就从根本上消除了政党攻讦造成的政局不稳和政权频繁更迭，最大限度地减少了社会内耗，有利于维护政治和谐稳定与国家长治久安。

4. 有利于促进执政党的建设。毛泽东同志曾说过，一个党同一个人一样，耳边很需要听到不同的声音。中国共产党领导的多党合作和政治协商制度，既避免了多党竞争互相倾轧造成的政治动荡，又避免了一党专制缺少监督导致的种种弊端。各民主党派和无党派人士通过互相监督，尤其是对执政党的监督，能够更好地倾听人民群众的呼声和诉求，使执政党随时听到不同的意见和批评，克服和纠正官僚主义，及时改正工作中的错误。通过各民主党派和无党派人士的监督，还有利于防止或遏制执政党内出现腐败现象。近年来，中国共产党通过聘请民主党派成员和无党派人士担任特约人员、参加党风廉政建设的检查，使民主监督的渠道进一步拓宽，监督工作不断加强，有力地推动了自身建设。

坚持中国特色的政党制度，必须搞清楚为什么我们不能搞西方多党制。西方多党制，是资产阶级在政治实践中形成和发展起来的，它虽然在反对封建专制的过程中发挥过积极作用，但这种政党制度，有一些难以克服的弱点，并不适合所有国家，在实际运行过程中暴露出了越来越多的弊端。我们如果盲目照抄照搬，必然带来无穷后患。

第三章　新时代中国共产党领导的多党合作制度何以焕发出强大生命力

第一节　中国共产党领导的多党合作制度化建设

1."五一口号"的发布。1948 年 4 月 30 日，中共中央发布"五一口号"，提出召开政治协商会议、成立民主联合政府的号召，得到了各民主党派、无党派民主人士的积极响应。这标志着各民主党派和无党派民主人士公开、自觉地接受中国共产党的领导，是中国共产党领导的多党合作和政治协商制度的里程碑。

2. 多党合作制度恢复发展阶段（1976—1989）。我国民主党派"已经成为各自联系的一部分社会主义劳动者和一部分拥护社会主义的爱国者的政治联盟，都是在中国共产党领导下为社会主义服务的政治力量。""在中国共产党的领导下，实行多党派的合作，这是我国具体历史条件和现实条件所决定的，也是我国政治制度中的一个特点和优点。"中共十二大提出了"长期共存，互相监督，肝胆相照，荣辱与共"的基本方针。中共十三大正式提出了"共产党领导下的多党合作和政治协商制度"的概念。

3. 多党合作制度化建设的推进（1989—2002）。《中共中央关于坚持和完善中国共产党领导的多党合作和政治协商制度的意见》的颁布，标志中国共产党领导的多党合作和政治协商制度进入制度化建设的新阶段，全国人大八届一次会议将"中国共产党领导的多党合作和政治协商制度将长期存在和发展"载入宪法，上升为国家意志。

4. 多党合作制度化建设的完善阶段（2002—2012）。《中共中央关于进一步加强中国共产党领导的多党合作和政治协商制度建设的意见》《中共中央关于加强人民政协工作的意见》《中国的政党制度》（白皮书）、《中共中央关于加强新形势下党外代表人士队伍建设的意见》

5. 多党合作制度化新时代（2012— ）。《中共中央关于加强社会主义协商民主建设的意见》的颁布，中央统战工作会议的召开和《中国共产党统一战线工作条例（试行）》的颁布，《关于加强政党协商的实施意见》的颁布，习近平总书记 2018 年 3 月 4 日讲话。

二、习近平关于中国新型政党制度的重要论述

1. 习近平关于多党合作理论的重大创新。2013 年习近平总书记在同党外人士共迎新春时，首次提出各民主党派是同中国共产党通力合作的中国特色社会主义参政党。这个重要论断，进一步明确了当代民主党派的基本属性、历史方位、时代使命和目标追求，蕴含着对多党合作事业的战略思考，是多党合作理论的重大创新。习近平总书记在党的十九大报告中强调："坚持长期共存、互相监督、肝胆相照、荣辱与共，支持民主党派按照中国特色社会主义参政党要求更好履行职能。"做好民主党派和无党派人士工作，关键在于坚持和完善中国共产党领导的多党合作和政治协商制度，就是要不断完善协商民主的内容、方式、程序；要认真贯彻执行中共中央关于党外人士在各级人大、政协中占有比例和数量的规定；要积极培养选拔优秀党外人士担任政府和司法机关的领导职务；要支持各民主党派全面加强思想建设、组织建设和制度建设；要自觉接受民主党派和无党派人士的民主监督。

2. 习近平关于新型政党制度的论述。他指出，中国共产党领导的多党合作和政治协商制度作为我国一项基本政治制度，是中国共产党、中国人民和各民主党派、无党派人士的伟大政治创造，是从中国土壤中生长出来的新型政党制度。说它是新型政党制度，新就新在它是马克思主义政党理论同中国实际相结合的产物，能够真实、广泛、持久代表和实现最广大人民根本利益、全国各族各界根本利益，有效避免了旧式政党制度代表少数人、少数利益集团的弊端；新就新在它把各个政党和无党派人士紧密团结起来、为着共同目标而奋斗，有效避免了一党缺乏监督或者多党轮流坐庄、恶性竞争的弊端；新就新在它通过制度化、程序化、规范化的安排集中各种意见和建议、推动决策科学化民主化，有效避免了旧式政党制度囿于党派利益、

阶级利益、区域和集团利益决策施政导致社会撕裂的弊端。它不仅符合当代中国实际，而且符合中华民族一贯倡导的天下为公、兼容并蓄、求同存异等优秀传统文化，是对人类政治文明的重大贡献。

3. 习近平关于"四新""三好""三有""四言""五种能力"的论述。习近平谈到"四新"政党时指出中国特色社会主义进入新时代，多党合作要有新气象，思想共识要有新提高，履职尽责要有新作为，参政党要有新面貌，引导广大成员增进对中国共产党和中国特色社会主义的政治认同，使新时代多党合作展现出勃勃生机。中共十九大报告向全世界庄严宣告中国特色社会主义进入了新时代，标志着我国社会主义发展进入了一个新的历史阶段。"三好"是指习近平希望各民主党派和无党派人士要做中国共产党的好参谋、好帮手、好同事，增强责任和担当，共同把中国的事情办好。"三有"是指有事多商量、有事好商量、有事会商量。"四言"是指言之有据、言之有理、言之有度、言之有物。"五种能力"是指在新时代要不断提升政治把握能力、参政议政能力、组织领导能力、合作共事能力、解决自身问题能力。

第二节　中国土壤中生长出来的新型政党制度，具有强大的生命力

世界上不存在完全相同的政治制度，也不存在适用于一切国家的政治制度模式。"物之不齐，物之情也。"各国国情不同，每个国家的政治制度都是独特的，都是由这个国家的人民决定的，都是在这个国家历史传承、文化传统、经济社会发展的基础上长期发展、渐进改进、内生性演化的结果。履不必同，期于适足；治不必同，期于利民。橘生淮南则为橘，生于淮北则为枳。邯郸学步，东施效颦。中国共产党领导的多党合作和政治协商制度作为我国一项基本政治制度，是中国共产党、中国人民和各民主党派、无党派人士的伟大政治创造，是从中国土壤中生长出来的新型政党制度。

一、中国土壤中生长出来的新型政党制度优势

1. 既维护广大人民的根本利益，又照顾各方面群众的具体利益。新就

新在它是马克思主义政党理论同中国实际相结合的产物，能够真实、广泛、持久代表和实现最广大人民根本利益、全国各族各界根本利益，有效避免了旧式政党制度代表少数人、少数利益集团的弊端。中国共产党代表中国最广大人民的根本利益，是人民当家作主的根本保障。各民主党派成员来自不同的社会阶层和群体，负有更多地反映和代表它们所联系的各部分群众的具体利益与要求的责任。多党合作制度能够发挥强大社会整合功能，既维护广大人民的根本利益，又照顾各方面群众的具体利益，使社会各阶层的利益都能得到充分保障。

2. 既吸纳了一党制、多党制的优点，又克服了一党制、多党制的缺陷。新就新在它把各个政党和无党派人士紧密团结起来、为着共同目标而奋斗，有效避免了一党缺乏监督或者多党轮流坐庄、恶性竞争的弊端。

3. 既能促进社会快速发展，又能维护社会和谐稳定。如何既能集中统一领导，又能实现广泛的政治参与，是发展中国家特别是超大型发展中国家面临的难题。一党独裁显然有悖于民主政治现代化的潮流，而"在发展中国家，多党制是软弱的政党制度"（亨廷顿语），难以实现集中统一的领导。我国的多党合作制度，有效地破解了这一难题。多党合作制度作为社会主义民主制度的重要组成部分，在肯定中国共产党领导和执政党地位的同时，通过支持民主党派参政议政实现了政治参与面的扩大，推动决策科学化民主化，是我国政治格局稳定的重要制度保障。

二、中国新型政党制度焕发出强大生命力

新时代中国共产党领导的新型政党制度焕发出强大生命力，经济、科技等国家竞争力显著增强，国家的综合实力走进世界的第一方阵。

1. 经济力。中国已经是全球第二大经济体、第一大贸易国、第一大外汇储备国（也是美国最大的债主，希拉里·克林顿说中国已经成为美国的银行）、制造业第一大国（美国崛起百年后第一次丢掉此冠桂）、210种工业产品产量全球第一（人类历史上只有英国和美国曾有此荣耀）、钢产量超过世界的50%（近8亿吨，超过其他十大产钢国的总和）、汽车消费第一大国、

尚未自由兑换的中国人民币流通量超过欧元居世界第二、全球第三大对外投资国、世界五百强86家企业入围居世界第二、世界十大银行中国占有四家并居第一名，与金融大国美国分庭抗礼、全球十大港口中国占据8席。

科技方面。科技创新水平加速迈向第一方阵，蛟龙、天眼、悟空、墨子、慧眼、大飞机……一大批代表性重大科技创新成果相继涌现；天宫、神舟、天舟、嫦娥、长征系列成果举世瞩目；量子调控、铁基超导、合成生物学领域步入世界领先行列；深地探测、干细胞、基因编辑领域取得重要原创性突破。科技进步贡献率从2012年的52.2%升至57.5%，国家创新能力排名从2012年第20位升至第17位。复兴号成功商业化运行，全国高速铁路里程已经占全球总里程60%以上；可再生能源的装机量、发电量居世界第一；电动汽车、新能源汽车的产销量和保有量均占全世界50%以上；5G新型网络架构等技术纳入国际标准；2016年中国数字经济规模达到22.6万亿元，网络零售交易额、电子信息产品制造规模居全球第一；人工智能、大数据、云计算等引领数字经济、平台经济、共享经济快速发展。中国正在进入数字化转型快车道，新四大发明、新零售、新制造、城市大脑……这些经验和技术都可以为世界提供借鉴，中国技术和中国经验正在走向全球。前不久，克隆猴"中中"和"华华"在中国诞生，"姐妹"俩萌翻了全世界。

中国已成为全球第二大高质量科技论文产出国，正对世界科学发展做出日益重要的贡献。

三、世界政党大会是中国共产党与世界政党的高层对话

2017年11月，北京举行了主题是"构建人类命运共同体、共同建设美好世界：政党的责任"的世界政党大会，来自120多个国家、200多个政党和政党组织的领导人前来中国"取经"，为携手构建人类命运共同体凝聚更多的动力和智慧，推动各政党在涉及人类前途命运等重大战略问题上形成更多的共识，相互借鉴治党治国经验，共同提高执政和参政能力，维护了中国共产党作为中国人民的优秀代表的形象和地位，赢得了全世界的广泛好评。中国政党制度的实践日益彰显出独特的制度优势和强大生命力，它

不仅符合当代中国实际，而且符合中华民族一贯倡导的天下为公、兼容并蓄、求同存异等优秀传统文化，为世界政党政治发展提供了中国智慧和中国方案，为人类社会民主政治和政治文明发展做出了独特贡献，也为发展中国家走出一条既吸收人类文明优秀成果、又符合本国实际的政治发展道路提供了成功范例。

8

我国政治协商民主的理论逻辑及其路径选择

协商民主（deliberative democracy）作为一种民主范式和民主理论研究的一种转向，只是对古典协商民主传统的复兴，而非完全的创新，早在古希腊和雅典时期就已经出现和实际应用，1980 年美国学者约瑟夫·毕赛特首次提出"协商民主"的概念后，在西方学术界掀起持续热潮，为西方民主政治的发展提供了一种新的合法性基础，也对新时期我国基层民主政治发展起到积极的重要作用，因此研究我国转型期基层协商民主的建设与发展问题，则具有重要的理论意义和现实意义。

一、西方协商民主的理论内涵及哲学背景

1. 西方协商民主的理论内涵。针对当代西方民主政治发展的实践，中外学者都在寻求协商民主理论共同的问题，即具有差异性和不同利益的公民能否在某种意义上确认"共同的善"（common good）？然而，不同的理论家对这个问题有不同的理解：如哈贝马斯认为"民主的核心是各种偏好的改变而不是偏好的聚合"① 的观点已经在民主理论中成为主要论点之一，陈家刚认为"协商民主是指自由平等的公民，基于权利和理性，在一种由民

---

① ［美］约·埃尔斯特：《协商民主：挑战与反思》，周艳辉译，中央编译出版社，2009，第 1 页。

主宪法规范的权力相互制约的政治共同体中，通过对话、讨论、辩论等过程，形成合法决策的民主形式。"①。自协商民主理论兴起以来，很多西方学者从不同的角度对协商民主的内涵作了界定，总结起来，可以归纳为以下三种：其一，治理式协商民主。"协商民主是一种具有巨大潜能的民主治理形式，它能够有效回应文化间对话和多元文化社会认知的某些核心问题。它尤其强调对于公共利益的责任、促进政治话语的相互理解、辨别所有政治意愿，以及支持那些重视所有人需求与利益的具有集体约束力的政策。"② 现代社会的最显著特征就是文化的多元化，这种模式认为协商的前提是主体的文化多元性和差异性，协商的目的在于主体间达成理解和尊重。如乔舒亚·科恩、瓦拉德斯把协商民主作为自我治理、民主治理的一种方式。陈家刚也认为"协商民主是一种治理形式，其中，参与公共协商的公民是平等的、自由的，他们提出各种相关的理由，说服他人，或者转换自身的偏好，最终达成共识，从而在审视各种相关理由的基础上赋予立法和决策以合法性"③。其二，决策式协商民主。戴维·米勒认为"当一种民主体制的决策是通过公开讨论——每个参与者能够自由表达，同样愿意倾听并考虑相反的观点——做出的，那么，这种民主体制就是协商的。"④ 在协商民主模式中，民主决策是平等公民之间理性公共讨论的结果。"在协商民主中，公民运用公共协商来做出具有集体约束力的决策。……协商民主的吸引力源于其能够形成具有高度民主合法性决策的承诺。"⑤ 以马修费斯廷斯泰和

① 《协商民主研究在东西方的兴起与发展》，http：//www.aisixiang.com/data/20065.html

② Jorge M. Valadez：Deliberative Democracy，Political Legitimacy，and Self-Democracy in Multicultural Societie，USA Westview Press，2001，p30.

③ 陈家刚：《协商民主》，三联书店，2004，代序第3-4页。

④ David Miller："Is Deliberative Democracy Unfair to Disadvantaged Groups？"Democracy as Public Deliberation：New Perspectives，Edited by Maurizio Passerin D'entrèves，Manchester University Press，2002，p201.

⑤ Christian Hunold："Corporatism，Pluralism and Democracy：Toward a Deliberative Theory of Bureaucratic Accountability"，Governance：An International Journal of Policy and Administration，Vol. 14，No.2，Blackwell Publishers，2001.

爱丽丝·马里恩扬等为代表，将协商民主视为现代政治生活中的一种民主决策方式。李君如认为"协商民主作为一种民主的决策体制或理性的决策形式，每个公民都能平等地参与公共政策的制定过程，自由地表达自己的意见并倾听别人的观点，包括对道德问题提供协商的空间，在理性的讨论和协商中做出大家都能接受的决策"①。其三，政府式协商民主。梅维·库克突出政治生活中的理性讨论过程，即"如果用最简单的术语来表述的话，协商民主指的是为政治生活中的理性讨论提供基本空间的民主政府。"② 科恩认为，"协商民主是一种事务受其成员的公共协商所支配的共同体"③。朱勤军认为，"协商政治是在吸收各种民主理论共同价值和合理成分的基础上形成的一种新型民主形态"④。

笔者认为：协商民主就是公民通过自由而平等的对话、讨论、审议与协商，参与公共决策和政治生活，在广泛考虑公共利益的基础上，利用理性指导协商，赋予立法和决策以政治合法性。协商民主理论基于是自由民主发展到一定阶段的产物，是对自由民主的矫正和超越。但其在发展过程中也存在明显的精英主义倾向、浓厚的理想主义色彩、不可逾越的鸿沟及协商失败的质疑和促进合法决策、培养公民精神、矫正自由民主的不足、制约行政权的膨胀、充分发挥理性作用的现实政治意义。

2. 西方协商民主的哲学背景。协商民主的观念及其实际应用与民主本身有着同样长的历史，最早可以追溯到公元前 5 世纪古希腊时期雅典的民主政治。费什金指出："追溯古代雅典民主的起源，我们可以发现其民主制度体现了协商民主的形式。"⑤ 其实，古希腊的亚里士多德等思想家就曾提

---

① 李君如：《中国能够实行什么样的民主》，《北京日报》，2005 年 9 月 26 日。

② Maeve Cooke："Five Arguments for Deliberative Democracy", Political Studies, 2000, Vol.48, pp.947-969.

③ Joshua Cohen："Deliberation and Democratic Legitimacy", Deliberative Democracy：Essays on Reason and Politics, Edited by James Bohman and William Rehg, The MIT Press, 1997, p67.

④ 朱勤军：《中国政治文明建设中的协商民主探析》，《政治学研究》，2004 年第 3 期。

⑤ ［美］约·埃尔斯特：《协商民主：挑战与反思》，周艳辉译，中央编译出版社，2009，第 2 页。

2016 年 9 月 28 日市政协就产业扶贫开展异地调研协商

出协商思想，而雅典的 500 人大会等政治实践中也包含着协商因素，20 世纪八九十年代，西方社会发生巨大变化，"国家政治和公共政策受到统治阶级和利益集团左右，甚至进而诱发社会冲突，难以实现其制度设计的民主规范目标——达成民意和公共利益"①。1980 年，约瑟夫·毕塞特在《协商民主：共和政府的多数原则》一文中首次从学术意义上使用"Deliberative Democracy"一词，倡导公民参与，反对精英主义。②之后，在哈贝马斯、罗尔斯的影响下，各种偏好的改变而不是偏好的聚合和公共理性、重叠共识等理念也为协商民主提供了重要的理论基础。1996 年，詹姆斯·博曼教授出版了《公共协商：多元民主、复杂性与民主》这本书，作者认为在多元文化、社会复杂现实和普遍的不平等条件下，协商民主依然可以保证公民

① 王浦劬：《中国的协商治理与人权实现》，《北京大学学报》（哲学社会科学版），2012 年第 6 期。
② 参阅［澳］约翰·S. 德雷泽克：《协商民主及其超越：自由与批判的视角》，丁开杰等译，中央编译出版社，2006，前言第 2 页。

自治和主权的民主思想。在一个强调多元、尊重差异和多样的时代，协商民主为人类的民主探索提供了一种新的思考路径。

二、我国协商民主发展的理论逻辑基础

协商民主植根于西方文化传统和政治现实，是在选举民主高度发达前提下的自我修正与完善。因而，我们在研究中国协商民主时，需要充分注意本国政治发展的特殊历史背景、文化传统、经济和社会发展水平等因素，不能简单地进行理论移植和制度对接，更不能简单地进行"比附"。中国的民主政治实践存在着丰富的协商民主形式，包括政治协商制度、公共论坛、立法听证和基层民主治理，尤其是20世纪80—90年代后出现的民情恳谈会、民主恳谈会、民主理财会、居民论坛、乡村论坛、民主听证或议政会等许多基层协商制度形式。

1. 中国协商民主的哲学基础。中国政治文化中间充满了"和合""仁政"、儒家中庸思想。两千多年前，中国先秦思想家孔子就提出了"君子和而不同"的思想，孟子"天时不如地利、地利不如人和"，荀子"万物各得其和以生"，严复"贵一道而同风"，康有为《大同书》，孙中山"五族共和"。在现代多元文化共存的社会里，这种"和谐"文化为协商政治的确立提供了良好的精神资源和文化背景。一是"天下为公"观念和集体主义精神。如"在中国古代，公是一种公认的天地之至德"[①]。二是民本思想。"从盘庚的'重民'、周公的'保民'、孔子的'爱民'到孟子的'民贵君轻'、荀子的'君舟民水'，再到汉唐以来的形形色色的民本论，民本思想不断被充实、丰富。"[②]受这些民本思想的影响，中国古代历史的谏议制度、朝议制度和庶民议政等制度安排，构成了中国协商民主的重要思想和制度资源。三是传统的"和合"思想。我国传统文化提倡"礼之用，和为贵"（《论语·学而第一》）。而"大一统"观念是"合"思想的主要体现，包括"天道一统、

---

① 刘泽华：《中国传统政治哲学与社会整合》，中国社会科学出版社，2000，第251页。
② 刘泽华：《中国传统政治哲学与社会整合》。中国社会科学出版社，2000，第206页。

江山一统、文化一统、天下一家等"① "和合"思想体现了尊重差异、开放包容、和而不同的思想内涵，是中国协商民主形成的重要历史文化渊源。在继承中国深厚文化传统的基础和马克思主义哲学理论的指导下，现实生活中具有不同利益诉求和不同文化背景的群体之间则较容易在协商中达成共识。

2. 中国协商民主制度的实践基础。中国协商民主制度是在党领导人民进行革命、建设和改革的实践中逐渐形成的。新民主主义革命时期，中国共产党围绕民族救亡和人民解放，在同其他党派团体和党外人士团结合作过程中形成了协商民主思想，特别是在陕甘宁边区的"三三制"民主政权建设中进行了协商民主实践。新中国成立前后，1948 年《纪念"五一"劳动节口号》号召："各民主党派、各人民团体、各社会贤达迅速召开政治协商会议，讨论并实现召集人民代表大会，成立民主联合政府！"②1949 年中国人民政治协商会议第一次全体会议通过的《中国人民政治协商会议共同纲领》，这标志着中国共产党领导的多党合作和政治协商制度的正式确立，成为中国协商民主的重要起点。改革开放后，以中国共产党领导的多党合作与政治协商制度为核心的协商民主得到进一步完善和发展。2006 年《关于加强人民政协工作的意见》，其中明确指出："人民通过选举、投票行使权利和人民内部各方面在重大决策之前进行充分协商，尽可能就共同性问题取得一致意见，是我国社会主义民主的两种重要形式。"③ 这一文件为进一步发展中国特色的协商民主理论奠定了理论基础。2007 年《中国的政党制度》白皮书，第一次确认了协商民主的概念。2012 年党的十八大明确将社会主义协商民主作为我国人民民主的重要形式，并对完善协商民主制度和工作机制，丰富协商民主的形式和内容，推进协商民主广泛、多层、制度化发

---

① 刘泽华：《中国传统政治哲学与社会整合》，中国社会科学出版社，2000，第 114 页。

② 《纪念"五一"劳动节口号》，新华网：http://news.xinhuanet.com/ziliao/2004–12/06/content_2300915.htm

③ 《中共中央关于加强人民政协工作的意见（摘要）》，《人民日报》2006 年 3 月 2 日第 01 版。

展等作出全面阐述，这对中国协商民主发展具有里程碑式的意义。

3. 中国协商民主的理论内涵。在各种协商民主形式中，具有较成熟和完善制度架构的是政治协商制度。"政治协商制度是在中国共产党的领导下，各民主党派、各人民团体、各少数民族和社会各界的代表，对国家的大政方针以及政治、经济、文化和社会生活中的重要问题在决策之前举行协商和就决策执行过程中的重要问题进行协商的制度。"①1949 年中国人民政治协商会议召开而成为固定的制度构造，使中国协商民主一开始就纳入制度化的轨道。在中国的政治实践中，从国家制度层面到基层治理领域，存在着丰富的协商政治实践。例如政治协商制度、立法听证、民主恳谈、网络论坛等等。这些制度形式不同程度地反映了协商民主的特征。一是政治协商制度。作为国家制度层面的制度平台，政治协商制度必然会在决策过程中的信息聚合、慎重讨论、沟通交流、政策表达等各方面发挥关键作用。二是立法听证。作为协商民主的一种重要形式，立法听证通过利益相关者参与政治决策过程，并在过程中对话、沟通和交流的基础上，形成最终的共识，从而对于立法决策产生影响。三是公共论坛。协商民主为各种公共决策提供一个新的合法化空间。网络论坛作为一种立基于新传播技术之上的参与方式，打破了空间、时间的限制，增加公民之间以及公民与政府之间直接的、全面的参与和沟通的可能性，促进了公民之间、公民与政府之间的沟通交流和对话。四是基层民主治理。在城市基层政治实践中，社区作为一种平台，为协商民主提供了新的制度架构，出现民情恳谈会、民主恳谈会、民主理财会、居民论坛、乡村论坛、民主听证，或议政会等许多协商制度形式。"即使中国能找到使人民协商制度产生实际的政治效果的某些方式，即使人民协商制度在国家层面上能被采用，它首先需要在地方社团层面上试验，这对于在一个政治的实质结构转型中保持一种完美理想来说是绝对重要的；

---

① 《中国共产党领导的多党合作和政治协商制度》，中国政府门户网站，http：//www.gov.cn/test/2005-05/25/content_18182.htm

只有这样，民主协商的理念才能成为现实。"①

三、我国基层协商民主发展的现实困境

协商民主的宗旨就是通过引入公众参与促进公共事务的有效治理，协商民主能够促进决策合法化，控制行政权力膨胀，培养公民精神，平衡自由主义的不足。②公共事务的指向在基层，公众参与的对象来自于基层，民主成果的转化离不开基层，民主政治建设需要积极开展基层协商民主。但是，协商民主在促进基层民主建设政治过程的参与，以及推进中国基层政治发展方面仍存在一些困难。

1. 主体差异性大，民主协商意识淡薄。基层协商民主参与主体差异性大，因其身份背景、知识素养、文化习俗的不同，在协商民主中就会持有不同的价值判断和利益预期，使得基层协商民主难以发挥应有的民主作用，直接影响公共事务、公共决策的科学性和有效性，影响基层协商民主的平等性、自由性。由于基层经济发展相对滞后，群众的参与意识和参与能力尚且不足，制约了协商民主的有序参与。协商民主本身难以实现普适性，将所有人都纳入协商参与主体不切实际，而限制参与和影响的机会又会潜在地使协商精英化。③其一，由于受传统专制思想的影响，一些基层干部的权力本位、官本位和人治思想仍然根深蒂固，对基层民主政治建设的重要性缺乏深刻理解和正确认识，以"地方官"自居，存在着"替民作主"和"权大于法"的观念和做法。选举时，代填、代投选票等违反"民主"的事情屡见不鲜。其二，由于缺乏科学文化知识，农民的民主意识淡薄，对民主的意义和作用认识不到位，缺乏民主的实践和民主的锻炼，对自己的民主权利不珍惜、不重视。同时，基层党政部门、政协委员、基层社会代表等协商主体对协

---

① 陈剩勇、何包钢主编：《协商民主的发展》，中国社会科学出版社，2006，第173页。

② 陈剩勇：《协商民主理论与中国》，《浙江社会科学》，2005年第1期。

③ ［美］詹姆斯·博曼：《实现一种作为探究模式的审议民主：实用主义，社会事实和规范理论》，谈火生：《审议民主》，凤凰出版传媒集团、江苏人民出版社，2007。

商民主制度的思想认识不到位，民主协商意识较低，"'我要协商'的主动协商意识不够，'不怕揭短亮丑、敢讲真话实话、鼓励交锋碰撞'的协商民主氛围还未形成。"有的党政部门存在以情况介绍代替协商、以征求意见代替协商、以决策通报代替协商的现象，一些政协同志存在"等""靠""看"的思想，一些政协委员存在不能代表、不会协商、不敢发声的问题，一些基层社会代表存在怕说错不敢说、欠热心不愿说、不了解随便说的情况。

2. 基层民主参与程度低，制度化水平不高。由于基层社会经济发展相对滞后，因此制约了基层民主的有序参与，群众对民主选举的积极性不高。一方面，基层群众的民主素质、参与能力、选举热情等方面参差不齐，另一方面，基层群众尤其是农村中大部分青壮年农民长年累月在外务工，对本村（乃至本地）公共事务知之甚少，这就使得他们难以正常行使民主监督权利。对他们而言，生计问题大于民主。他们既没有时间也没有精力参与政治活动。有的因回家参与选举经济成本高，甚至放弃了选举权。有的认为不管选谁都一样，和自己没有太多关系。三是基层组织在协商民主实践过程中，没有凸显制度化的刚性要求，在民主参与的路径设计方面，缺乏长远规划和形成一整套的制度安排，随意性较大。尤其是对重大事项及其关乎基层群众切身利益的民生问题，群众的参与、协商、监督还有待完善，法律保障和制度配套有待加强。

3. 基层民主建设有待创新，社会排斥依然存在。当前，我国正处于转型期，许多深层次的矛盾和问题日益显露，一方面部分基层组织仍沿袭计划经济时代的传统做法，已致使得基层群众自治流于形式，无法适应新时期的基层民主建设的客观要求，阻碍了基层民主政治的发展进程，使得协商民主沦为形式。因此在推进基层协商民主的实践过程中，不同程度地存在排斥和干扰。个别基层干部民主意识淡薄，传统的权力本位、官本位和人治思想仍然根深蒂固，没有深刻理解和认识基层协商民主的重要性，在处理公共事务中，往往存在"替民作主"的问题，没有真正执行基层民主制度的要求，存在不愿协商、不去协商的现象。另一方面，由于基层民主决策、民主管理和民主监督的发展还相对滞后，不能充分满足广大人民群众的民主参与需求。甚至在一些基层组织，民主选举与民主决策、民主管理、民主监督相互脱节，缺乏切实有效的法律配套和制度保障，使得各地基层民主参与的方式、方法、形式存在巨大的差异性，使得基层协商民主发展"步履维艰"。

五、我国基层协商民主发展的路径选择

协商民主理论的核心是平等主体基于理性的公共协商，协商民主不仅弥补了选举民主的不足，而且制约了行政权力的扩张，促进了基层群众多元化利益的实现，为此笔者认为根据我国基层协商民主发展的客观实际情况，主要应从以下几个方面入手：

1. 提高协商民主意识。一是基层领导干部要提高民主协商意识，通过各种方式、方法加深、加强对协商民主的理解，彻底扭转基层民主协商可有可无的错误观念。二是充分运用广大基层群众喜闻乐见的方式、方法，开展形式多样的活动，如"恳谈会""茶话会"等，以提高基层群众的协商民主意识，努力营造民主协商、有序表达的氛围，引导基层群众参与民主协商过程。三是充分利用各种媒体，如电视、电影、微信、微博、黑板报、广播、报纸等，密切加强与基层群众之间的交流与沟通，促进彼此的理解和信任，将不同利益群体未能充分表达的利益诉求通过民主协商的平台公开透明地表达出来。

2. 充实协商民主主体。一是最大限度地把社会不同阶层、不同利益群体的人士组织起来，方法多样化地实现"精英民主"和"草根民主"的对接，使得基层民主建设朝着公民协商方向发展：一方面符合以人民民主为取向的基层民主的题中之义，另一方面也符合中国经济与社会发展对基层民主的要求。二是要充分发挥好基层人民政协的制度平台功能，尤其是要发挥政协委员的主体作用，才能更好地落实和推动基层群众有序政治参与，更好地把社会各方面分散的意见、愿望和要求进行系统、综合的反映，促进党和政府科学决策。三是强化基层政协委员广泛代表性提高委员的议政能力，打通协商互动或功能互补的渠道，构建能够充分反映不同利益群体关

系和要求的机制，形成不同利益群体在体制内有序的利益表达、利益聚合和利益传输渠道。

3. 完善协商民主制度。当前，基层民主协商机制缺乏"硬约束"，尤其是在保障、反馈、激励和沟通机制等方面尚不健全，协商整体质量受到一定影响。一是顶层设计需要考虑细化各个协商环节的操作详规，制定详细、严密、职责分明的协商民主制度，实现从"政策性协商"到"制度性协商"的转变。二是要研究制定推进基层协商民主的实施意见，加强对基层的协商民主的指导，制定完善区县政治协商实施细则，完善协商程序，强化机制保障，促进民主协商成果有效转化。三是建立基层协商民主考核评价制度，并纳入各级基层领导的年度考核体系中，实行一票否决制，促进协商民主的有效开展。四是要建立完整的咨政程序，如建立选题、论证、报批、审定、反馈等一系列机制，以更好地发挥协商民主功能。

4. 巩固协商民主成果。一是协商成果重在"落实"。针对基层组织存在"议而不力""议而不决""议而不办"等情况，为此必须建立"奖惩机制"，以促进协商成果的有效转化，推动基层协商民主的有序发展。二是建立协商成果跟踪督办机制。如有些基层组织对协商成果"瞒报""虚报""谎报"，为此应在制度化及《基层组织法》的层面，加强"事前""事中""事后"的跟踪与监督,务必使协商成果落到实处。三是建立协商成果转化机制。基层组织应把协商成果,如调研报告、视察报告、建议案、提案和社情民意等，通过党政有关部门，纳入党政决策程序。以此完善协商民主制度，提升协商民主的重要地位和职责，以自信的角色认知、自觉的角色实践、自为的角色创新积极推进协商民主广泛、多层、制度化发展，充分发挥人民政协作为协商民主的重要渠道作用。

5. 创新协商民主形式。其一，协商民主形式的多样化。一是紧扣基层发展难点问题开展专题协商，如针对基层社会经济发展"瓶颈"问题，以建议案和调研报告的形式提交上级政府。二是紧抓基层发展重点进行对口协商，为基层各项事业的整发展出谋划策。即通过专门委员会、党派团体同党委、政府相关部门开展内容丰富、形式多样的对口协商，以取得较好协商效果，推动部门工作。三是紧盯重点环节开展提案办理协商，为基层社会经济的一体化发展创造环境。其二，协商民主内容的多样化。一是围绕区域发展的战略性全局性问题开展协商。充分发挥协商民主的优势，围绕事关基层发展方向和发展大局的战略规划、重大决策，广泛征求各界意见。二是围绕推进重点领域工作发展加强协商，即重视围绕综合性问题开展，也注重加强对经济、社会、生态、民生等专门领域问题的协商。三是围绕涉及群众切身利益的实际问题广泛协商。

9

新时代中国特色社会主义人权观及其实践

人权是指人的基本权利，它是人之为人的基本条件。人权观是马克思主义理论的重要理论构成，是马克思主义对人权问题的基本看法。马克思、恩格斯在批判资产阶级人权观的基础上，从辩证唯物主义和历史唯物主义出发，建构了具有无产阶级自己特色的人权理论，对人权的本原、性质、目的及其与公民、国家之间的关系做过重要的论述，提出了以人类的彻底解放为人权思想的核心，以自由权、平等权、民主权、生存权、财产权、安全权为权利体系的人权思想体系。[①] 我们党和国家历代领导人，从毛泽东、邓小平、江泽民、胡锦涛到习近平，都对马克思主义人权观及其中国化特别关注，把中国化马克思主义人权建设上升到国家的顶层设计之中，成为国家的基本目标。[②] 本文从新时代习近平对中国化马克思主义人权观问题所做的一系列重要论述中，探讨中国化马克思主义的人权顶层设计理念、中国特色的人权内涵、人权发展的中国道路以及中国人权的实现途径。

---

① 参见熊万鹏《人权的哲学基础》，商务印书馆，2013，第 210–243、361–362 页。

② 参见秦正为《马克思主义人权理论及其中国实践》，《学术界》，2010 年第 9 期。

一、富强与民主：中国人权的顶层设计

中国共产党自成立之初，就明确地提出要消灭压迫和剥削，让全中国人民获得自主和自由，这是中国共产党重视人权的重要表现，也是对马克思主义人权观的继承与中国化尝试。但是，现代人权的理念产生于西方，因此我们过去一直把人权与资本主义画等号，以致我们以往比较少公开提到人权。毛泽东虽然在其诸多论述中把人权建设提到重要地位，但改革开放前我们国家比较少直面人权。改革开放后，邓小平把人权建设提高到国家的顶层设计中，成为改革开放的重要内容，特别是 1991 年发表的《中国的人权状况》白皮书，明确宣布了社会主义中国对人权观念的接受和理解。2004年 3 月，全国人大通过了《中华人民共和国宪法》修正案，明确规定了"国家尊重和保障人权"，这是第一次从宪法的高度肯定了人权。随后的物权法和刑事诉讼法都从具体法中明确地肯定了人权。[①] 但是，作为公民的基本权利，人权从宪法、法律的肯定到全民意识和自觉、从理念到实践，还有一段比较长的路要走，特别是需要历任国家领导人将人权事业建设列入其治国理政的纲领中，并从国家层面进行人权事业的顶层设计。

习近平在参观《复兴之路》展览时，明确提出："实现中华民族的伟大复兴，就是中华民族近代最伟大的梦想。这个梦想，凝聚了几代人的夙愿，体现了中华民族和中国人民的整体利益，是每一个中华儿女的共同期盼。"[②]习近平的中国梦构想，不但提出了中华民族"两个一百年"的发展目标，而且对中华民族的人权事业进行了宏伟构想，从治国理政的层面对中国人权事业进行了顶层设计。

首先，把人权、自由、平等当作强国梦的重要组成部分，将人权建设上升到民族复兴的伟大高度。习近平在中国梦构想中，明确承认人权的重要性和普遍性，并把中国梦与保障人权紧密地联系在一起。2015 年 9 月，他

---

① 参见熊万鹏《人权的哲学基础》，商务印书馆，2013，第 210–243、361–362 页。

② 中共中央文献研究室：《习近平总书记重要讲话文章汇编》，中央文献出版社、党建读物出版社，2016，第 19 页。

在给"2015·北京人权论坛"的贺信中说："中国共产党和中国政府始终尊重和保障人权。""实现人民充分享有人权是人类社会的共同奋斗目标。"[1] 习近平更多时候是用人民的利益、人民的权利、人民的"梦"、人民的"呼声"等概念和说法来表述人权，以便让抽象的人权概念更能够贴近人民。[2] 在中国梦的描述中，不少内容都与人权相关，例如在第一个百年的小康社会目标中，就包含经济、政治、文化、社会、环境等诸多与人民相关的权利目标。在第二个百年的伟大复兴目标中，更是提出要建设一个富强、民主、文明、和谐的社会主义现代化强国，提出人人平等、共同富裕、成果共享的人权理想目标。

其次，在习近平的诸多论述中，具体描绘了中国人权建设的基本内容，体现了人权建设的中国特色。作为一个民族的伟大目标，中国梦不但承认了人权，中国政府和人民同样尊重人权、追求人权，而且更详细、具体地描绘了中国人权事业的具体内容。在习近平的中国梦论述中，第一个百年的目标明确规定为：经济上实现可持续健康发展，政治上扩大人民当家做主、实现人民自由自主，文化上实现文化自信、软实力显著增强，社会上表现为人民生活水平全面提高，环境上实现资源节约、环境友好。上述这些既是人民的各项权利，也是中国梦中人权建设的目标体系。在这个阶段，最重要的是发展经济，让人民脱贫致富，实现富足生活，因此习近平特别强调生存权和发展权的重要性和优先性，只有解决了生存和发展，才能"仓廪实而知礼节，衣食足而知荣辱"。

再次，高瞻远瞩地确立了人权建设的远大目标。实现人的全面自由和解放，实现共产主义，是共产党人的远大理想，共产主义是具有最充分人权、人性得到充分解放的理想社会。但是，这种最高理想需要我们分步骤去实现，我国现在正处于社会主义初级阶段，实现中华民族的伟大复兴，让人民享有充分的自由和权利是这个阶段的伟大目标。当中国梦中第二个百年目标

---

[1] 《习近平致"2015·北京人权论坛"的贺信》，《人民日报》2015年9月17日。
[2] 张晓玲：《从五个维度理解习近平总书记的"人权观"》，《北京日报》2016年3月28日。

实现的时候，我们将成为富强、民主、文明、和谐的社会主义强国。一个社会主义强国，必然内含着充分发达的人权事业，人民当家做主、自由公平。正如习近平所指出："我们的方向就是让每个人获得发展自我和奉献社会的机会，共同享有出彩的机会，共同享有梦想成真的机会，保证人民平等参与、平等发展的权利。"[①]

最后，科学合理地设计了中国人权梦的实现过程和路径。人权的发展和其他任何事物的发展一样，都有一个具体的发展过程，需要比较长的时间和步骤，因此人权的发展是一个具体的、历史的过程。所以邓小平的社会主义初级阶段理论以及习近平所构想的中国梦、人权梦都有一段发展的时间，有数年或数十年的历史过程。在人权事业的实现过程中，需要具体的路径、手段才能够实现宏伟的目标，所以，邓小平要求坚定地走改革开放、发展生产力，走共同富裕之路；习近平则提出了反腐和扶贫来实现公平公正、共同富裕，并通过立法和普法等法制手段来保障人民的权益，让人权事业在法制的轨道上运行和发展。通过这些具体的路径和举措，并经过长期奋斗，中国化的马克思主义人权梦才可以成为现实。

二、生存与发展：中国人权的基本内核

马克思主义哲学认为，任何事物都有其普遍性和特殊性，是普遍性与特殊性的辩证统一，而且普遍性寓于特殊性之中。人权是世界各国、各族人民共同追求的目标。无论是资本主义还是社会主义或共产主义，从追求自由平等、公平正义这一点来说是共同的，所以习近平才会说："实现人权是人类的共同目标"。虽然追求人权，享受自由平等的生活这一终极目标是一致的，但是，世界这么大，国家和民族这么多，各个国家和民族的人权发展的历史和现状不太一样，因此人权建设的历史起点不一样，路径也不一样。这就是人权建设的特殊性和多样性的问题。

---

① 习近平：《在中法建交 50 周年纪念大会上的讲话》，新华网，2014 年 3 月 28 日。http://news.xinhuanet.com/politics/2014-03/28/c_119982956.htm

2018 年 2 月 16 日在江西省南昌市新建区昌邑乡窑西村扶贫

　　中华民族虽然具有悠久灿烂的历史，但封建统治的历史特别久远，因此形成了帝王观念，家长制和等级制取代了平等自由。中国共产党人虽然一开始就举起了自由平等、人类解放的旗帜，但要在一个长期封建统治的地方播下人权的种子并健康成长，绝非易事。此外，中国幅员辽阔、人口众多、民族多样，因此，中国的人权事业有自己的特殊性。正如习近平在访美时所说："中国人口多，区域差别大、发展不平衡，在进一步改善民生和人权状况方面还面临不少挑战。"①

　　那么，中国人民的人权建设有什么样的特殊性呢？从人权建设的基本内容来说，中国人权建设的当前重点是生存和发展等基本民生问题。自文艺复兴开始，资本主义已经发展了数百年，特别是经过启蒙运动以及科技革命、产业革命等，国民经济有了巨大的发展，吃穿住医等民生问题早已得到了基本解决，因此对他们来说，人权建设的内容更多地在于精神的自由

---

① 习近平：《在人权问题上没有最好只有更好》，凤凰网，2012 年 2 月 15 日。http://news.ifeng.com/mainland/special/xijinpingfangmei/content-3/detail_2012_02/15/12528570_0.shtml

和平等。但是，我们则完全不同，我们曾一度难以解决温饱问题，生存问题一直是悬在我们头顶上的达摩克斯之剑，求生存、促发展成了我们人权建设的历史起点，生存权和发展权也就成了中国人权建设的当下重点。"中国坚持把人权的普遍性原则同本国实际相结合，坚持生存权和发展权是首要的基本人权。"①

生存权是人权的基本内容，是一切人权的逻辑起点。生存权对发达国家来说并不会成为关注重点，但作为曾经贫穷落后、人口众多的中国，生存不是一件简单的问题，保障十几亿国民的生存更是难上加难的问题。中国的国土面积大致与美国相当，但人口却是美国的四倍左右，而且中国东西部差别巨大，西部面积广大但可开发利用的面积并不太多。怎么样保证十几亿国民的吃穿住，是其他任何国家都不曾碰过的难题。"让老百姓过上好日子"，一直是习近平等历任国家领导人的最大牵挂。因此他们强调关注人民最关心最直接最现实的民生问题，是人权建设最基本的问题。皮之不存毛将焉附，如果生存都成了问题，其他人权又如何存在？所以，习近平根据中国国情，把解决和保障生存权作为解决人权问题的关键。

发展权是人权的另一项基本内容，是解决生存权以及一切人权问题的基本手段。习近平在 2016 年 12 月 4 日 "纪念《发展权利宣言》通过 30 周年国际研讨会" 的贺信中，明确强调，发展是人类社会永恒的主题。② 作为一个发展中国家，中国人民除了通过发展来解决生存问题之外，其他如自由平等、公平正义等更高级的人权也需要通过发展才能够获得存在条件。西方发达资本主义国家经过了几百年的发展，已经具备了雄厚实力，已经解决了生存和社会保障等问题，即使是零增长，国计民生都有保障，所以他们并不能体会到发展中国家对发展权的迫切和期待。但是中国刚从贫穷、饥饿中走出来，快速发展虽然带来了一些问题，但这些问题仍然只能在发展中才能解决，因此发展权对我们中国这种发展中国家来说具有极其重要的意义，

---

① 习近平：《发展是人类社会永恒的主题》，《人民日报》，2016 年 12 月 5 日。

② 习近平：《发展是人类社会永恒的主题》，《人民日报》，2016 年 12 月 5 日。

其他任何权利都无法取代。习近平抓住发展对中国的重要性，及时指出："作为一个拥有 13 亿多人口的世界最大发展中国家，发展是解决中国所有问题的关键，也是中国共产党执政兴国的第一要务。"[①]

总之，作为一个世界最大的发展中国家，中国的人权事业才刚刚起步。作为起步阶段，我们的人权建设还不能照搬发展了数百年的西方发达国家的人权模式。我们必须在普遍人权的基础上，坚持自己的特色，从最基本的生存权和发展权起步，形成自己的人权发展模式。所以，习近平等中国领导人一方面尊重人权的普遍性，同时又朝着人权多样化、特色化的道路迈进。这样，既不会脱离中国实际而追求统一的人权模式，又为世界人权事业的多样性发展提供了具有重要特色的中国模式。

三、反腐与扶贫：中国人权的实践路径

中国化的马克思主义人权观除了承认人权的普遍性，但更突出生存权与发展权的特殊性内容之外，其最大的特征主要表现在实践性。从对人权的认识与实践来看，中国化的马克思主义人权观继承了马克思主义的实践特性。对人权的认识及其理论探讨当然重要，但更重要的是将理论转化为实践，在实践中探索规律，检验理论。习近平等领导人深刻地认识到，人权问题不仅仅是理论问题，更重要的是实践问题。中国化的马克思主义人权实践的路径有很多，这里重点探讨人权的法律保障、反腐行动、精准扶贫以及现代化建设等几种重要的中国实践行动。

1. 司法是维护社会公平正义的最后防线。人权与法治是事物的一体两面，人权是法治的前提条件，法治是人权的保障手段。习近平一直强调尊重人权，他们更将这种尊重转化为司法行动。自十八大以来，习近平在多个场合强调司法的重要性，强调司法的公平公正，强调人权的法律保障。党的十八届四中全会以"依法治国"为主题，其中人权保障成为全会决定的一条鲜明主线。会议强调要用法治的方式来保障人民权利，实现社会公正，

---

① 习近平：《发展是人类社会永恒的主题》，《人民日报》，2016 年 12 月 5 日。

其中包括重点领域的立法，保障公民人身权、财产权、基本政治权利等各项公民权利不受侵犯，实现公民权利的保障法制化。在全会决定的说明中，习近平四次提到人权，并提出要求："到 2020 年，依法治国基本方略全面落实，法治政府基本建成，司法公信力不断提高，人权得到切实尊重和保障。"① 他认为当前司法领域存在诸多问题急需解决，如果司法这道防线缺乏公信力，社会公正就会受到普遍质疑。司法是社会公平正义的最后一道防线，因此，习近平通过加强司法建设来推进中国的人权事业。

2. 反腐是促进社会公平正义的重要手段。腐败不仅仅造成国家、集体或个人的经济损失，更重要的是造成社会不公并对公平正义、社会和谐造成重大破坏。某些腐败分子利用手中的权力轻而易举地坐拥房产数十甚至上百套、现金数千万甚至数亿之时，国民的心理极易失衡，谈论公平正义就变成了空话。腐败造成党和国家重大经济损失的同时，更造成党和国家公信力的迅速下降，人们不再相信公平正义，更不相信人权。邓小平在改革开放之初就对腐败问题特别警惕。习近平特别注意到腐败对国家和人民的损害，以及它对公平正义的破坏，因此自十八大以来出重拳铲除腐败，老虎苍蝇一起打，腐败分子成了过街老鼠。习近平的反腐行动在国内外都前所未有，震惊了世界。几年来腐败分子纷纷落马，不但为国家和人民挽回了重大的经济损失，重新树立了党和政府的威信，更重要的是重新恢复了社会的公平正义，让人民重新看到了中国人权的未来曙光。反腐败是中国人权建设的重要实践行动，它是中国人权建设的重要组成部分。

3. 精准扶贫用实践行动诠释了中国人权以生存权为人权的基础。中国曾经是一个贫穷落后的国家。党和国家虽然一直希望全体人民都过上富裕、幸福的生活，但是我们过去经济基础薄弱，各个地方发展不平衡，因此贫困依然是我们走向富强、民主、公平、正义的现代化道路上最重要的绊脚石。我们的经济总量虽然位居世界第二，但在有些地方，特别是中西部地区，

① 习近平：《关于〈中共中央关于全面推进依法治国若干重大问题的决定〉的说明》，《人民日报》，2014 年 10 月 29 日。

仍然有不少民众处于贫困之中。对贫穷者来说，生存是最重要的问题，其他如自由民主、公平正义等精神层面更高层次的人权追求都在他们的考虑之外。让这些贫穷者快速地脱贫致富，保障他们的基本生活，这是人民生存权的重要表现，也是人权的最基础工程。过去撒胡椒面的扶贫模式往往让真正的贫穷者难以得到救助或帮助。习近平将粗放扶贫变为精准扶贫，通过一对一帮扶、拉网式排查，让所有困难群众都能够得到基本救助，在政府的帮助下快速脱贫致富，这是公平公正、共同富裕的重要表现，因此也是他对中国人权建设的重要贡献。

4. 现代化建设充分诠释了发展权对中国人权建设的重要意义。脱贫致富只是解决了生存权问题，要想继续向高层次的人权建设迈进，发展就成为一个绕不过去的必由之路。邓小平的改革开放就是要让中华民族融入世界现代化的大潮之中，让中国人民尽快走上富强民主之路。近年来，在以习近平同志为核心的党中央领导下，全国的现代化建设正如火如荼地展开。美丽乡村建设、小城镇建设以及中大城市的快速崛起，是中国现代化建设的重要见证。近年来快速的高铁建设以及"一带一路"倡议，更是将现代化中国与世界连接在一起。一个快速发展的中国才能实现自由平等、公平正义的人权目标。习近平对中国现代化建设的快速推进是发展权建设的最好诠释，也是他对中国人权，特别是发展权建设的重要贡献。

10

构建社会主义学院人才培养的建设高地

近日，为构建南昌市社会主义学院人才培养的建设高地，我们先后深入市直机关、各县区（开发区、新区）以及上海、重庆、浙江等地，就如何深入推进南昌社院高质量发展课题，进行了全面、客观、细致地调研。现将调研情况报告如下：

一、南昌社院基本情况及调研情况

1. 基本情况。南昌社院的前身是创建于 1958 年的南昌市政治学校，1995 年挂牌于市委党校，1997 年从市委党校分离出来，隶属于市委统战部领导，2009 年被确定为参照公务员法管理事业单位，2012 年经市委批准成立市社院党组。人员编制 10 名，2016 年核减到 6 名，现在编人员 5 名（不含市委统战部副部长、市社会主义学院党组书记），分别是院长 1 名、副院长 1 名、教务处副主任 1 名、办公室干部 2 名，退休人员 1 名。内设办公室和教务处两个处室，目前南昌社院与市委统战部合署办公。从 1997 年独立办院至去年底，21 年来，共举办各类培训班 140 期，培训民主党派、无党派人士等方面党外代表人士和各级统战干部 7700 余人次。

2. 调研情况。为宣传贯彻落实《社会主义学院工作条例》，深入推进南昌社院高质量发展，从 6 月开始，我们分三个批次，先后深入市直机关、各县区（开发区、新区）以及上海、重庆、浙江等地调研，情况如下：

第一批次是赴市直相关部门调研。既包括市委统战系统各部门（市各民主党派、市工商联、市民宗局、市侨联等），又包括市政府相关职能部门（市发改委、市财政局、市编办、市文广新旅局等）。在宣传《条例》的基础上，统战系统主要是了解培训对象的范围、数量、培训需求；政府相关部门主要是阐述南昌社院发展的瓶颈，希望各部门能对学院高质量发展提供支持与帮助。

第二批次是发掘第二课堂现场教学点。开设第二课堂，其目的是为学员们知市情、晓发展、提素能提供丰富、鲜活、有效的学习平台。为此，对各县区（开发区、新区）进行了拉网式考察，发现我市各县区都具有一批有特色、有亮点的教学点，既有红色文化点又有绿色生态点，既有赣文化点又有 VR 高科技点，既有乡村特色点又有楼宇特色点，既有实体资源点又有互联网资源点。通过深入发掘，着重布局好南昌社院的现场教学网络，重点打造红色、绿色、古色、农色等几条现场教学的精品路线，探索"菜单式设点，点单式教学"模式，实现教学资源共享和优势互补。

第三批次是考察调研部分外地社会主义学院和普通高等院校。调研组来到上海、重庆、浙江等省级社院以及中国浦东干部学院、复旦大学，通过实地参观走访、座谈交流等形式，学习社院管理运行模式的优势，以及在教学、科研及智库建设等方面的宝贵经验。

二、南昌社院发展瓶颈及成因分析

1. 发展瓶颈。南昌社院虽走过了 21 年，客观来说，取得了"市委重视、制度化管理、科学化发展"等一些经验并形成了"政治教育、统战教育、共识教育、能力教育"等一套较为成熟的教学模式，为我市统一战线人才教育培养作出了其应有的贡献。但截至 2018 年底，全市共有党派成员 5500余名，工商联会员 3 万余名，宗教教职人员 1273 名，知联会会员 400 余名，新联会会员 420 余名。目前，南昌社院基础薄弱、发展较缓、知名度和影响力远不及同级党校的现状根本无法满足新时代南昌统一战线人才教育之需，与统战事业的发展、与社会的期待等还存在巨大落差，主要体现在三个方面：

一是"缺人员"。第一，缺少优秀师资为社院教学提质增色。教学工作是社院的中心工作，因此教师队伍的素质直接影响社院工作成效。目前，社院干部有限，编制共 6 名，但只有 5 名在岗，且都承担着社院的行政管理工作。基本上没有专职授课教师，更没有从事统战理论研究的专职教师，无法达到《条例》"专职教师一般不少于工作人员总数的三分之一"的要求。外聘专家队伍的专属性、特色性、影响力、覆盖面均不足，且第一批特聘 / 客座教授虽然有一定的知名度和影响力，但存在年龄老化、授课方向窄等问题，亟待扩充。第二，缺少专业人士为社院建设出谋划策。《条例》第十三条指出："社会主义学院可以成立由党委统战部门、各民主党派、工商联及有关部门负责人和无党派代表人士组成的院务咨询委员会，对办学中的重大问题进行咨询和协商。"社院从近期才开始筹备院务咨询委员会的成立工作，在此前相当长时间里，都没有统战系统的专业人士为社院发展建设献计献策。第三，缺少高端智库为统战工作资政建言。《条例》第三十七条指出："中央社会主义学院和具备条件的地方社会主义学院可以建立统一战线智库，开展统一战线重大理论和实践问题研究。"社会主义学院作为党委领导的统一战线性质的政治学院，加强统战智库建设，是发展必然、事业所需、时代所趋，而南昌社院的智库建设仍是空白。第四，缺少专职团队将社院工作布局落地。南昌社院在很长时间都处于领导班子配备不齐的状态，没有专职领导和专职工作人员专门考虑社院的教育培训工作，教学工作主要依靠外力来完成。第五，缺少完整的组织体系来完善社院功能。《条例》第三十九条要求："社会主义学院应当建立能够满足教学科研需要的图书馆（室），建设具有统一战线特色的文献资料信息中心"。第四十条指出："中央社会主义学院和地方社会主义学院，经批准可以加挂中华文化学院和地方中华文化学院牌子，开展以爱国主义为宗旨，以中华文化为主要内容的教育、研究和对外交流活动。"目前南昌社院既没有图书馆（室）、文献资料信息中心，也没有加挂中华文化学院牌子，组织体系不完善。

二是"缺经费"。一方面，南昌社院纳入财政预算的党外代表人士教育培训经费缺口很大，培训难以有计划、系统性开展，无法形成常态化办学，形成了由统战部主导，组织部、市委党校受托，社院配合，各民主党派和统战系统各显神通的松散办学状态。例如，今年财政拨给社院的培训经费为33万元，而我院在赣州举办的为期7天的培训经费已达到12万元，现有经费只能够举办2个培训班，而每年我市统战系统的举办班次有十几个，培训经费远不能覆盖全年培训支出，影响了培训计划的实施，也严重阻碍了社院统一战线人才培养主阵地作用的发挥。另一方面，市财政局在2014年收回了社院的收费许可权，又没有相应给予社院开具非税票据的资格，导致社院无法承接其他地方的委托班，而我们调研了解到，上海市、重庆市、浙江省、江西省社院都被许可开具收费票据资格。这不仅制约了社院的可持续发展，并在无形中减少了南昌形象的推广机会。

三是"缺场地"。目前南昌社院的培训基地在海联大厦内，该大厦给社院培训使用的总建筑面积1040平方米，大小教室各1间，其中大教室可容纳100~120人，小教室可容纳60人。但该大厦还未通过消防验收，存在安全隐患，不能为学员提供住宿。相比之下，市委党校总建筑面积36131平方米，拥有现代化的综合办公楼、教学楼、学术报告厅、图书馆、食堂、学员宿舍和室内运动馆，生活设施和体育设施齐全，可以同时容纳400人住校学习。而南昌社院作为省会社院没有一体化的培训基地，所以场地问题实际上已成为影响社院长远发展的最主要问题。

2. 成因分析。经调研发现，制约南昌社院发展原因如下：

一是高质量发展定位不强。如前所述，虽然市委一直以来都高度重视南昌社院的发展，但"缺人员、缺经费、缺场地"等基本软硬件条件的欠缺，根本制约了南昌社院的正常发展，与2018年中共中央颁布的《社会主义学院工作条例》要求存在巨大的差距，与省会城市社院的首位区位完全不符，与南昌社院的高质量发展要求不符。

二是财政投入力度不强。1997与市委党校分离后，南昌社院举办的培训可以通过收费许可达到收支平衡，2014年取消了培训收费后，所有培训费用由财政支持。但随着统战对象的大幅度增加、工作范围的不断扩大，每

2019 年 9 月 30 日赴
上海市社会主义学院调研

年财政列支的培训经费实在难以维系正常培训工作。

三是自身创新动力不足。受自身条件等多种因素制约，南昌社院也存在创新意识不够，没有思考如何创新培训工作？如何加强学员管理？如何加快社会主义学院正规化建设？并在此基础上，对进一步挖掘社院潜能，搞活社院工作等等，都没有深入地探索。

3. 调研学习启示。通过调研，我们觉得可在队伍建设、课程开发、办学模式、基层社院等四个方面学习借鉴好的经验做法。

第一，中国浦东干部学院人员队伍建设。中国浦东干部学院的师资队伍建设大部分来自外聘。其中：特聘教授 5 名，全是副部级以上领导和知名专家，兼职教师 60 名，均来自全国赋有建树的党建理论专家和有实践经验的领导，专职教师 60 名，这个优秀的教师团队，为中国浦东干部学院的发展及党和国家干部教育培养提供了强劲的人才保障。

第二，重庆市社会主义学院课程开发。重庆市社会主义学院在课程开发方面，主要是现场教学点和红色资源极为丰富，中国民主党派历史陈列馆是最好的统战现场教学点，重庆市抗战遗址博物馆以及下辖 38 个县区均有红色教学基地，这些是天然的第二课堂，北京大学、清华大学、中央社会主义学院都在重庆设有第二课堂教学点。

第三，浙江省社会主义学院办学模式建设。浙江省社院与浙江省委党校既共享又独立的办学模式是习近平总书记在浙江任省委书记时确定的，在全国树立了一个好的典范，新校区 2008 年 11 月投入使用。社院建筑面积 17600 平方米，占地 45 亩；新校区报告厅、图书室、电子阅览室、计算机房、多功能厅、会议室、健身房、室外网球场等设施齐全；所属西苑宾馆拥有 162 间客房，有可容纳 300 人就餐的餐厅。老校区总建筑面积近 12500 平方米；所属社苑宾馆有客房 160 余间，床位 250 张，有容纳 250 人就餐的餐厅。新老校区能同时容纳 500 位学员的培训需要。有教学、科研、管理人员 27 名。教师队伍建设采取"兼专结合，以兼为主"的方式。浙江社会主义学院与浙江省委党校毗邻而建，拥有独立的办公室、教室、宿舍楼，共享浙江省委党校的图书室、文体中心等场地，既充分利用了党校的教育培训资源，又彰显了社会主义学院的特色，这种做法值得学习借鉴。

第四，武汉市社会主义学院及下辖县区基层社院建设。

武汉市社院于 1990 年 5 月建立，学院占地 15 亩，建筑面积 9173 平方米。校舍由教研楼、办公楼、学员楼各一幢并连为一体的环形建筑组成，可容纳 200 人同期在校学习培训。图书室藏书 5000 余册。建立了微机室、校园网和学院网站，拥有微机 30 台。特别是武汉市下辖 13 个县区，每个县区都有独立的社会主义学院。

三、贯彻落实《条例》的南昌社院思路与建议

从发展现状来看，南昌社院在许多方面与《条例》的要求存在不小的差距，使得社院在发挥统战人才教育培养主阵地、开展统战理论研究等功能上严重受限，长此以往，将不利于新时代统一战线发展事业大局。因此，促进社院大发展很有必要，也势在必然。自《条例》出台以来，南昌社院积极探索着学院建设的模式和办法，结合本次学习调研情况与社院发展现状，现对社院的深入发展提出以下建议：

一是坚持党的领导，把牢办学方向。

把坚持党的领导作为南昌社院发展的"定海神针"，将党的建设深度嵌入教学、科研等主要业务环节，突出社院讲授的每一堂课都是政治课，研

究的每一个课题都是政治题，推动党建与业务融合发展。同时，要提高政治站位，以学习贯彻《条例》和第三次全国社院工作精神及省委即将出台的实施意见为契机，坚持社院姓社，把牢办学方向。

二是建好四支队伍，充分发挥智力优势。

第一，成立院务咨询委员会。院务咨询委员会的主要任务是根据南昌市统一战线阶段性任务和工作重点，就如何更好发挥南昌社院在全市统一战线人才教育培训中的主渠道作用和联合党校的作用进行咨询研究，对教学科研等工作提出意见建议，推进学院"高层次、有特色、正规化"发展，推进"联合党校联合办"。目前社院正在筹备院务咨询委员会的成立事宜，拟于今年10月底前完成。

第二，加强教师队伍建设。建议建立一支由特聘教授、客座教授、专职教师、教学助理组成的师资队伍。一方面，拟构建一支40名的外聘教师（含特聘教授、客座教授）队伍。在选聘外聘教师时不仅要注重其知名度和影响力，更应注重其研究专题是否政治性强、观念新、内容精等方面，特别是要以教学为中心，借力借势打造几门有南昌社院特色的精品课和核心课程，做到人无我有，人有我优。同时，对已聘的特聘教师、客座教授也要实行动态管理，完善兼职教师聘任管理办法，定期开展外聘教师教学质量评估工作，适时调整外聘教师，确保高品质的队伍和高质量的教学。另一方面，要加强专职教师队伍建设。首先，争取增加社院编制数，对外招聘一批政治坚定、业务精湛的专职教师。其次，采用讲授实战演练，加强培养锻炼，提升讲授能力，锻造精品课题，特别是要将教学专题与理论研究结合起来，以研促教，并采取在职进修、脱产学习等手段更新专职教师知识结构，提升其能力水平。

第三，建立南昌统一战线智库。按照"小核心、大外围"的运行思路，建立以党外知识分子为主体的智库专家团队，动态调整，滚动发展。智库专家由市委组织部、市科协、各民主党派市委会、市工商联、市侨联、市民宗局、市党外知识分子联谊会、市新的社会阶层人士联谊会按照"政治素质过硬、专业素质过硬、参政议政能力强、责任心强"的标准推荐。首批智库专家为30名。每个课题小组根据研究内容吸纳有关专家。目前智库建设也在筹备中。

第四，优化机关自身队伍。社院机关自身队伍建设是完成教学、科研、管理等各项工作任务的保障。目前南昌社院领导已基本配备到位，领导体制建构完善，有利于对社院发展建设作出顶层设计。对社院机关干部而言，要在增加 4 名编制职数的基础上，从以下方面下功夫：要认真研读《条例》，将文件精神读懂弄通吃透，依照《条例》开展工作；要加强对党外代表人士教育培训的基本规律、特点和要求的理解和把握，对课程设计进行深入研究，使教学内容的设置富有针对性，突出共识教育的特色；要对市党外代表人士进行全面归类摸底，做到"应统尽统"，将全市党外代表人士的培训全部收拢到社院培训工作中来，合理安排培训班次和学制。

三是深化交流合作，提升办学水平。

要汲取中央社院和各省市社院对学员调研和联谊交友工作中好的经验做法，推进省社院倡导的"学员之家"建设，发挥学员主体作用，创造更好的条件，提供更多的保障，密切学员之间联系，打造学员调研和联谊交友平台，真正把"学员之家"建设成为"学习之家、团结之家、联谊之家、温暖之家"。同时，要注重发动社会资源参与，延伸办学触角，尝试与相关高校、兄弟社院、科研院所、知名企业、新闻媒体等进行合作，努力实现强强联合，优势互补，不断推进学院高质量发展。

四是做好财政预算，全力提供资金保障。

《条例》要求："各级党委和政府应当重视本地区社会主义学院建设，保证必要的机构和人员编制，将学院所需经费列入年度财政预算"。社院支出主要涵盖两个类别：一类用于教育教学，包括统一战线教育培训、理论与实践问题研究、文化交流等；另一类用于改善办学条件，如设备购置、学员餐宿管理、教学用车等。社院要与市委组织部、统战部深入对接，合理制定当年的培训、科研计划，将学院所需经费约 200 万元列入年度预算，并按 20% 的比例逐年递增。而市财政要根据计划，合理划拨经费，全力保障社院工作顺利推进。另外，要打开委托办班收费许可通道，按收支两条线的管理机制实施推进。

五是解好场地难题，稳健实现长远发展。

破解场地难题不是一蹴而就的，从外部条件来看，这涉及资金划拨、土地使用等多方面问题，从内部条件来看，这需要综合考量社院的机构设置、领导体制和运行机制等因素。结合各地社院发展模式的优势，南昌社院发展可分为"三种模式"：

第一种模式，"无中生有"。即没有固定的教学场所，却处处都可以成为教学场所。在各方面条件尚不成熟的情况下，社院工作不能停摆，仍须借助有限条件开展工作。如8月份在赣州举办的"学习贯彻习近平视察江西时的重要讲话精神研讨班"，委托其他社院进行办班，这种类似"游击战"的办学模式，可以根据培训主题和对象的不同，自由选择培训地点，较为灵活。但这种办学模式对社院培养壮大师资力量，进行课程研究改革等无推进作用，且办学经费较多，财政压力较大。

第二种模式，"借鸡生蛋"。即整合党校的资源开展工作。通过调研，我们发现许多社院都采取了"三校合一""一校两院"（党校、行政学院、社院合一）的办学模式，但在如何"合一"上有所差别。有的社院是"一班人马、三块牌子"，虽然有利于实现资源整合，但也容易造成工作的重心平衡不够，淡化或削弱社院工作，且统战工作具有很强的特殊性，完全整合不利于统战工作的整体协调发展。南昌社院自从党校分离出来已有21年，已拥有独立的机构模式、人员编制、办学经费。建议参照浙江省社会主义学院办学模式，浙江省社院与浙江省委党校毗邻而建，在保持机构、人员、经费独立的前提下，拥有独立的办公室、教室、宿舍楼，共享党校的教室、图书室、文体中心等场地。既充分利用党校教育培训资源，又彰显社会主义学院统战性质。

第三种模式，"无中生有"+"借鸡生蛋"的混合模式。

在现行情况下，继续沿用第一模式。同时，在市委的顶层设计和高位推进下采取第二模式，即加快南昌社院与南昌市委党校共享共建模式的实施，早日形成南昌社院的办学特色，努力将南昌社院真正打造成为统一战线人才教育培养的"南昌样板"。

11

坚持政治与学术并重，建设新条件下
统战培训的新高地

根据《社会主义学院工作条例》和"不忘合作初心，继续携手前进"主题教育动员的总要求，坚持政治与学术并重，以建设新条件下统战培训的新高地为目标，突出重点，狠抓落实，较好地完成 2019 年自己的工作任务。

一、始终善学善思，理论与学术并重

1. 加强理论学习。参加南昌市委党校第 77 期县干进修班并获评优秀学员，认真学习领会十九大、十九届四中精神内涵，积极参加省人大和市委统战部的"不忘初心 牢记使命"主题教育和民盟各级组织的"不忘合作初心 继续携手前进"主题教育活动，始终用习近平新时代中国特色社会主义思想武装头脑，不断提高抓住主要矛盾、解决实际问题的能力。

2. 提升政治素养。参加南昌市党外干部素质提升研修（延安）班和全省民主党派代表人士培训班等政治培训，增强政治把握能力；参加省人大代表第三期履职上海培训班、省人大代表第四期履职赣州培训班等履职培训，提升代表履职能力。坚定正确的政治方向，进一步增强"四个意识"，坚定"四个自信"，做到"两个维护"，在政治上、思想上、行动上同中国共产党中央保持高度一致。

2019 年 8 月 29 日在湖南社会主义学院调研

3. 增强公仆意识。坚持群众工作方法，广泛深入基层调研，一方面，把群众关心的热点、难点、焦点通过人大建议的形式向上级反映，回应群众的关切，另一方面，深入基层了解群众困难，解决群众难题，切实将关乎群众利益的民生问题解决好，当好人民群众的公仆。

4. 注重学术研究。博士毕业论文《构建当代中国语境下马克思主义的话语体系》正在人民出版社审批，学术专著《中国协商民主制度优势研究》正在审批中，履职心路《满园缤纷惹人醉》即将由江西人民出版社出版；纪实散文集《乡土芬芳》全部素材已基本整理完毕，履职心路《微言意气高》正在创作中。2019 年 4 月被聘为江西省区域经济与社会发展研究院智库专家。2019 年 9 月被聘为第二届南昌市人民政协理论研究会会员。2019 年 12 月被聘为首届南昌市社会主义学院院务咨询委员会副主任。

二、始终尽心尽责，基层与机关并举

2019 年上半年，本人在新建区任副区长，协助区长分管教育科技体育、文化广播电视旅游新闻出版等方面的工作；2019 年 6 月提任南昌市社会主义学院院长。

1. 基层工作有声有色。办好满意教育。调度项目建设，推进区六中小学部、区二中初中部建设全面开工，望城新区中学、昌邑中心小学提升改造等项目加快进度；调度学前教育，增建扩建公办幼儿园 7 所；扶持私立转公办幼儿园 30 所，提升整改无证幼儿园 48 所，进一步提升学前教育毛入园率、普惠率及公办园在园幼儿占比率。区一小被评为全国教育系统先进集体，高考二本上线人数首次突破 3000 人大关，上线人数万人比稳居全市各县区之首。

守护人民健康。守护群众健康。推进以治病为中心向以人民健康为中心转变，辖区内传染病监测完成率 100%，疫苗接种率保持在 90% 以上。公立医院药占比总体降到 30% 左右；百元医疗收入（不含药品收入）中消耗的卫生材料降到 20 元以下；区域医疗费用增幅控制在 10% 以内；顺利通过全国中医工作先进县（区）复评工作，全面完成婚登婚检一站式服务中心并投入使用。活跃群众文体生活。举办文化进万家、红色文艺轻骑兵等大型群众文化活动 80 余场。参加 2019 年"滕王阁杯"南昌市广场舞联赛并荣获一等奖。送戏下乡 260 场，送电影下乡 4712 场，极大地丰富了群众的精神文化生活，积极开展全民健身活动，成功举办第一届全区职工篮球赛等体育活动，大力发展竞技体育，荣誉国家级、省级奖牌共 18 枚。推进机构改革。做好分管的卫健委、文化旅游广播新闻出版、教育体育等单位的机构改革工作，另外，史志工作、科技工作、院士站工作、妇女工作等全面开花，迎来了新一轮的发展和创新。

2. 机关工作有模有样。任市社院院长后，认真扎实地完成各项工作任务。一是举办 2 个培训班。即，南昌市党外干部素质提升研修班、南昌市统战系统学习贯彻习近平总书记视察江西时的重要讲话精神专题研讨班；二是参加 3 个培训班学习。参加江西省十三届人大代表第四期培训班、全省民主党派代表人士培训班第 446 期、第 6 期省、市社会主义学院专职教师培训班"；三是开展 3 个层次的调研。赴市直相关部门和统战系统全覆盖调研，赴县区、开发区、新区拉网式发掘第二课堂现场教学点调研，赴省社院、上海市、重庆市、浙江省、湖南省、陕西省延安市、江西省赣州市、湖南省湘潭县等部分外地社会主义学院和中国浦东干部学院、复旦大学等普通高等院校考察调研。四是完成 2 个调研成果。完成《关于深入推进南昌市社会主义学院科学发展的调研报告》（草）和理论创新文章《"六度"视域下的新时代民营经济统战工作研究》。五是完成"一院"（南昌社院院务咨询委员会）"三库"（统战智库、师资库、项目库）组建准备工作、与市委党校共创共建共享准备工作以及部分南昌社院教学基地揭牌工作。

3. 履职工作有板有眼。省市两会期间积极履职建言。向市人大提交关于加强新建区公共服务设施建设的建议、关于将新建昌邑打造成昌邑王旅游城的建议、关于将新建金城村打造成为市级美丽乡村的建议、关于支持昌邑乡海昏侯游塘古城建设的建议等 4 条市人大建议；向省人大提交关于加大江西南矶保护开发力度打造世界湿地生态旅游的建议、关于加快推进农村和城镇小区配套幼儿园建设的建议、关于推动乡村振兴的建议等 3 条人大建议，并就"提高城市气质共建秀美江西、报告精辟内容丰富美丽经济打动人心、科技引领各领域共建智慧城市、保护生态、打造秀美乡村留住乡愁"等话题接受江西电视台和江西教育电视台等媒体采访，西山万寿宫曾是红军总部省人大代表建议整体打造被中国江西网刊用。

闭会期间积极参加省人大的主题教育活动。参加省人大主题教育动员部署会议、"不忘初心使命 坚定制度自信"主题教育演讲比赛等主题活动。积极参加南昌问政第五期、南昌市城市综合交通体系规划座谈会、省人大代表价格听证会、部分省人大代表座谈会等代表视察、听证、问政活动。

积极撰写社情民意。提交关于推动乡村振兴的建议（接受省级媒体采访，在江西电视台播出）、关于加快推进农村和城镇小区配套幼儿园建设的建议（接受省级媒体采访，在江西电视台播出）、关于加大江西南矶保护开发力度，打造世界湿地生态旅游的建议（发表于《江西盟讯》等多家省级媒体平台）、关于打造新建昌邑王旅游城的建议（盟省委采用）、关于打破"三重门"，推动我省民营经济公平发展的建议等 5 条社情民意。

认真撰写发表文章。撰写发表遇见新建（民盟江西网站，2019-8-27）、您看，那又是一个春华秋实（江西统一战线，2019 年第 3 期）、用执着点亮梦想——我为南昌轨道交通鼓与呼（江西盟讯，2019 第 4 期；民盟江西网站，2019-12-17）、追念梅汝璈先生（民盟江西网站 2019-12-17）、微言意气高（民盟江西网站，2019-12-17）、相约瑶湖 共舞长天——试论 2019 年南昌首届飞行大会对南昌区域经济发展的现实意义（民盟江西网站，2019-12-17）、"六度"视域下的新时代民营经济统战工作研究（执笔，并入选 2019 年江西省统战理论创新文章）、爱国主义法学家梅汝璈（人民政协报、今日头条，2020-01-06）等 7 篇文章。

三、始终克勤克俭，崇廉与尚德并行

带头遵纪守法，时刻警醒自我，坚持清正廉洁、克己奉公的干部形象，做到自重、自省、自警、自律；严格要求身边工作人员做事不多事，负责不贪利，克己不违纪，以廉洁自律立身，维护南昌民盟风清气正的政治生态。

2019 年先后荣获省政府颁发的关于对推进全省义务教育基本均衡发展工作中做出积极贡献的积极贡献个人奖、江西省"三八红旗手"、南昌市"三八红旗手"等荣誉。这些荣誉为今后成长，特别是提高自身综合素质、求真务实工作作风、创新发展工作思路等奠定了理论与实践基础，为建设新条件下统战培训的新高地做出自己应有的贡献。

12

谢谢您，我的大学！

　　望着桌上经过网上盲评和现场答辩等反复推敲、多次修改并已成熟的我的博士学位毕业论文，心里感慨万分！终于可以提交论文了！长达三年的起草、修改、提交、预答辩、再起草、再修改、再提交、再答辩的撰写流程，使论文终于完成了从开始孕育时的无从入手到撰写期间的精心打磨再到最后时刻的历史性提升并实现高质量的提交。这其中苦与难、泪与汗、欢与笑、放弃与坚守，自然只有我自己心里最清楚，这一路，不仅仅是论文本身的精心雕琢，也是自身意志的智光淬炼，更是自我操守的修心练身，这，是我人生中的一次大成长、大收获，我为自己能真正全身心地深入其间、融入其中而感到由衷的高兴和快乐！

　　回首瞬间，我当然记得，论文之所以能得以顺利通过，离不开在校脱产学习期间学校的深厚滋养，是"自强、弘毅、求是、拓新"的校训，切实激发了我刻苦学习、严谨治学、开拓创新、奋发进取的求学热情，是老师们的为学术、为真理、为善、为美而坚守的教育情怀，助力感召了我求真、求实、求善、求美的美好追求，是校园里的一草一木、珞珈里的一山一水、教舍里的一新一旧、教室里的一纸一笔、师生间的一谈一笑，满足了我对所有中国百年名校的那种亲切、依恋以及"回珈"的那种永恒记忆。为此，我要深情地环绕我那即将告别的我的大学，我的母校，深情地喊一声：武大，我——爱——您！

回首瞬间，我当然明白，论文之所以能得以顺利通过，离不开我的导师真心付出。我仅仅是论文灵魂的践行者，真正的主导者是我的恩师朱志方老师，我已记不清多少次朱老师在教室、在办公室、在学术会议期间传授我论文的撰写思路与技巧，这才让我有了论文的骨骼与框架，也记不清多少次朱老师通过电话、微信、短信、邮箱等方式，反复指正论文初稿的不足并提出修改意见，这才有了论文的雏形与版图，更

2019 年 6 月 21 日参加武汉大学 2019 年毕业典礼

记不清多少次朱老师面对我无知争辩时的耐心引导，这才有了最后的论文正稿，尤其难能可贵的是，当我工作中遇到不惑和难题时，朱老师也用哲学思维和政治胸怀引导我正视困难、厘清思路、走出困境、迎接胜利，让我放下精神包袱，轻装上阵，可以客观地说，读博六年，是我人生中受思想影响最大、受系统知识熏陶最多并得以综合性成长最快的六年。为此，我要真诚地向我的恩师朱志方教授以及师母深深地鞠一躬：谢谢您，谢谢你们！

回首瞬间，我当然清楚，论文之所以能得以顺利通过，离不开参考文献中所涉及的中外学者、网上评议和答辩会上的专家们的客观指导。我仅仅是论文撰写环节中其中的重要一环，论文其实离不开论文参考文献中所涉及的中外学者无私的智慧奉献，是他们学术思想供给了我论文的所有学术养料，才让论文有了健康而丰满的血肉，是他们学术操守的直接影响，才让论文有了清晰脉络与丰富内涵，是他们宽广的学术视野与高度，才让论文

有了学术宽度与深度。离不开"双向盲评"的专家们，是他们的客观评审确定了我的论文的学术水平，提出的修改意见建议有见地、有价值，具有很强的指导意义，为论文进入实质性答辩奠定了坚实的基础。同时，也离不开答辩会上的教授们，是他们的科学审视、政治责任、担当有为，才让论文的学术质量得以进一步提升，他们提出的修改意见有含金量、有针对性，为论文的完美收官做出了积极的贡献。尤其值得赞誉是，他们通过自身深厚的学术涵养与思想，把我培养成为爱智慧、爱思想、爱思辨、爱学术、懂学理的学术新人。为此，我要向他们表达我深深的敬意与谢意，谢谢各位老师！

回首瞬间，我当然无法忘记，六年前为了考取博士研究生，我其实已经准备了三年，连续三年的第十二月份，每当全年工作收尾时，我都要背起行囊赴上海复旦大学博士英语培训班和来自全国各地有志青年们一赴补习英语，添足参加博士英语笔试的马力；之后我在武汉大学脱产学习期间，我又同时经历了领导更替和自己工作岗位的调整，前市委统战部、前区委、前区政协、前区委统战部的主要领导总是准予、鼓励我前行并要求我安心学习。论文撰写期间，现市委统战部、现区委、现区委统战部和民盟各级领导也同样鼓励、支持我的撰写计划，我才得以有充分的信心和充足的时间完成撰写任务。为此，请允许我借这难得的机会，向给予帮助的各位领导表示我深深的谢意，谢谢各位领导！

回首瞬间，我当然无法忘怀，在长达九年的考博、读博的长跑中，离不开我亲人们的无私奉献与生活上的精心照顾，尤其是一直陪伴、教育、支持我、才刚刚离世的我的至爱母亲，她的关注目光和深夜里的热茶温暖，即使是病重期间，她都忍受病魔的折磨，静静地陪伴我，给我一片安宁的读书世界，让我安心阅读文献。还有我那年少却在美留学的孩子，这个原本需要母亲关爱陪伴的年纪，他却通过远程视频和微信留言的方式不断给我鼓劲！加油！

当然，在我读博期间一直默默付出并给我支持的当然还有其他家人。然而，给我帮助更大的还有哲学学院的老师、师弟师妹以及我的一些单位

好友们，他们，有的一次次帮我寻找中外参考文献；有的一遍遍帮我协调 C
刊论文的发表；有的一个个帮我提出修改论文的建议；有的一次次收集论文
前沿信息；有的则一字字帮我校初稿、正稿，寻找文章中的一些语病与错
别字；有的一格格理出论文格式，确保论文符合学术规范；有的一次次帮
助打印，提高论文撰写速度；有的一份份表格帮我填写，节省了我大量的
事务性时间；有的一趟趟来回奔走，为的是帮我解决生活的后顾之忧。我
也记不清多少次挑灯夜改到凌晨五点钟被单位大门反锁其中不得出门，其
中就有她们的陪伴……所有的这一切一切，我都铭刻心间，永生难忘，并
将这所有的一切转化为未来工作的原动力，内化为将来的品格与工作能力，
为大众服务，为国家效劳！

郭翀于 2019 年 12 月 9 日夜记

待春暖花开时

（代后记）

　　冬去春来，大地终于又苏醒了！您瞧，春来了，悬挂在天空的太阳散发出母亲般的柔和光芒，安详地抚慰着大自然的一切生灵；花开了，层叠在草丛的花瓣竞相绽放出少女般的娇美容颜，尽情地装扮着神州的千山万水；草绿了，镶嵌在枝头发芽的叶子吐露出春的清香，轻轻地舒展着公园的水榭桃林；鸟叫了，尽情在后花园里唱出欢乐的神曲歌儿……他们把春的气息、生的力量迅速地传递到大地的每一个角落，好像疯狂的疫情从来没来过，好像病毒的冬天刚刚离去，整个大世界都在等待着春暖花开。

　　是的，我们终于可以松口气了。春天也如约而至，我们的大园子里也满园的春色、满园的收获、满园的成长。红园里，多年的培育与淬炼，坚定了我前行的方向；百园里，丰富的营养与浇筑，滋养了我思想的品格；绿园里，和谐的生态与正气，畅通了我成长的道路；书园里，一缕的书香与教诲，建构了我知识的体系。我把满园丰收的果实整理好、收纳好，并在江西人民出版社的帮衬下，推送与各位老师、朋友一起分享。我想，春暖花开，山花烂漫蝶双飞，满园的春色惹人醉！

　　在此，一并向为此付出辛苦的老师们致谢！

郭翀敬书于
2020 年 3 月 19 日晚

图书在版编目（CIP）数据

满园缤纷惹人醉 / 郭翀著 . -- 南昌：江西人民出版社，2020.5（2020.7）

ISBN 978-7-210-12169-5

Ⅰ . ①满… Ⅱ . ①郭… Ⅲ . ①社会科学—文集 Ⅳ . ① C53

中国版本图书馆 CIP 数据核字〔2020〕第 046177 号

满园缤纷惹人醉

郭　　翀　著

责任编辑：陈子欣
封面设计：同昇文化传媒
江西人民出版社出版　　各地新华书店发行
社　　　址：江西省南昌市三经路 47 号附 1 号
邮　　　编：330006
重点图书出版中心电话：0791-86898683
发行部电话：0791-86898893
网　　　址：www.jxpph.com
E-mail：jxpph@tom.com　web@jxpph.com
2020 年 5 月第 1 版　2020 年 7 月第 2 次印刷
开　　　本：787 毫米 ×1092 毫米　1/16
印　　　张：18
字　　　数：250 千字
ISBN 978-7-210-12169-5
赣版权登字 -01-2020-188
版权所有　侵权必究
定　　　价：52.00 元
承 印 厂：南昌市红星印刷有限公司